대원불교
학술총서

11

대원불교
학술총서

11

붓다의 깨달음과 뇌과학

* * *

마음을 만드는 뇌의 구조

* * *

문일수 지음

* * *

운주사

발간사

오늘날 인류 사회는 4차 산업혁명을 통해 완전히 새로운 세상을 맞이하고 있습니다. 전통적인 인간관과 세계관이 크게 흔들리면서, 종교계에도 새로운 변혁이 불가피하게 되었습니다. 이런 상황에서 대한불교진흥원은 다음과 같은 취지로 대원불교총서를 발간하려고 합니다.

첫째로, 현대 과학의 발전을 토대로 불교를 현대적으로 재해석할 필요가 있습니다. 불교는 어느 종교보다도 과학과 가장 잘 조화될 수 있는 종교입니다. 이런 평가에 걸맞게 불교를 현대적 용어로 새롭게 이해할 수 있도록 하려고 합니다.

둘째로, 현대 생활에 맞게 불교를 이해할 필요가 있습니다. 불교가 형성되던 시대 상황과 오늘날의 상황은 너무나 많이 변했습니다. 이런 변화된 상황에서 부처님의 가르침을 제대로 이해할 수 있도록 하려고 합니다.

셋째로, 불교의 발전과정을 종합적으로 이해할 필요가 있습니다. 북방불교, 남방불교, 티베트불교, 현대 서구불교 등은 같은 뿌리에서 다른 꽃들을 피웠습니다. 세계화 시대에 부응하여 이들 발전을 한데 묶어 불교에 대한 총체적 이해가 가능하도록 하려고 합니다.

대원불교총서는 대한불교진흥원의 장기 프로젝트의 하나로서 두 종류로 출간될 예정입니다. 하나는 대원불교학술총서이고 다른

6

하나는 대원불교문화총서입니다. 학술총서는 학술성과 대중성 양
측면을 모두 갖추려고 하며, 문화총서는 젊은 세대의 관심과 감각
에 맞추려고 합니다.

　본 총서 발간이 한국불교 중흥에 조금이나마 기여할 수 있기를
바랍니다.

불기 2567년(서기 2023년) 9월

(재)대한불교진흥원

머리말

'청안하시구요?'

필자가 선지식善知識으로 모시는 스님의 인사말씀이다. 나의 마음은, 나의 삶은 맑고(淸) 안녕(安)한가? 그렇다고 답할 자신이 없다. 왜 그럴까. '청안하시느냐?'고 매번 물으시는데, 왜 그때마다 한결같이 그렇다고 답할 자신이 없을까? 왜 나의 마음을 내 마음대로 청안하게 유지하지 못할까? 왜 나의 마음은 자동적으로 반응하여 내가 조절할 수 없게 되어 있을까?

마음이 자동적이든 자율적이든 결국 소비자는 나 자신이다. 내가 그 마음을 갖게 된다는 말이다. 이처럼 마음은 생산자와 소비자가 동일하며, 절대로 서로 분리될 수 없다. 생산자와 소비자가 동일하다는 것은 내가 만든 나의 마음에 내가 구속된다는 뜻이다. 내가 만드는 마음의 결과를 고스란히 내가 받는데도 나는 나의 마음을 청안하게 유지하지 못한다. 왜 그럴까? 때로는 내가 만든 마음이 남을 해치고 신身·구口·의意로 업業을 짓게 한다. 결과는 대부분의 경우 나와 너의 괴로움(苦)이다. 우리는 이러한 과정을 이성적으로는 잘 안다. 하지만 일상에서는 괴로운 마음의 생성을 멈출 수 없다. 우리의 뇌는 왜 그렇게 작동하는 걸까?

나이가 들수록 남을 이해하는 마음이 커진다. 돌이켜보며 '그때는 왜 그렇게 심하게 다투었을까?'라고 생각한다. 치달으며 쟁취하

려고만 하던 마음이 물 흐르듯 나아가게 놓아두는 쪽으로 돌아선
다. 출리出離, 마음이 바뀌는 것이다. 대개 사십 대 중반이 되면 겪
는 변화이다. 조금 덜 얻더라도 마음이 편한 것이 더 낫다. 고요하
고 청정한 마음이 최고의 선이다.

여러 가지 요인으로 괴로운 마음(苦)이 일어날 수 있다. 이유야
무엇이든 괴로운 마음은 내가 만들고 내가 소비한다. 정신(名)이든
물질(色)이든 세상의 모든 존재는 그냥 존재할 따름이다. 그런 존재
를 두고 내가 괴로운 마음을 만든다. 어떻게 하면 괴로운 마음이 아
닌 청안한 마음을 만들 수 있을까?

붓다께 답을 구했다. 고따마 싯다르타는 괴로운 마음(苦)에서 벗
어나는 방법을 알아내고 '깨달은 자(붓다Buddha)'가 되었기 때문이
다. 붓다는 다른 이들도 깨달음을 얻어 부처가 되라고 열반涅槃에
들기까지 40여 년 동안 깨달음으로 가는 불법佛法을 설하셨다. 글
로써 남아 있는 가르침이 8만4천 법문에 이른다. 붓다는 듣는 이의
수준에 맞추어 방편으로 불법을 설했지만, 그래도 이해하기 어려
운 부분이 많다. 뇌를 알면 좀 더 뜻이 분명해진다. 불법은 마음을
다스리는 교설敎說이고, 마음은 뇌의 영역이기 때문이다. 이 책을
집필하게 된 근본 이유이다.

붓다는 마음공간에 싸띠(sati, 알아차림) 기능이 있음을 간파하였
다. 싸띠는 지금·여기에 나의 마음을 알아차리는 기능이다. 내가
지금 기뻐하는지, 슬퍼하는지, 우울한지, 화를 내는지 등을 알아차
림하는 기능이다. 마음공간에서 싸띠는 내가 조절할 수 있는 유일
한 마음기능이다. 이는 이해하기가 쉽지 않지만 과학적 사실이며,

마음을 이해하는 데 매우 중요하다. 고따마는 이 기능이 마음공간에 있음을 알았고, 훈련하여 이를 강하게 만듦으로써 번뇌의 불씨를 껐다. 그것이 붓다가 창안한 싸띠수행이다. 붓다는 우리도 자기자신의 마음을 수련하여 번뇌를 여읜 열반을 증득할 수 있다고 하였다. 참으로 큰 가르침이다. 뇌를 알고, 뇌의 작동원리인 뇌과학을 알면 붓다의 가르침을 이해하는 데 큰 도움이 된다. 붓다의 가르침이 더욱 신비하고, 믿음이 가고, 그의 위대함을 알게 된다. 어떻게나 스스로 나의 마음을 이해하고 조절할 수 있는지 알게 된다.

　'마음'이 일어나는 과정을 이해하면 나의 마음뿐만 아니라 남의 마음도 이해할 수 있다. 심한 경우의 예를 들어보자. 상대방이 나에게 '얼토당토않게' 화를 내는 경우는 어떻게 대처할까? 생뚱맞게 들릴지 모르지만 그럴 때 나는 그 사람의 뇌신경회로를 살펴본다. 그 사람의 살아온 이력이 그런 뇌를 만들었기 때문이다. '어쩌다가 저런 신경회로를 만드는 삶을 살아왔을까?'라고 추론해 본다. 그러면 맞받아서 내가 화를 내지 않는다. 오히려 연민의 정이 생긴다.

　마음은 뇌에서 일어나는 뇌과학의 영역이다. 마음의 뇌과학을 잘 이해하면 마음을 좀 더 잘 다스릴 수 있다. 번뇌가 사라진 열반을 꿈꾸면서 이 책을 쓰게 되었고, 그 해답을 붓다에게서 구했다. 마음을 이해하기 위하여 뇌 구조를 아는 것은 필수적이다. 하지만 뇌는 매우 복잡한 3차원적 구조로서 뇌의 모든 구조를 설명하는 것은 본 저술의 한계를 넘어선다. 뇌 구조를 연구하는 학문을 신경해부학이라 하는데, 이는 그 자체로 하나의 독립된 큰 학문이다. 그 방대한 내용을 여기에서 모두 다룰 수 없다. 해부학적 구조에 대한 설명

10

은 자칫 딱딱한 내용일 수 있기에 마음과 관련된 뇌 구조들을 중심으로 살펴보았다. 이어서 그 구조들이 어떻게 마음을 생성하는지를 설명하고자 노력하였다. 그런 맥락에서 마음의 진화를 이해하기 위하여 하등동물의 신경계통 및 뇌 구조들도 포함하였다.

필자는 불교의 교리에 깊은 조예가 없고 수행도 일천하다. 불교의 가르침에 관심이 많은 뇌과학자일 따름이다. 따라서 혹시 종교적 교리와 상충되는 부분이 있다면 그것은 온전히 필자의 모자람이며, 이 책의 효용성은 거기까지임을 이해해 주기 바란다.

본서는 (재)대한불교진흥원에서 선정 지원하는 대원불교 학술·콘텐츠 공모에 당선되어 저술될 수 있었습니다. 깊이 감사드립니다. 아울러 감사드려야 할 분들이 많습니다. 저의 불교에 대한 지식은 전적으로 김해시 대동면에 소재한 「물라싼가 싸띠아라마」의 Buddhapala Bhanteji 큰스님의 가르침이며, 동국대학교 WISE 캠퍼스 이철헌, 이필원, 정귀연, 장경화(자목) 교수님들께도 많은 도움을 받았습니다. 또한 「물라싼가 싸띠아라마」의 '니까야 경전 읽기' 모임의 도반들과 지도스님이신 위슈디까 반떼의 가르침에도 깊이 감사드립니다. 그리고 「물라싼가 싸띠아라마」의 도반들, 특히 만파(정연곤), 여명(김맑음), 영공운(김현미), 여의주(배영진), 붓다마노(우미숙) 님들께 감사드립니다. 법우님들이 원고를 꼼꼼히 읽으시고 교학적 측면뿐 아니라 일반 독자의 관점에서 많은 부분을 점검하고 제언해 주셨습니다. 이분들의 공덕으로 책의 가독성과 완성도가 크게 높아졌습니다.

아무쪼록 이 졸저가 괴로움에서 벗어나 깨달음을 증득하기를 원하는 분들에게 도움이 되기를 발원합니다.

가없는 고요와 청정한 마음을 갈망하며

2023년 9월

동국대학교 WISE 캠퍼스 동국의대 뇌신경과학 연구실에서

서문

붓다의 마음을 공부하는 이유는 괴로움의 원인을 이해하고 괴로움에서 벗어나 청안淸安한 마음을 갖기 위해서이다. 붓다는 그것을 깨달아 '깨달은 자(붓다Buddha)'가 되었기 때문이다. 삶은 즐거움과 괴로움 그리고 긴 무덤덤함의 연속이다. 대부분의 경우 즐거움은 오더라도 잠깐이다. 하지만 괴로움은 자주 오지는 않는다고 하더라도 한번 오면 대개는 길게 지속이 된다. 문제는 즐거움은 우리가 스스로 힘겹게 만들지만 괴로움은 원하지 않는데도 찾아온다는 것이다.

뇌줄기와 둘레계통 그리고 기본모드신경망: 탐·진·치 삼독의 뇌

왜 괴로움은 스스로 찾아올까? 우리의 뇌가 태생적으로 그렇게 만들어져 있기 때문이다. 그것은 뇌과학적 사실이기에 괴로움을 해결하기 위해서는 뇌를 알아야 할 필요가 있다. 뇌의 작동원리를 붓다는 알았을까? 지금부터 2,500여 년 전의 일이다. 붓다도 뇌에 대하여 특별히 교설하지는 않았다. 그런데 붓다가 통찰한 괴로움의 원인과 해결책은 철저하게 뇌과학이다. 뇌과학적 지식으로 불교를 공부해 보면 붓다는 뇌에서 일어나는 현상을 꿰뚫어 알고 있었다는 사실을 인정하지 않을 수 없다. 아마도 뇌의 작동을 뚜렷이 느꼈을 것이다. 뇌과학적 측면에서 붓다의 마음을 이해하고 집필하게 된 이유이다.

'세상이 그렇게 되기를 원하는 것'과 '실제로 세상에서 일어나는 것'의 차이가 나의 괴로움을 만드는 근원이다. 살아있는 한 괴로움의 근원을 피할 수 없다. 세상은 내가 원하는 대로 안 되기 때문이다. '그렇게 되기를 원하는 것'은 나의 욕심이며 망상이며 어리석음이다. 이는 궁극적으로 나의 잘못된 '자아'에서 기원한다. 나의 자아가 탐貪·진瞋·치痴로 오염되어 있고, 거기에서 오염된 번뇌의 마음이 나오기 때문이다. 절대로 세상은 오염된 마음이 원하는 대로 되지 않는다. 괴로움이 따를 따름이다. 깨달은 자 '붓다'가 되기 전 고타마 싯다르타 왕자는 여기에 모든 문제가 있다고 파악했다. 원함은 탐욕(貪)·화(瞋)·어리석음(痴)을 낳는다. 고타마는 이것이 괴로움을 불러일으키는 삼독三毒임을 깨닫고 이를 없애고 평정한 마음을 얻어 붓다가 되었다. 삼독은 모두 마음의 문제다. 마음을 잘 다스리면 괴로움이 사라질 것이다. 뇌가 마음을 만든다. 뇌에 삼독을 만드는 구조가 똬리를 틀고 있다.

우리가 어떤 대상을 만났을 때 그것이 무엇인지 알고, 느끼고, 그에 따라 일어나는 심리작용으로 마음이 만들어진다. 나의 마음이 생성되는 과정을 내가 알아차리면 어떤 결과가 일어날까? 일어나고 있는 마음을 알아차리지 못하면 마음이 이끄는 대로 우리의 마음과 행동이 따라간다. 그 결과는 대체로 괴로움이다. 반면에 일어나는 마음을 알아차리면 우리는 마음을 다스릴 수 있다. 내게 지금

욕심이 일어나고 있다는 것을 알아차려도 계속 욕심을 부릴까? 일어나는 화를 알아차려도 버럭 화를 낼까? 망상에 빠진 것을 알아차려도 망상의 어리석음에 매몰될까?

괴로움과 행복함은 마음의 문제이다. 괴로워하는 주체는 나다. 나를 알고 마음을 알면 괴로움을 다스릴 수 있지 않을까? 붓다는 '나'라는 존재는 전적으로 나의 몸과 마음의 합이라고 보았다. '몸(色)'이 인식대상을 만나면 느낌(受)이 생기고, 그것이 무엇인지 알고(想), 이어서 여러 가지 심리현상(行)이 일어나 마음(識)을 만든다. '나'는 이 다섯 가지 무더기(五蘊)일 따름이고, 그것은 시시때때로 조건이 바뀌면서 변한다. 나라고 할 만한 것이 없다. 무아無我. 고타마는 그렇게 통찰하였다.

탐욕(貪)과 분노(瞋)는 우리의 먼 조상들이 그 옛날 야수의 세계에서 살아남는 데 필수적으로 필요했다. 우리의 조상들이 그러했고 살아남은 모든 존재들이 그러했다. 먹거리가 부족하던 고대에 탐욕이 없었으면 살아남았을까? 천적의 야수가 우글대는데 분노가 없었어도 잡아먹히지 않고 살아남았을까? 그 본능의 '파충류 뇌'가 우리 뇌의 뇌줄기로 고스란히 남아 있다. 한때 유익하였던, 하지만 이 다스리기 힘든, 고집불통의, 반이성적인 '화와 욕심'의 뇌는 현대를 사는 우리에게 큰 짐이 되었다.

어리석음(痴, 무지)은 잘못된 자아에서 온다. 집단을 이루고 살게 되면서 '나'에 대한 개념이 점점 더 발달했다. 사회가 복잡해지고 인간관계와 이해타산이 복잡해지면서 나의 자아는 더욱 복잡해졌다. 필요 없는, '쓸데없는' 공상·망상을 많이 한다. 자아는 이 사회에서 나의 존재가치를 드높이기도 하지만 어리석음의 근원이 되기도 한다. 붓다는 어리석음(무명)이 모든 괴로움의 원천이라고 보았다. 이 자아·공상·망상의 어리석음을 불러일으키는 뇌가 대뇌에 있다. 기본모드신경망이다.

전전두엽: 계·정·혜의 뇌

하지만 우리 인간은 괴로움의 뇌에 지배당하며 살지만은 않는다. 언젠가 진화는 호모 사피엔스에게 전전두엽을 선사했다. 어쩌면 역으로 전전두엽을 선사 받았기 때문에 호모 사피엔스가 되었는지도 모른다. 하여간 전전두엽 덕분에 우리는 내가 하는 일이 나는 물론 상대방에 끼칠 선악을 예견하는 능력을 부여받았다. 전전두엽에 있는 '행동요령원칙'에 충실하면 괴로움에 빠져들지 않는다. '행동요령원칙'은 불교에서 가르치는 삼학(三學: 戒·定·慧)일 것이다. 계·정·혜는 계율戒律·선정禪定·지혜智慧의 약칭이다. 욕심이 나서 탐貪하는 마음은 계율로 다스려야 한다. 끓어오르는 분노(瞋)의 마음에서 벗어나 평온한 선정을 유지하여야 한다. 미혹에 빠진 어리석은(痴) 마음을 제거하고 진리의 마음, 즉 지혜를 얻어야 한다. 계·정·혜 삼학을 실천하면 탐·진·치 삼독을 마시지 않는다.

　계·정·혜 삼학을 어떻게 실천할까? 지식적으로 알고 있다 하더라도 그렇게 실천하며 살기는 쉽지 않다. 불교에서는 마음을 챙겨 삼학을 실천하는 방법으로 자신의 마음을 '알아차림(싸띠sati)' 하라고 한다. 싸띠는 '일어나는 마음에 주의를 기울임(noting)'이라는 뜻으로 '알아차림'으로 잘 알려진 빨리어이다. 싸띠는 일어나는 마음을 내가 능동적으로 다시 알아차리는 것이다. 고타마는 '싸띠 수행'을 하여 깨달은 자인 붓다가 되었고, 육신이 죽을 때까지 탐욕, 증오, 망상에서 뿌리내린 모든 상태가 청정해진 심신으로 살았다. 이 불길은 '꺼졌으며', '소멸되었고', '그 연료들은 제거되었다.'[*]

붓다의 마음과 뇌과학

붓다와 같은 마음을 얻고자 하는 것이 우리가 붓다의 마음을 공부하는 이유이다. 마음이 어떻게 생성되는지를 알면 마음을 잘 이해하고 알아차림 할 수 있다. 이는 곧 괴로움에서 벗어나는 길이다. 온전히 벗어나지는 못할지라도 마음을 챙기려 노력하면 보다 평온한 삶을 누릴 수 있다. 아직은 시작단계에 불과하지만, 현대 뇌과학은 뇌를 열어 마음을 들여다보게 했다. 마음이 일어나는 과정을 알면 그만큼 알아차림에 도움이 된다.

 붓다는 대상을 아는 것이 마음이라고 하였다. 불교는 '마음학문'이다. 마음은 뇌과학의 영역이기에 불교는 마음을 분석하는 '마음신경과학' 혹은 '마음뇌과학'이다. 인식과정을 통하여 대상을 안다. 대상이 인식되면 여러 가지 생각(인지)이 이어진다. 마음뇌과학은 인지뇌과학이라고도 한다. 붓다는 마음을 조작하는 방법까지 간파했다. 어떻게 하면 괴로운 마음에서 깨어나 평온한 마음으로 가는지를 알려주었다. 마음을 바꾸기에 그것은 '마음공학'이다.

---

[*] 엔드류 오랜츠키 지음, 박재용·강경화 옮김, 『붓다 마인드, 욕망과 분노의 불교심리학』, 올리브그린, 2018, p.217.

인식된 대상이 뇌에서 어떤 과정을 거쳐 마음이 일어나는지에 대한 뇌과학적 연구는 이제 막 시작되었다고 해도 과언이 아니다. 뇌가 어떻게 생겼는지, 어떻게 작동하는지 이제 겨우 조금씩 알려지기 시작했다. 뇌의 활동을 볼 수 있는 기계장치가 개발되었기 때문이다. 하지만 그 성능이 아직 보잘것없어서 뇌의 미세한 기능영역까지 밝혀내지는 못하고 있다. 뇌는 아직 안개 속에 갇힌 신비의 대상이다.

불교에서는 붓다로부터 시작해서 마음을 깊고도 깊게 분석해 놓았다. '이론 인지뇌과학'이다. 현대 뇌과학은 실험을 바탕으로 한다. 과학적으로 증명하려면 분석할 수 있는 도구가 있어야 한다. 현재 뇌의 활동을 볼 수 있는 가장 정밀한 기계는 기능적 자기공명영상(fRMI) 장비이다. 하지만 이마저도 뇌의 기능을 세세하게 관찰하기에는 터무니없이 조악하다. 인공위성에서 성능이 좋지 못한 망원경으로 지구를 관찰하는 수준에 비유될 수 있다. 부파불교 및 유식불교에서 설명하는 난해한 마음의 구조를 뇌과학 실험기법으로 설명하기에는 현재의 장비로는 불가능하다. 아마도 요원할 것이다. 하지만 '붓다의 마음'을 뇌과학적으로 설명할 수 있는 부분들도 있다. 물론 '소 풀 뜯어 먹는' 수준으로 '여기 찔끔 저기 찔끔' 이해하는 수준이지만 붓다의 마음을 현대 뇌과학 관점의 마음과 연결시켜보는 과정은 필자를 흥분시키기에 충분했다. '실험 하나 하지 않고 어떻게 이런 뇌과학적 진리를 간파했을까' 하는 경이로움에서다.

붓다의 가르침을 그냥 받아들이고 믿으며 수행하는 것도 좋다. 지금까지 그렇게 했다. 하지만 그 가르침이 뇌과학적으로 설명되는 합리적 진실이라는 사실을 알면 믿음이 훨씬 확실하고 수행에 믿음이 갈 것이다. 따라서 이 책은 불자는 물론이고 모든 세상 사람들이 '마음'을 이해하고 다스려 평정한 심성을 유지하는 데 큰 도움이 되리라 확신한다.

붓다의 위대한 통찰: 법경法境과 의근意根의 설정과 싸띠의 발견

불교를 언급하는 것은 매우 조심스럽다. 허접한 지식으로 자칫 불교도의 마음을 상하게 할 수 있기 때문이다. 그래도 특정한 부분은 언급하고 싶다. 너무 좋은 측면이라 좀 틀려도 상관없기 때문이다. 불교는 존재와 마음을 연구하는 학문이다. 고타마는 마음이 만들어지는 과정을 과학적으로 이해했다. 감각에 의하여 마음이 생기는데, 오감에 더하여 의식意識도 감각이라고 생각했다. 고타마는 눈, 귀, 코, 혀, 피부가 감지하지 못하는 추상적인 대상을 법경法境, 법경을 감지하는 감각기관은 의근意根이라고 간파하고, 법경이 의근에 감각되면 의식이 된다고 했다. 정말 놀라운 통찰이다. 의근은 대뇌에 있는 주의신경망으로 뇌신경활성 탐지망이며, 뇌신경활성은 법경이다.

법경과 의근의 설정은 마음을 이해하고 가공하는 데 결정적 역할을 한다. 마음공학이 탄생하기 때문이다. 눈(眼根)을 잘 발달시키면 선명한 상을 볼 수 있고, 귀(耳根)를 잘 발달시키면 소리를 더 잘 들을 수 있듯, 의근을 잘 관리하면 이로운 의식을 만들 수 있다. 그러한 의식들은 괴로움을 벗어난 아름답고 유익한 마음이 된다. 싸띠가 의근을 관리하여 그런 의식이 생기게 한다. 싸띠 수행은 괴로운 마음에서 벗어나 청안한 마음을 만드는 뇌 운동이다. 법경, 의근 및 싸띠의 발견은 고타마를 붓다로 만들었다고 해도 과언이 아니다. 마음이 만들어지는 원리를 이해하고, 몸소 수행하여 깨달은 자 붓다가 되었다. 너무나 기뻐 깨달음의 노래를 불렀다. 그리고는 다른 사람들도 그 기쁨의 경지에 이를 수 있는 방법을 가르쳐 주었다. 불교의 시작이다.

마음의 해부

마음(識)은 어디에서 오는가? 마음은 대상을 아는 것이다. 대상을 만나면 나의 몸(色)에 일어나는 수受·상想·행行과 함께 식(識, 마음)이 생겨난다. '몸'은 보다 구체적으로는 뇌이며, 뇌를 이루는 뇌신경회로의 활성이 수·상·행과 함께 온몸으로 퍼져 나가 표현된 것이 마음(識)이다. 붓다가 이런 과정을 통찰하였다. 그저 감탄할 따름이다.

　2000년 노벨 생리·의학상을 수상한 에릭 캔들(Eric R. Kandel) 교수는 콜롬비아 대학에 있는 뉴욕주립정신과학연구소 100주년 기념행사(1997년)에서 「마음과 몸의 관계에 대한 5원칙」을 발표했다. 그 첫 번째 원칙에서 '모든 정신적 현상, 심지어 가장 복잡한 심리적 과정도 뇌의 작용에서 유래한다'고 했다. 이 관점의 핵심 요지는 우리가 흔히 마음이라고 부르는 것은 뇌가 행하는 일련의 기능이라는 것이다. 그렇다. 모든 마음은 물질인 뇌의 기능이다. 마음은 뇌이고 뇌가 마음이다. 뇌를 관찰하는 기계장비의 발달로 흐릿하게나마 뇌기능이 보이기 시작했다. 아직 안개 속 저 너머에 있기는 하지만 붓다의 마음을 뇌의 문틈으로 엿본다. 향후 뇌과학의 발달로 문을 활짝 열어 살펴보아야 할 붓다의 마음이 저만큼 있다.

육근, 육경, 육식

붓다는 마음은 어떤 대상을 인식할 때 생성된다고 보았다. 육근六根이 육경六境을 만나 육식六識이 생긴다. 더 확장하면 12처十二處, 18계十八界. 세상은 18계에 존재한다. 변환장치인 전오식前五根은 색色·성聲·향香·미味·촉觸의 물리적 에너지를 100mV 전기(활동전위)로 바꾸어 뇌에 투사한다. 투사된 활동전위는 뇌활성을 일으킨다. 감각지(表象)이다. 감각지는 의근에 포섭되어 의식이 된다.

능동 마음과 수동 마음

불멸 후 부파불교 논사들은 인식과정을 매우 깊게 파고들었다. 우리는 끊임없이 인식하지는 않는다. 인식하고 있지 않을 때의 수동적 마음을 바왕가로 정의한다. 바왕가는 생명을 연속시키는 마음이다. 태어나서 죽을 때까지 생명의 강은 간단없이 흐른다. 내·외부환경에 반응하여 대응할 때도, 조용히 하릴없이 졸릴 때도, 잠들었을 때도, 꿈조차 꾸지 않는 깊은 수면 상태에서도 생명의 연속은 지속된다. 바왕가라는 생명의 강이 멈추는 것은 죽음을 의미한다.

소리나 빛과 같은 외부자극에 반응하지 않을 때 뇌는 나 자신의 내면을 들여다본다. 나는 누구이며 어디에서 와서 어디로 가고 있는가, 마음은 끊임없이 나의 내면을 살핀다. 뇌의 기본모드신경망의 활동이다. 나의 내면은 과거의 기억들로 꽉 차 있다. 마음을 만드는 심층의 종자種子들이다. 기본모드신경망은 심지어 무의식 상태에서도 작동한다. 무의식 상태에서도 생명의 강은 흐른다.

인식통로 – 17찰나설

외부자극이 있으면 바왕가는 능동적 인식활동에 자리를 양보한다. 논사들은 매우 강한 외부감각정보를 인식하는 데 17찰나(약 0.23초)가 걸린다고 한다. 하나의 마음이 일어났다 머물고 사라지는 데 걸리는 시간을 1찰나로 정의한다. 17찰나라는 짧은 시간 동안에 뇌는 바왕가를 밀어내고 예비·변환 → 입력·수용 → 검토·결정 → 업형성·여운이라는 인식통로를 거쳐 한 번의 인식을 끝낸다. 대상에 집중할 때 우리는 간단없이 계속 인식하는 것으로 생각한다. 하지만 논사들은 17찰나에 걸쳐 인식통로를 통과하는 과정이 반복된다고 한다. 인식터널을 들어갔다 빠져나오고 다시 들어갔다 빠져나오는 식으로 인식한다. 어떻게 이런 생각을 하였을까? 수행이 깊으면 그런 인식통로가 보였으리라. 마음이 인식통로에 들어가 있을 때는 다른 대상이 있어도 인식하지 못함은 '주의맹'이라는 과학적 실험으로 증명된다. 논사들의 인식능력이 놀랍다.

갑자기 소리를 들려주었을 때 머리 정수리에 나타나는 뇌파를 신호 – 연관 뇌파전위라 한다. 소위 '저게 뭐지' 반응이다. 0.2~0.3초가 걸린다. 17찰나가 아닌가. 인식과정의 시작은 두정덮개 – 뇌섬엽에 있는 전두 – 두정신경망의 기능이다. 두정덮개 – 뇌섬엽에는 거대한 VEN 신경세포가 있다. 거대한 팔다리를 뻗고 있다가 신호가 지나가면 재빨리 잡아서 필요한 곳으로 멀리 보낸다. 뇌 속에서 뇌활성 신호를 감지하는 의근意根일까?

8가지 마음 – 심체별설心體別說

초기불교와 달리 먼 훗날 유식학唯識學 학승들은 심心·의意·식識이
각기 다른 마음이라고 이해한다. 오감五感은 전오식前五識이다. 이
는 주로 감각피질의 기능이다. 전오식이 의근에 포섭되면 제6식 의
식이 된다. 의식하는 과정에 생각하며 헤아리는 마음이 개입한다.
제7식 말나식末那識이다. 이는 기본모드신경망의 기능이다. 의식하
고 기억된 정보들은 뇌에 저장되고, 두루 일어나는 마음의 종자種
子가 된다. 제8식 아뢰야식(阿賴耶識, ālaya - vijñāna)이다. 아뢰야식은
뇌 전체에 흩어져 심어진 종자들의 활성이다. 이는 무시로 폭류같
이 흐르는 신경회로의 활성이다. 유식학승들은 어떻게 대뇌피질의
이런 다양한 기능을 알았을까? 놀라울 따름이다.

말나식과 자아

우리는 대상을 '있는 그대로' 보지 않고 편견을 가지고 본다. 편견
은 곧 탐·진·치(번뇌) 삼독이다. 삼독으로 덧칠해진 감각대상에 대
한 기억은 기본모드신경망에 저장된다. 갓난아기 때부터 덧칠하지
않는다. 하지만 내 생각이 오염투성이로 가득 차는 데는 그리 오래
걸리지 않는다. 엄마와 나의 구별도 모르는 상태로 태어났지만 '내
것과 내 것이 아닌 것'이 있음을 인식하고, 세월을 살아가면서 '내
것'을 점점 더 쌓아간다. '내 것'들은 나의 자서전이 되고 성장하여
자아가 되고, 그것은 세상을 덧칠하는 진한 물감이 된다. 말나식이

28

다. 말나식은 자아의식과 이기심의 근원이 되고, 집착과 같은 근본 번뇌를 일으킨다. 뇌 운동으로 말나식을 줄여야 한다. 싸띠 수행은 자아에 똬리를 트고 있는 말나식을 해체하는 과정이다.

유식학의 사분설四分說

만법유식萬法唯識·일체유심조一切唯心造. 마음뿐이라는 것이다. 모든 것은 내가 어떻게 받아들이느냐 하는 마음의 문제다. 그것은 인지심리학認知心理學이다. 불교의 유식학은 인식과정에 네 지분이 있다고 한다. 사분四分이다. 뇌의 감각피질에 수동적으로 맺힌 상이 상분相分이다. 견분見分이 상분을 본다. '견분이 상분을 보고 있음'을 자증분自證分이 보고 검증한다. 그것을 증자증분證自證分이 본다. 인식을 제대로 하고 있는지 살피는 네 단계이다.

아직도 의식에 대한 신경과학적 근거는 가설단계에 머문다. 제럴드 에델만(Gerald M. Edelman) 교수는 의식을 '기억된 현재'라고 했다. '견분이 상분을 보고 있음'은 현재이다. 그것을 자증분이 인식한다. 자증분이 현재를 기억하는 것이다. 이는 곧 의식이다. 의식이 어떻게 생성되는지에 대한 신경근거는 아직 논란거리이다. 뇌의 작동원리는 이제야 조금씩 밝혀지고 있다. 최근의 연구는 뇌가 적어도 11차원적 정보처리를 한다고 한다. 켜켜이 쌓인 증자증분일까?

싸띠 수행과 마음공학

불교는 수행으로 깨달음을 실천하는 종교이다. 수행은 마음을 닦아 괴로움을 없애는 과정이다. 마음을 다스리려면 마음을 알아야 한다. 왜 괴로운 마음이 일어나는지를 분석해야 한다. 외부세계는 인간이 마음대로 바꾸지 못한다. 이를 바꾸거나 얻으려고 하는 것은 대부분 실패하니 괴로움이 된다. 하지만 외부세계가 만드는 나의 마음은 내가 주체적으로 만들고 또한 바꿀 수 있다. 붓다는 싸띠 수행으로 나의 마음을 관리할 수 있다고 했다. 마음오염원을 제거하여 깨달음에 이르는 방법까지 일러주었다. 뇌신경회로의 생성 기전과 소멸 기전까지 꿰고 있었다는 말이다. 신경회로의 생성과 소멸은 연접의 연결과 단절이다. 연접이 생성되고 소멸될 수 있는 성질, 즉 연접가소성을 다루는 인지신경과학은 뇌과학의 영역이다.

의식한 것이든 의식하지 못한 것이든 삶의 모든 경험은 뇌에 흔적을 남긴다. 우리는 흘러가는 세월의 강의 한 점 한순간을 살고 있지만 경험한 모든 것은 뇌 속에 흔적을 남긴다. 뇌신경연접의 연접가소성 현상 때문이다. 뇌신경망에 남은 흔적은 종자(種子, 習氣)로 저장되어 저장식貯藏識이 된다. 종자 하나하나는 경험으로 물들어 있는 미시입자들의 집합이라 할 수 있고, 이러한 수많은 입자들이 유기적으로 통일되어 결합체를 이루는 것이 뇌신경망이다. 작은 뇌신경망은 서로 연결되어 하나의 커다란 연결체를 만든다. 내 마음의 밑그림이 되는 아뢰야식이다. 이렇게 형성된 뇌 지형도는 나의 마음 성향을 결정짓는다. 범부와 깨달은 자의 차이를 만드는 뇌 근거이다.

뇌의 진화, 마음의 진화

현존하는 지구상의 가장 원시적인 신경체계는 신경그물망이다. 뇌는 없지만 부분적으로 접었다 폈다 하는 운동으로 먹이를 입으로 가져간다. 해파리의 신경망이다. 그러다가 머리신경절이 나타난다. 신경세포들이 집중적으로 모인 곳을 신경절이라 한다. 신경절은 몸체의 각 마디를 지배한다. 그 신경절들을 지배하는 것이 뇌인데, 뇌라 부르기에는 멋쩍은 뇌가 플라나리아에 있는 머리신경절이다.

뇌다운 뇌는 곤충들에서 나타난다. 눈도 생겼다, 귀도 있다. 하지만 감각을 날갯짓으로 연결하여 도망가기 위한 것이 거의 모든 기능이다. 이어서 포유류의 뇌가 등장한다. 가장 원초적인 포유류 뇌는 파충류들이 가지고 있는 파충류 뇌이다. 이는 본능의 뇌이다. 그 다음은 털이 난 동물들이 가지는 둘레계통으로 감정을 관할한다. 반려동물들의 뇌를 생각하면 된다. 이들이 갖는 피질을 구피질이라 한다. 신피질은 가장 최근에 출현하였다. 사람의 뇌는 전전두엽까지 진화시켰다. 생각, 판단, 결정, 창조, 이성의 뇌. 사람을 사람답게 만드는 전전두엽이다.

뇌가 마음을 만든다. 다양한 생명체는 서로 다른 마음을 갖고 있다. 뇌가 다르기 때문이다. 사람도 각자의 마음을 갖는다. 미세하지만 서로 다른 뇌를 가지기 때문이다. 그 미세함의 차이는 성장과정과 현실의 경험과 학습에 따라 결정된다. 청정한 삶을 살면서 청안한 마음을 만들어야 한다.

제1장 마음의 작동원리:
뇌 – 마음 관계의 기본정보

마음을 정의하기란 쉽지 않다. 마음이 복잡한 것은 뇌가 복잡한 구조를 이루고 있기 때문이다. 뇌 구조를 연구하는 학문은 신경해부학 영역이다. 뇌의 구조를 이해하기는 쉽지 않다. 단면도를 보고 3차원 입체를 상상하여야 하기 때문이다. 최근에는 단면도를 디지털화하고, 연속 단면도를 합쳐서 3차원으로 재구성한다. 이를 컴퓨터에서 어느 방향으로든 잘라서 가상 단면도를 볼 수 있고, 또한 연속 단면도에 있는 동일한 구조를 색깔로 구분하여 3차원으로 보여주기도 한다. 그럼에도 불구하고 뇌의 자세한 입체구조를 이해하기란 쉽지 않다.

뇌의 현미경적 구조 또한 매우 복잡하다. 신경세포는 가지가 많이 쳐지고 서로 연결되어 상상을 초월하게 복잡한 신경망을 이루고 있다. 사람의 뇌에는 860억 개의 신경세포가 있고 그보다 더 많은 도우미 세포인 신경교세포가 있다. 하나의 신경세포는 5,000~10,000개의 다른 신경세포와 11차원으로 연결되어 있다고 한다. 뇌는 작은 우주이다.

복잡하기 그지없는 뇌의 구조를 여기서 모두 설명하기란 불가능하다. 본서는 붓다 깨달음의 마음을 뇌과학적으로 이해하는 것이 목표이다. 따라서 깨달음의 마음을 만드는 뇌의 구조들과 이에 관련된 뇌기능들에 한해서 살펴보고자 한다.

기능은 구조에서 나온다. 마음이라는 기능도 마음을 만드는 구조에서 나온다. 불교에서는 오감(전오식), 의식(제6식), 말나식(제7식), 아뢰야식(제8식)으로 마음을 구분한다. 각각의 마음을 만드는 뇌구조는 그 마음을 설명할 때 자세하게 다루고, 제1장에서는 원론적인 측면에서 마음을 만드는 뇌의 기본적인 작동원리를 살펴본다.

1. 정보의 구조와 정보의 의미

기능은 구조에서 나온다. 바탕이 되는 구조가 없으면 기능이 생길 수 없다. 마음을 만드는 구조가 반드시 있어야 한다. 그것이 뇌다. 일반적으로 말할 때 정보의 물질적 근거를 정보 구조(information structure)라 하고, 전달하는 의미(메시지)를 정보 의미(information message)라 한다.

메시지를 창출하려면 구조가 활성을 가져야 한다. 가만히 있는 구조는 죽은 구조이고, 이는 메시지를 보내지 못한다. 활동적인 구조만이 의미를 나타낸다는 뜻이다. 이처럼 정보에는 구조와 의미라는 두 부분이 있다. 뇌와 마음의 관계도 마찬가지다. 살아서 활동하는 뇌에서 마음이 생성된다. 뇌라는 물질의 활동이 마음이라는 정신적 메시지를 나타낸다. 예로서 '예쁘다'라는 마음은 우리가 갖는 정보 메시지이다. 그 기반에는 '예쁨'을 만드는 물질인 뇌신경회로가 있다.

신경회로에는 '활동전위(~100mV)'라는 작은 전류가 흐른다. 활동전위가 무엇인지는 다음에 설명하자. 하여간 회로를 흐르는 전기이다. '예쁨' 뇌신경회로에 전기가 흐르면 우리는 '예쁘다'라고 느낀다. 뇌에 있는 신경회로는 '예쁨'이라는 정보를 느끼게 하는 구조적 바탕, 즉 '예쁨'의 정보 구조이다. '예쁘다'라고 느끼는 것은 정보 구조가 전하는 '전갈(메시지)', 즉 정보 메시지이다.

정보 구조와 정보 의미의 관계는 마치 옛날에 봉화烽火로 연기를 피우면(정보 구조) 먼 곳에서 그 의미(정보 의미)를 전달받는 것에 비유될 수 있다.

봉수대

봉수烽燧 또는 연기 신호는 가장 오래된 형태의 장거리 통신 수단 중 하나이다. 낮에는 연기로, 밤에는 불빛으로 메시지를 전달하는데, 평상시에는 한 개씩 올리고 사안의 급한 정도에 따라 연기나 불빛의 숫자를 늘려서 먼 곳까지 알렸다고 한다. 연기나 불을 만드는 봉수대는 '정보 구조', 전달되는 메시지는 '정보 의미'이다.

'예쁨'을 만드는 정보 구조인 뇌신경회로가 활성을 가져야 '예쁘다'는 메시지가 생긴다. 뇌신경회로가 활성을 가진다는 것은 무엇을 의미할까? '예쁨'을 만드는 신경회로에 '활동전위'가 흐른다는 뜻이다. 뇌신경회로의 활성이 강해야 의식에 들어온다. '예쁘다'라고 의식적으로 느끼는 것은 그 뇌신경회로가 강하게 활동하였다는 것을 뜻한다. 활동전위에 대해서는 다음 장(「제2장 신경조직」)에서 설명한다.

제1장에서는 뇌라는 정보 구조, 즉 뇌 구조를 개괄적으로 알아본다. 뇌라는 기관은 신경조직으로 이루어져 있고, 신경조직은 신경세포와 이를 도와주는 신경교세포로 구성된다. 신경세포는 서로 연결되어 신경회로를 만드는데, 신경회로가 뇌기능의 원천이다. 즉 신경회로의 작동으로 뇌는 기능하며 마음도 신경회로의 활성에 의하여 생성된다. 물론 신경회로가 작동하려면 신경세포가 활동하여야 한다. 따로 하나씩 분리해 놓아도 신경세포는 활동전위를 만든다. 하지만 이런 개별적 신경세포의 활성은 의미가 없다. 반드시 서로 연결되어 신경회로를 만들어 활성을 가질 때 마음이 생성된다.

마음은 뇌의 작용으로부터 나타나는 정신적 속성이기 때문에 마음을 이해하려면 뇌의 구조와 작동원리를 이해할 필요가 있다. 뇌과학도가 아닌 일반 독자들이라면 여기의 내용이 생소하고 어려울 수 있다. 하지만 대략적 내용만 파악하여도 무방하다. 여기에 나오는 뇌의 구조와 기능에 대한 용어들은 이 책의 전반을 통하여 언급되는데, 그때마다 다시 여기로 돌아와 살펴보면 된다.

2. 뇌의 구조

1) 뇌는 매우 복잡한 신경회로이다

뇌는 신경세포가 서로 연결되어 만들어진 신경회로가 모인 것이다. 신경세포는 축삭(axon)이라는 긴 가지를 뻗어 다른 신경세포에 연결된다(「제2장 마음을 그리는 알파벳: 신경회로와 신경조직」 참조). 물론 축삭 하나의 길이는 짧다. 하지만 뇌에는 많은 신경세포가 있기에 사람 뇌의 축삭을 모두 하나로 연결하면 약 176,000km나 된다. 이는 지구 적도를 4바퀴 반이나 감을 수 있는 길이이다. 뇌 전체에는 860억 개의 신경세포가 있고, 대뇌피질에만 140~160억 개가 있다고 한다. 그리고 하나의 신경세포는 5천~1만 개의 다른 신경세포와 연결되어 있는데, 공간적으로 11차원으로 연결되어 있다. 이처럼 사람 뇌의 신경회로는 상상을 초월할 정도로 복잡하다. 그래서 뇌를 작은 우주라 한다.

회로(circuit)라고 하면 우리는 전자회로를 떠올린다. 컴퓨터를 비롯한 모든 가전제품 속에 있는 회로기판을 본 기억이 있을 것이다. 거기에는 직렬로 연결된 회로가 있다. 뇌신경회로도 이처럼 평면적이고 직렬로 연결된 단순한 회로라고 생각하기 쉽다. 하지만 그렇게 생각하는 것은 매우 잘못되었다. 매우 단순한 마음이 하나 생성되는 경우에도 이에 관련된 신경회로는 무지하게 복잡한 11차원의 입체회로이다. 낮은 차원의 신경회로가 서로 연결되고 또다시 연결되어 고차원의 입체적 신경회로를 만든다. 각각의 마음마다 그 연결이 몇 차원까지 가는지는 아무도 모른다. 마음을 생성하는

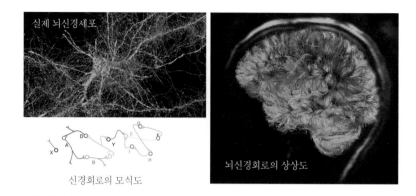

실제 뇌신경세포

신경회로의 모식도

뇌신경회로의 상상도

뇌신경세포와 신경회로

왼쪽 그림은 하나의 실제 뇌신경세포이다. 왼쪽 아래는 신경세포들(A, B, C, D 등)이 서로 연결되어 만든 신경회로 모식도이다. 오른쪽 그림은 복잡하게 얽힌 뇌신경회로를 보여주는 상상도이다.

서로 얽히고설킨 신경회로의 복잡한 모습은 상상하기조차 어렵다.

2) 뇌는 많은 중앙처리장치를 갖는 컴퓨터에 비유된다

흔히 뇌를 컴퓨터에 비유한다. 뇌가 신경세포들이 연결된 신경회로인 반면 컴퓨터는 반도체소자들이 연결된 전자회로이다. 컴퓨터에는 기능을 통괄하는 중앙처리장치(central processing unit, CPU)가 있다. CPU는 컴퓨터의 기능을 통괄하고 제어한다. 컴퓨터의 성능을 높이기 위하여 속도가 빠른 CPU를 개발하기도 하지만 여러 개의 CPU를 연결하여 처리속도가 높은 슈퍼컴퓨터를 만들기도 한다. 나눠서 일을 함으로써 효율을 높이는 개념이다.

 뇌는 많은 CPU가 서로 연결된 슈퍼컴퓨터에 비유된다. 뇌는 여러 가지 기능을 동시에 실행하는 기계장치이다. 감각만 보아도 보

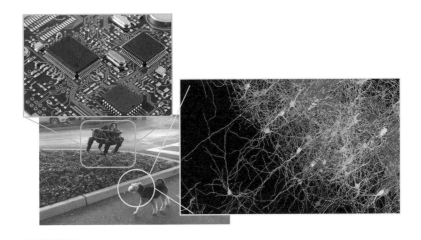

개와 로봇개의 CPU 차이

개의 뇌에는 신경세포들이 연결된 신경회로가 있다. 로봇개의 기판에는 반
도체소자들이 연결된 전자회로가 있다. 뇌와 컴퓨터에는 기능을 총괄하는
중앙처리장치(CPU)가 있다. 뇌에는 그런 CPU가 많이 있으며, 서로 연결되
어 작동한다.

고, 듣고, 촉감을 느끼고 등등 동시다발적으로 일어난다. 뇌는 이러
한 감각정보들을 각각의 CPU들이 동시다발적으로 처리한다. 뇌의
정보처리는 계층구조(hierarchy)를 이룬다. 생명체든 사회이든 유기
체들은 모두 기능적 층계구조를 이룬다. 그 층계구조를 따라 정보
는 위로 올라가고 위층은 아래층을 관리한다. 뇌도 마찬가지다. 모
든 정보는 처리과정을 거치면서 전전두엽(prefrontal cortex, PFC)으
로 올라간다. 전전두엽은 뇌기능 전체를 통괄하는 CPU이다. 그런
데 전전두엽도 하나가 아니라 계층구조를 이루고 있다.

　뇌의 CPU들은 구조적으로 일단 분리되어 배치되어 있다. 대뇌,
소뇌, 사이뇌, 간뇌 등으로 구분되어 있고, 각각의 구조는 하위기능

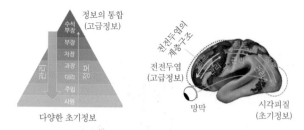

뇌의 정보처리 관리계층

회사의 직급을 따라 다양한 초기정보가 상위 직급으로 올라감을 보여준다.
반면에 상위 직급은 하위 직급을 관리한다. 뇌에서도 정보처리는 계층구조
를 이룬다. 입력된 초기정보들은 처리과정을 따라 고위 뇌 부위로 올라간
다. 최고위 뇌 부위인 전전두엽 자체도 층계구조로 되어 있다.

을 갖는 하부구조들로 구성된다. 예로서 대뇌의 경우 중심고랑 뒤
쪽으로는 감각기능, 앞쪽으로는 운동기능을 하고, 맨 앞에는 뇌 전
체 기능을 총괄하는 전전두엽이 있다. 감각기능도 오감에 따라 각
각 처리하는 구역이 달리 배치되어 있다(「제3장 전오식의 뇌: 대뇌감
각피질」 참조).

  각각의 뇌기능은 정보처리 초기에는 서로 다른 CPU가 처리하지
만(예: 시각, 청각 등) 처리된 정보는 서로 통합된다. 정보를 통합하
는 뇌 부위를 연합영역이라 한다. 연합영역이 뇌의 대부분을 차지
한다. 그만큼 뇌에서 일어나는 대부분의 정보처리는 서로 복잡하
게 연결되어 있다. 예로서 시각 정보와 청각 정보는 연합영역에서
서로 만나기 때문에 서로에게 영향을 미친다. 눈을 감고 소리를 들
으면 다르게 들린다. '바(ba)'라고 말하는 것을 눈을 감고 들어보라.
'다(da)'로 들린다. 연합영역도 계층구조를 이룬다. 최고위 연합영

역이 전전두엽이다.

3. 마음의 창발

1) 신경회로에 활동전위가 흐르면 마음이 생긴다

뇌신경회로를 간단한 모식도로 그리지만 사실은 상상조차 힘든 복잡한 공간적 연결이다. 그 복잡한 신경회로에 있는 각각의 신경세포는 100mV 크기의 활동전위를 생성하여 다음 신경세포에 전달한다. 전기를 전달받은 신경세포는 다시 활동전위를 만들어 그다음 신경세포에 전달한다. 신경회로에는 이렇게 활동전위가 흐른다. 그런데 신경회로에 활동전위가 흐르면 마음이 생성된다. 신경회로 자체가 마음은 아니다. 신경회로의 활성은 몸의 근육과 분비샘을 자극하여 마음을 표현한다. 컴퓨터에 내장된 전자회로(뇌신경회로)에 전기가 흐르면 영상(마음)이 나타나는 것에 비유된다.

　구조적으로 보면 신경회로는 신경세포들이 연결된 것에 지나지 않는다. 하지만 신경세포가 연결된 신경회로는 신경세포가 갖지 못하는 전혀 다른 차원의 기능을 발휘한다. 마음을 만드는 것이다. 단순히 많은 수의 신경세포가 모여 있다고 마음이 만들어지지 않는다. 서로 특정한 방식으로 연결되어 활동할 때 마음이 만들어진다. 그룹이 개별적 구성원은 갖지 아니하는 전혀 다른 차원의 새로운 기능을 만들어내는 것을 창발(創發, emergence)이라 한다. 신경세포 하나하나는 마음을 만들지 못하지만, 신경세포들이 연결된 신경회로의 활성은 마음을 창발한다.

전구에 비유한 뇌와 마음의 관계
뇌와 마음의 관계는 전구와 빛의 관계에 비유된다. 전구(=뇌)의 코일(=뇌신경회로)에 전류가 흐르면(=뇌신경회로가 활성을 가지면) 빛(=마음)이 생긴다.

뇌와 마음의 관계를 전구와 빛의 관계에 비유할 수 있다. 전구에 전류가 흐르면 빛이 생성된다. 전구 속에 있는 텅스텐 필라멘트에 전류가 흐른 결과 빛이 생성되었다. 전구는 뇌, 텅스텐 필라멘트는 뇌의 신경회로에 대비된다. 뇌신경회로(텅스텐 필라멘트)에 전류가 흐르면 마음(빛)이 발생한다. 이처럼 마음은 뇌신경회로의 작용이다.

2) 뇌신경계통에 흐르는 대부분의 정보는 우리가 인식하지 못한다

우리는 뇌신경회로를 통한 정보의 흐름 전부는 인식하지 못한다. 뇌신경회로의 활성과 인식 사이에는 의식(consciousness)이라는 진입단계가 있다. 뇌신경활성이 의식으로 진입되어야만 인식된다. 즉 우리는 의식 속으로 들어온 정보만 인식한다. 이는 의식 속으로 진입하지 못하는 뇌활성도 많이 있음을 의미한다.

 필자의 '붓다 마음의 뇌과학 시리즈' 제2권 『의근과 의식』*에서 뇌활성은 법경(法境: 법이라는 감각대상〔dhammārammaṇa〕)이라고 설명하였다. 고타마 싯다르타(Siddhārtha Gautama)는 법경을 감지하는 감각기관을 의근(意根, mano)이라고 설정하였다. 현대 뇌과학적으로 비유하면 뇌활성(법경)을 감지하는 감각기관이 의근이다. 법경의 뇌활성이 대뇌피질에 있기에 그것을 감각하는 의근도 대뇌피질에 있어야 한다.

 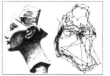

뇌의 정보처리

우리는 시야에 들어오는 모든 정보를 인식하지 못한다. 특이하거나 중요한 정보만 인식한다. 오른쪽은 토르소를 보고 있는 사람의 눈의 초점이 향하는 곳을 추적한 그림이다. 우리는 전체를 한꺼번에 보는 것 같지만 사실은 한 번에 한 부분씩 본다. 빨리 스캔하면서 훑어보기 때문에 한 번에 전체를 보는 것으로 착각한다. 주의를 보낸 대상은 강한 뇌활성을 일으켜 의식에 들어온다.

　뇌에는 수많은 뇌활성이 동시다발적으로 일어난다. 의근이 그 많은 뇌활성을 모두 감지할 수 없다. 의근은 강한 뇌활성을 위주로 감지한다. 또한 한 번에 하나의 뇌활성만 감지한다. 따라서 우리는 뇌에서 일어나는 뇌활성의 극히 일부분만 인식하며, 대부분은 무의식적 활동에 머문다. 그런데 무의식적 뇌활성도 우리의 뇌에 흔적

---

* 　문일수 저, 『의근과 의식』, 도서출판 무량수, 2020.

을 남겨 암묵기억을 형성한다. 사실 뇌에는 암묵기억이 대부분을 차지한다. 이들은 의식으로 불러올 수 없는 잠재기억 혹은 무의식적 기억이 된다.

우리가 의식하지 못하는 암묵기억은 우리 행동과 마음의 밑그림을 그린다. 달리 말하면 암묵기억은 마음의 기본 지형도가 된다. 마음이 생기는 시간적 흐름의 관점에서 보면, 암묵기억이 먼저 작동하여 마음의 밑그림을 그린다. 그 밑그림을 바탕으로 의식에 드러나는 마음이 생성된다. 이처럼 암묵기억이 우리의 의식적 마음을 결정한다. 우리의 성격과 성향 등은 우리가 살아온 경험이 만든 뇌 지형, 즉 암묵기억에 의하여 결정된다는 뜻이다. 밝은 환경에서 자라야 밝은 마음의 사람이 된다.

3) 의식에 들어오는 정보는 순간순간 달라진다

우리의 마음은 매 순간 달라진다. 생각은 한 곳에 고정될 수 없다. 신경회로를 통한 전기의 흐름은 항상 이어지는 신경회로를 통하여 다른 곳으로 이동하기 때문이다. 하나의 신경회로는 다른 신경회로와 연결되어 있기에 하나의 생각은 다른 생각으로 옮겨간다. 성인 남자들을 대상으로 한 연구에 따르면 1분에 평균 6.5개의 마음 전환이 일어난다. 하루 16시간 깨어 있는 동안 6,200가지 생각이 일어나는 것이다.

이처럼 하나의 마음에서 이어지는 다른 마음으로 흐르기도 하고, 불현듯 어떤 마음이 떠오르기도 한다. 자신의 마음을 생각해 보라. 단 1분이라도 한 가지 마음에 고정할 수 없다.

4) 심상속心相續 – 마음은 흘러간다

위에서 설명하였듯 마음은 본질적으로 흐르게 되어 있다. 신경회
로는 끝없이 서로 이어져 있기에 어떤 마음이 일어나면 다음 마음
이 이어지는 것은 필연이다(아래 연관신경망을 참조하라). 신경회로
는 많은 신경세포가 서로 연결된 그물망이다. 그런데 동일한 신경
세포가 서로 다른 여러 개의 신경망에도 속할 수 있다. 하나의 신경
세포가 5천~1만 개의 다른 신경세포와 연결되어 있음을 상기하라.
사람마다 팔이 5천~1만 개나 있어 각각의 팔이 다른 사람과 손을
잡고 있는 상황에 비유된다.

　그런데 아무하고나 손을 잡지 않는다. 연관이 있는 사람과 손을
잡는다. 즉 서로 연관된 정보에 대한 신경망들끼리 서로 연결된다.
이처럼 연관된 정보들은 서로 연결되어 있기에 정보의 흐름은 끊

신경망 활성의 연속을 보여주는 모식도

각 색깔은 서로 연결된 신경세포들의 신경망을 나타낸다. 하나의 신경망
(주황색)에서 두 개의 신경망(초록 및 자주색)으로 퍼지는 것을 보여준다.
오른쪽에서는 두 신경망(자주색 및 주황색)이 하나의 신경망(초록색)으로
합류함을 보여준다. 신경세포들 사이의 연결은 표시하지 않았다.*

---

*　http://www.neuralassembly.org/

임없이 매우 빠른 속도로 연관된 다음 신경망으로 흘러가게 된다. 이는 마치 운동경기 관람석에서 관중들이 파도타기 응원을 하는 것과도 같다. 옆 사람이 일어나면 이어서 나도 일어난다. 이처럼 마음은 '신경망 활성'의 연속을 통하여 흘러간다. 마음의 이러한 흐름을 심상속(心相續, mindstream)이라고 한다.

4. 뇌신경회로의 특성

1) 연관신경망 – 연관된 정보는 서로 연결되어 있다

뇌의 중요한 기능 중 하나는 정보의 저장이다. 기억은 뇌에 신경회로망으로 저장된다. 생각, 감정, 느낌, 판단, 결정 등 정신적 작용, 그리고 근육운동도 모두 뇌신경회로의 활성에 근거한다. 뇌는 딱딱하게 고정된 물체가 아니다. 생명체의 특징은 구조가 변한다는 것이다. 뇌도 마찬가지다. 뇌 속의 신경회로는 활성이 있으면 반드시 변한다. 소나기가 내리면 빗물이 흘러간 자리가 생기듯 아무리 작더라도 흔적을 남긴다. 태풍이 오면 큰 흔적을 남길 뿐이다. 뇌신경회로 활성의 결과로 남겨진 흔적은 기억이 된다. 그 흔적은 새로운 신경망의 생성일 수도 있고, 기존 신경망의 변화일 수도 있다.

새로운 신경회로는 어디에 만들어질까? 새로운 정보는 연관된 정보 옆에 두는 것이 서로 관련지어 생각하기 편하다. 책장에 새로 구입한 책을 꽂아 둘 때 우리는 이미 보관된 책들과 가장 관련이 높은 자리를 선택한다. 그래야 찾기 쉽기 때문이다. 뇌도 마찬가지다. 새로운 신경회로는 관련이 있는 기존의 회로에 연결되어 생성된다.

뇌신경망은 연관된 정보끼리 서로 연결되어 있다. 그래서 뇌신경망은 연관신경망(associative neural network)이다. 이는 사실 새로운 정보를 습득할 때 서로 유사한 신경망이 작용했음을 의미한다. 예로서 사과의 종류를 보자. 일단 전체적인 모양새는 매우 비슷하다. 세세한 모양과 색깔 그리고 무늬는 서로 다르다. 매우 유사한 사과들은 망막에 매우 유사한 상(像, image)을 맺을 것이다. 그 상들은 대뇌의 일차시각피질에 유사한 유형으로 전달되어 서로 유사한 그룹의 신경세포들을 활성화시킬 것이다. 이렇게 시작한 일차시각피질의 활성은 각각의 사과에 대한 정보(모양, 색깔 등)를 처리하면서 종국에는 전전두엽으로 전달된다. 이렇게 사과에 대한 시각분석회로는 커다란 입체 뇌신경망을 통하여 이루어짐을 상상해 볼 수 있다. 사과에 대한 분석 활성이 거대하고 복잡하게 얽힌 뇌신경망을 통과하는 모습을 상상해 보라. 마치 물결치기 파도응원과 같이 흘러갈 것이다. 11차원의 공간에서! 그 흐름이 유사한 사과들에 대한 활성은 서로 유사하다는 것이다.

| 부사 | 홍로 | 홍옥 | 추광 | 아오리 | 황옥 |

사과

사과의 종류 가운데 일부를 보여준다. 서로 매우 비슷한 것도 있고, 같은 사과지만 꽤 다른 것도 있다.

유사한 신경망을 통하여 뇌활성이 흘러갔기 때문에 유사한 사과에 대한 기억은 매우 가까이 서로 연결된다. 이제 독자는 신경망의 연결이라는 것이 모식도에서 그리듯이 두 원이 서로 연결된 단순한 것이 아니라는 것을 이해했을 것이다. 신경망의 연결은 입체적 연결이다. 가까이 연결된다는 것은 입체의 대부분을 공유한다는 것이다. 서로 매우 유사한 사과는 뇌신경망 입체의 대부분을 공유하고, 매우 다른 사과는 공유하는 정도가 낮다. 전혀 관계가 없는 정보가 서로 가까이 연결될 필요가 있을까? 만약 그렇게 뇌신경망이 형성되어 있다면 우리의 마음은 하나의 주제로 흐르지 못할 것이다.

아래 그림에서 보면, 인호는 남성이며, 짜장면을 좋아하고, 소나타를 소유하고 있다. '인호'에 속하는 정보는 이렇게 연결되어 있다. 따라서 '인호'를 생각하면 그와 연관된 정보가 이어져 떠오른다. 한편 단위속성들도 그룹끼리 연관되어 있다. 자동차는 자동차끼리, 음식은 음식끼리 그룹을 지어 서로 연결되어 있다. 소나타를 생각하면 국산 차종이 먼저 떠오르고, 외제 자동차도 떠오른다. 모두 연관신경망을 형성하고 있기 때문이다.

새로운 정보를 접하면 뇌는 그것을 기존의 정보와 연관시켜 이해한다. 동남아 여행에서 낯선 과일을 볼 수 있다. 이때 우리는 그것과 가장 가까운 이미 알고 있는 과일과 대조하여 본다. 그 결과 우리의 뇌는 그 과일의 형태와 이름을 내가 알고 있는 가장 가까운 과일과 연결하여 저장한다. 새로운 정보는 연관된 기존의 신경망에 연결되어 생성되는 것이다. 이는 도서관에 책을 보관할 때 관련된

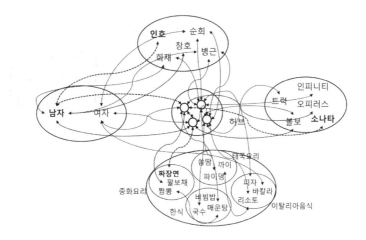

연관신경망

인호라는 사람은 남성이며, 좋아하는 음식은 중화요리 가운데 짜장면이며, 자동차는 소나타를 타고 다님을 알 수 있다. 인호와 연관된 정보가 서로 연결되어 있다. 또한 유사한 정보들은 서로 모여 매듭을 이룬다. 이름은 이름끼리, 음식은 음식끼리 모여 있다. 음식 가운데도 하부 분류로 다시 모여 있다. 인호와 관련된 연결은 점선으로 표시하였다.

분야의 책들을 같은 곳에 분류해 놓는 것과 흡사하다.

기억 형성 과정에서 이러한 분류과정을 부호화(인코딩encoding)라고 한다. 도서에 바코드를 붙이듯 기억내용을 분류하는 것이다. 이처럼 뇌도 정보를 먼저 부호화한 후 관련된 기존정보에 연결하여 새로운 회로를 생성(저장)한다. 참고로, 우리가 통상 기억이라고 하면 회상까지 포함한다. 저장은 되었지만 회상되지 못하면 그 정보는 기억되었다고 하지 않는다. 보다 엄밀하게 말하면, 회상되지 않는 정보는 암묵적 기억(비서술적 기억)이며, 회상되는 기억은 명시적 기억(서술적 기억)이다.

기억 신경회로의 생성

기억신경회로의 생성 위치

기억신경회로는 유사한 것끼리 서로 연결된다. 사과끼리는 가장 가깝게 연결되고, 조금 떨어진 곳에 배에 대한 신경회로가 연결될 것이다. 보다 상이한 바나나에 대한 기억 신경회로는 더 멀리 떨어져 생성된다. 이는 마치 도서관에 책을 보관할 때 서로 관련된 분야의 책들은 바코드로 분류하여 인접한 장소에 보관하는 것과 유사하다.

뇌에서는 정보내용을 부호화하지만 정보에 바코드를 물리적으로 붙일 수 없다. 그러면 어떻게 관련된 정보들은 서로 연결되어 저장될까? 유사한 정보들은 비슷한 정보처리 과정을 거칠 것이다. 비슷한 신경회로들이 사용될 것이라는 뜻이다. 예로서 사과들끼리는 모양이 비슷하다. 부분적으로 다르겠지만 상당히 많은 공통된 신경회로들이 사과들의 분석에 사용될 것이다. 이러한 공통된 신경회로를 통하여 사과들에 대한 정보는 서로 연결된다. 서로 유사한 바코드가 붙여지는 것이다.

2) 연접가소성은 기억의 생성과 망각을 가능하게 한다

마음이 흘러가면 거기에 관련된 신경망에 변화가 일어난다. 마음이 흐른다는 것은 신경망의 활성이 이어진다는 것이라고 하였다. 신경망은 신경세포들의 연결이다. 그 연결을 연접(시냅스synapse)

이라 한다. 신경망이 활성을 갖게 되면 그 신경망에 속한 신경세포들 사이의 연결이 더 강하게 된다. 연결이 더 강하다는 것은 그 신경망에 전류가 더 잘 흐른다는 뜻이다. 더 강해진 신경망을 통하여 전류가 더 잘 흐르면 그만큼 더 강한 마음과 기억이 된다.

(1) 연접가소성

신경세포들 사이의 연결인 연접은 사용하면 할수록 더 강하게 연결된다. 반면에 신경망을 사용하지 않으면 연접의 연결은 약해진다. 연접의 연결강도(synaptic strength)가 변할 수 있는 성질을 연접가소성(synaptic plasticity)*이라 한다. 신경망의 활성은 기존의 연접을 더 강하게 만들 뿐 아니라, 새로운 연접을 생성하기도 한다. 이러한 과정을 통하여 연접가소성은 새로운 기억을 생성하고(새로운 연접의 생성), 기존의 기억을 강화하든가(리허설에 의한 연접 연결의 강화) 약화, 혹은 더 나아가 망각(연결의 약화 혹은 소실)하게 한다. 연접가소성 때문에 마음이 흘러가면 새로운 뇌신경회로가 생성되고 그것은 새로운 기억으로 저장된다.

---

* 연접가소성이란 연접의 연결강도가 강해지거나 약해질 수 있는 성질을 말하며, 더 강해지는 것을 강화(potentiation), 더 약해지는 것을 저하(depression)라 한다. 강화 상태로 오래(long - term) 지속되면 장기연접강화(long - term potentiation, LTP), 오래 저하되면 장기연접저하(long - term depression, LTD)라 하며, 이는 장기기억을 생성하든가 망각하는 연접 기전이다.

(2) 기억의 실체(엔그램)

기억의 실체를 엔그램(engram)이라 한다. gram은 'graph' 혹은 'write'라는 의미를 갖는다. 동사화(en‑)하여 '그린 것' 혹은 '쓰여 진 것'이라는 뜻이다. 뇌에 뇌신경회로를 그리는 과정이 학습 혹은 경험이고, 그런 과정을 거쳐서 그려진 회로가 기억의 실체(엔그램) 이다.

새로운 기억을 만들기 위해서는 그 정보를 반복하여 생각하면 된 다. 그것이 공부하는 과정이다. 여러 번 반복해서 학습하면 그 정보 는 필히 강한 기억으로 저장된다. 그런데 우리가 기억을 인위적으 로 지울 수는 없다. 어떤 기억을 지우려고 생각하면 오히려 그 기억 은 더 강해진다. 왜냐하면 지우려고 하는 과정에 그 기억을 회상하 게 되고, 회상은 그 신경망의 활성을 동반하기 때문이다. 신경망이 활성화되면 결과는 그 신경망이 더 강화되는 것이다. 따라서 기억

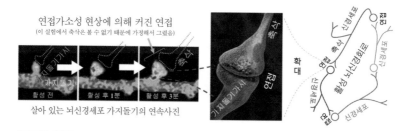

연접가소성 현상에 의해 커진 연접
(이 실험에서 축삭은 볼 수 없기 때문에 가정해서 그렸음)

활성 전   활성 후 1분   활성 후 3분

살아 있는 뇌신경세포 가지돌기의 연속사진

확대

활성뇌신경회로

연접가소성과 엔그램

연접을 많이 사용하면 연결강도는 커진다. 반면에 사용하지 않으면 작아진 다. 강해진 연접은 크기가 커지는 것이 기본이다. 커지면 연접을 통한 신호 전달이 빨라진다. 그러면 그 신경회로를 통하는 전기가 강하고 빨라진다. 그것을 '신경회로가 강해졌다'고 하며, 강해진 신경회로는 선명한 기억을 만든다.

을 지우는 유일한 방법은 그것을 회상하지 않는 것이다. 그러기 위해서는 다른 생각에 몰두해야 한다. 우리는 나쁜 기억을 지우기 위하여 재미있고 몰두할 수 있는 다른 일을 시작한다. 이는 뇌신경과학적으로 매우 합리적이다.

3) 뇌는 매우 역동적인 기관이다

뇌활성은 매우 활발하여 뇌는 비록 몸무게의 2%에 지나지 않지만 우리 몸속 산소와 포도당의 20~25%를 사용한다. 뇌는 항상 켜져 있는 전자기기와 같다. 뇌는 외부자극에 반응하든가 깊은 사고에 빠져 있을 때뿐만 아니라 쉬고 있을 때나 잠자고 있을 때도 비슷한 정도로 활동한다. 결과적으로 뇌는 깊은 잠에 빠져 있을 때나 골똘히 생각할 때나 외부자극(예: 영화감상)에 반응하고 있을 때나 거의 비슷한 에너지를 사용한다.

4) 뇌는 적어도 11차원의 공간에서 정보처리를 한다

신경세포들끼리 서로 연결되어 선(1차원), 면(2차원), 입체(3차원)를 이룬다. 3차원 입체신경망들끼리 다시 어울려 4차원 신경망을 이룬다. 이렇게 어울리는 방식이 몇 차원까지 형성되어 있는지는 아무도 모른다. 최근의 연구는 적어도 11차원까지 이룬다고 한다. 몇 차원까지 연결되어 있는지는 현재 뇌과학의 연구과제이며, 따라서 뇌의 정보처리 논리는 수수께끼이다.

　신경망의 논리는 신비한 수수께끼이다. 어떤 연산과정을 통하여 마음을 만들까? 자폐 스펙트럼 장애자는 비정상적인 뇌의 발달로 신경회로가 정상적인 사람과 다르다. 그런데 자폐증 환자가 매우 뛰어난 능력을 발휘하기도 한다. 서번트 증후군(savant syndrome)이라 하는 증상이다. '서번트(savant)'는 '학자'를 뜻한다. '천재' 증상을 나타낸다는 것이다. 예로서 일본 동경 시내를 헬리콥터를 타고 휘익 돌고 나서는 캔버스에 그대로 그린다. 매우 세세한 부분까지도 그릴 뿐 아니라 구도가 사진을 찍은 것과 같다. 또한 어떤 '천재'는 2050년 1월 1일은 무슨 요일이지? 하고 물으면 단 1초의 머뭇거림도 없이 '토요일'이라고 답한다. 정답이다. 어떻게 알았을까, 신비한 뇌의 연산능력이다.

5) 뇌는 몸과 세상과 연결되어 있다 – 세상은 마음에 반영된다

뇌는 주변신경계통(말초신경계통, peripheral nervous system, PNS)을 통하여 우리 몸 전체와 연결되어 있다. 중추신경계인 뇌에서 시작한 뇌활성은 뇌 속에 국한되지 않고 뇌 밖으로 퍼져 나간다. 따라서 사실 마음은 뇌가 독립적으로 만드는 것이 아니라 몸 전체가 만든다고 보아야 한다. 뇌는 마음현상의 중추기관일 따름이다. 마음의 예로서 감정을 생각해 보자. 기쁨이나 슬픔을 불러일으키는 중추는 분명 뇌신경회로이다. 하지만 뇌신경회로는 주변신경계통을 통하여 몸의 근육과 분비샘(gland)에 연결되어 있다. '기쁨' 뇌신경회로가 활성화되면 이 활성은 근육과 샘으로 퍼져 웃는 얼굴 표정을 짓고, 기쁨의 눈물을 흘린다. 이 모두가 합하여 '기쁨'이라는 감정의 마음이 된다.

따라서 마음은 뇌를 정점으로 하는 몸의 반응이다. 이는 매우 중요한 개념으로 '마음'이라는 현상을 이해하는 데 절대적으로 필요하다. '기쁨'이라는 감정은 뇌의 쾌락중심(pleasure center)의 활동이 중심이 되지만 이는 필요충분조건이 아니다. 쾌락중심 뇌회로가 활성화된다고 하여 그 자체가 기쁨은 아니라는 뜻이다. 100mV의 활동전위가 쾌락중심 회로의 신경세포들 사이, 즉 뇌신경회로에 흐를 따름이다. 이 전기의 흐름 자체가 쾌락이 될 수 없다. '쾌락'이라는 감각질(퀄리아qualia)은 몸의 반응이다. 뇌에 있는 쾌락중심의 활성은 내분비계통 및 근육계통으로 연결된 신경을 통하여 출력되어 우리 몸의 생리 및 근육의 변화를 수반할 때 우리는 '기쁨'이라는 감각질을 느낀다. 기쁨의 눈물을 흘리고, 함박웃음을 짓고, 기쁨

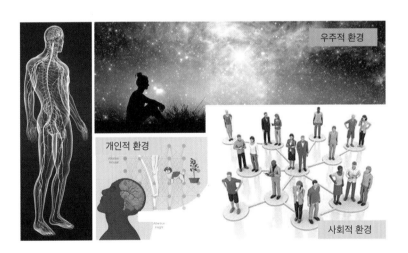

마음에 미치는 환경요인

뇌에서 마음작용이 시작되지만, 마음은 신경계통을 통하여 온몸으로 표현된다. 뇌의 신경회로는 나의 개인적 환경뿐 아니라 사회적 환경, 더 나아가 우주의 영향을 받는다. 결국 나의 마음은 우주와 연결되어 있다.

의 함성을 지르는 등의 생리작용 및 행동이 수반될 때 우리는 기쁨을 느낀다. 설사 그것이 큰 행동으로 나타나지 않고 내면에 감춰진 작은 쾌락이라 할지라도.

더 넓게 보면 마음은 우리의 뇌와 몸뿐 아니라 우리가 경험하는 자연세계, 그리고 문화에 연결되어 있다. 해외여행을 해보면 문화가 다르면 그들의 마음이 다르다는 것을 실감한다. 소위 사회통념이 다르다는 것은 문화의 차이에 따른 서로 다른 마음을 의미한다. 우리 몸 밖의 자연과 문화가 마음과 연결되어 있는 것이다. 따라서 마음의 근거로 뇌만 거론하는 것은 매우 단순화시킨 것이다. 우리는 세상과 연결되어 있고 세상은 우리의 몸과 마음에 영향을 미친다.

6) 마음과 뇌는 서로 영향을 미친다

뇌와 마음은 서로 상호의존적인 하나의 '뇌 – 마음 계통(brain - mind system)'으로 이해해야 한다. 뇌가 마음을 만들지만, 반대로 마음이 뇌를 변화시킬 수 있다는 뜻이다. 마음이 뇌의 구조를 바꿀 수 있기 때문이다. 바뀐 뇌는 달라진 마음을 만든다.

내가 어떤 마음을 가진다는 것은 그 마음을 만드는 뇌신경망을 활동시킨다는 것이다. 그런 마음을 자주 가지면 그 신경망들은 반복해서 활동을 하고, 그러면 연접가소성 및 신경가소성에 의하여 신경망에 변화가 일어나 그런 마음에 대한 신경망이 공고해진다. 공고해진 신경망은 곧 정착된 마음이다. 결국 마음이 뇌 구조를 바꾼다는 것이다. 예로서 명상이 대뇌피질의 특정 부위(예: 해마, 전전

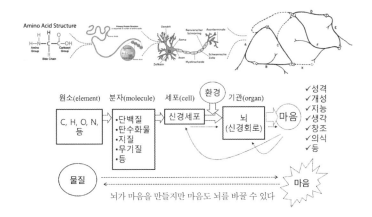

뇌가 마음을 만들지만 마음도 뇌를 바꿀 수 있다

뇌는 마음을 만들고 마음은 뇌를 만든다

뇌의 기능은 신경회로의 활성에 기인하는데, 신경회로의 생성은 환경에 영향을 받는다. 각자 다른 환경에서 자랐기 때문에 우리는 서로 다른 신경회로를 가진다. 한편 마음은 신경회로의 활동으로 창발되고, 창발된 마음은 역으로 뇌 구조에 영향을 미친다.

두엽)를 변화시킴은 잘 증명되었다.

위 그림은 뇌와 마음의 상호작용을 보여준다. 물질이 신경세포를 만들고 신경세포들이 서로 연결되어 신경회로를 만든다. 신경회로의 형성은 각자가 경험하는 환경에 영향을 받는다. 경험은 뇌의 신경회로에 반영되기 때문이다. 각자 다른 환경에서 살아왔기 때문에 우리는 서로 다른 신경회로를 갖는다. 이것이 각자의 개성을 나타내는 근본원인이다. 물론 본능적이고 삶에 필수적인 기본뇌신경회로는 태어나면서 타고난다. 태어나서 엄마의 젖을 먹는 것을 배워서 먹을 수는 없는 노릇이다. 그런 것은 경험 없이도 만들어지도록 진화하였다.

신경회로의 활성은 마음을 창발한다. 한편 역으로 마음이 뇌신경회로를 바꿀 수 있다. 어떤 마음을 갖느냐에 따라 그런 뇌가 만들어진다는 뜻이다. 뇌는 역동적이고 연접은 가소성이 있기 때문이다. 이와 같이 마음씀씀이가 그 마음을 만든 뇌신경세포에 영향을 미친다. 이것이 뇌 운동(뉴로빅스neurobics)이 효과를 갖는 원리이다. 마음과 뇌는 서로 영향을 미치기 때문이다. 뇌 운동으로 명품 뇌를 만들어 청아하고 행복한 마음을 가져야 한다.

〔요약〕

• 뇌는 많은 중앙처리장치(CPU)를 갖는 컴퓨터에 비유된다. 마음이 단순하지 않은 것은 많은 CPU가 감각, 감정, 생각 등 각각의 마음을 동시다발적으로 만들기 때문이다.

• 뇌는 11차원으로 연결된 매우 복잡한 신경회로이다. 신경회로에 전기(활동전위)가 흐르면 마음이 생성된다. 생성된 마음은 주변 신경계통을 통하여 근육과 샘을 자극하여 겉으로 표현된다.

• 신경회로는 신경세포들의 연결이고, 두 신경세포가 연결되는 부위가 연접이다. 연접의 연결강도는 매우 역동적으로 변화하기에 신경회로도 역동적으로 변한다.

• 연접의 연결강도가 변화하는 성격을 연접가소성이라 한다.

• 무엇을 경험하거나, 학습하거나, 생각할 때 새로운 신경회로가 만들어진다. 생성된 신경회로는 새로운 마음의 신경근거가 된다.

• 뇌신경회로가 마음을 만들지만 역으로 마음도 뇌신경회로를 바꾼다. 생각하는 대로 뇌가 만들어진다.

제2장 마음을 그리는 알파벳: 신경회로와 신경조직

마음은 뇌를 정점으로 한 신경회로의 활성이 온몸을 통하여 표현된다. 마음의 근원인 뇌신경회로는 가까이는 나, 가족, 사회, 멀리는 저 우주에까지 영향을 받는다. 뇌신경회로가 거쳐하는 곳을 신경조직이라 한다. 생체에서 세포들의 어울림을 조직이라 하는데. 신경조직은 신경세포와 이들을 돕는 신경교세포로 이루어져 있다.

  신경회로는 신경세포들의 연결이다. 신경세포는 활동전위를 생성하여 다음 신경세포에 전달한다. 전달받은 신경세포는 다시 활동전위를 생성하여 그다음 세포에 전달한다. 이렇게 신경세포는 전기를 전달받고 전달한다. 100mV의 작은 활동전위가 신경회로를 따라 흐르는 것이 신경회로의 활성이다.

  뇌에는 어마어마한 수의 신경회로가 있다. 그 신경회로들은 불변하는 것이 아니라 끊임없이 새로이 만들어지고 사라지곤 한다. 삶의 경험과 학습이 그렇게 만든다. 경험과 학습은 새로운 뇌신경회로를 만들고, 만들어진 뇌신경회로가 활성을 가지면 새로운 마음이 된다.

신경회로의 활성과 마음 사이에는 큰 간격이 있어 보인다. 그 간격에 일어나는 과정을 생략했기 때문이다. 그 간격을 매우는 과정을 대략적으로 제1장에서 설명하였다. 제2장에서는 보다 구체적으로 신경세포들의 구조와 기능, 그들이 어울려 만드는 신경회로, 그리고 신경세포들의 활성을 돕는 신경교세포에 대하여 살펴본다.

1. 신경조직의 개괄

1) 신경조직에는 신경세포와 신경교세포가 있다

해부학적으로 인체의 구성 측면에서 보면 뇌는 장기(기관, organ)이다. 장기가 모여서 계통(organ system)을 이룬다. 계통(신경계통, 순환계통, 호흡기계통 등)들이 모여서 하나의 개체가 된다. 신경계통은 뇌, 척수, 몸신경, 자율신경 등의 장기가 모여서 이루어진다. 뇌와 척수를 특별히 중추신경계통(CNS)이라 한다. 신경계통의 나머지 구조들은 모두 주변신경계통(PNS)에 속한다.

한편 장기는 조직(tissue)으로 되어 있다. 모든 장기에는 4가지 기본조직(상피조직, 근육조직, 신경조직, 결합조직)이 있다. 뇌는 신경계통을 이루는 하나의 장기이고, 뇌라는 장기도 4가지 기본조직으로 되어 있다. 하지만 뇌는 신경조직이 거의 전부를 차지한다. 나머지 3가지, 즉 상피조직, 근육조직, 결합조직은 미미하게 존재한다.

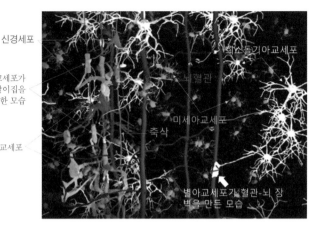

신경세포

희소돌기아교세포

희소돌기아교세포가
축삭을 둘러싸 말이집을
형성한 모습

희소돌기아교세포

뇌 혈관

미세아교세포
축삭

별아교세포가 혈관-뇌 장
벽을 만든 모습

뇌신경조직의 세포들

각 세포들의 이름을 같은 색으로 표시하였다. 별아교세포가 혈관 – 뇌장벽
을 만든 모습과, 희소돌기아교세포가 축삭을 감싸 말이집을 만든 모습을
표시하였다. 말이집세포(슈반세포)는 주변신경계통에 존재하기 때문에 여
기에서는 볼 수 없다.*

　조직은 세포들로 만들어진다. 모든 세포들은 물질을 만들어 세포
밖으로 내보낸다. 그렇게 하여 세포 밖에 쌓인 구조를 세포밖기질
이라 한다. 세포들은 자신들이 만든 세포밖기질을 기대며 살아간
다. 따라서 조직은 보다 더 정확하게 말하면 세포들과 그들이 만든
세포밖기질의 어울림이다.

　세포들은 무작위적으로 모여 있는 것이 아니다. 특정한 기능을
하는 세포들이 특정한 양상으로 어울려 특정한 조직을 이루고 있
다. 신경조직의 경우 신경회로의 활성이라는 특정한 기능을 위하

＊　동영상 '*Animation fly through of brain. Neurons in 3d animation*'에서 발췌 및 수정.

60

여 신경세포들이 서로 연결되어 회로를 이루고, 신경교세포들이 이 회로의 기능에 도움을 준다. 신경세포와 신경교세포들은 그들이 만든 세포밖기질에 물리적 및 기능적으로 의지하고 있다.

사람의 뇌는 1.5kg 정도의 무게로 두부같이 말랑말랑한 신경조직으로 되어 있다. 신경조직을 이루는 세포는 신경세포와 신경교세포 두 종류가 있다.

2) 신경세포(neuron)는 분열하여 증식하지 않는다

세포는 분열하여 증식하는 것이 일반적이다. 숫자를 늘리기 위한, 즉 증식을 위한 세포분열은 체세포분열이라 한다. 반면에 생식세포(정자, 난자)를 만들기 위한 분열은 감수분열이며, 염색체수가 반감되는 특별한 세포분열이다.

체세포분열을 더 이상 하지 않고 멈추는 세포들이 있다. 분열종결세포라 한다. 물론 이들도 발생초기에 숫자를 증가시킬 때에는 활발한 체세포분열을 한다. 분화가 다 되어 성숙한 세포가 되면 분열하는 능력을 잃어버린다는 뜻이다. 이런 세포들에는 성숙한 신경세포, 심장근육세포, 신장의 발세포 등이 있다.

뇌신경세포는 태어나기 전에 다 만들어지고 더 이상 분열하지 않기 때문에 나이가 들면서 수가 점점 줄어든다. 연구에 의하면 18세와 93세 사람들의 대뇌피질 신경세포의 수를 비교하면 9.5%가 줄어든다.* 하루 약 85,000개의 뇌신경세포가 죽는다. 1초에 거의 하

---

* Walløe S, Pakkenberg B, Fabricius K. Stereological estimation of total

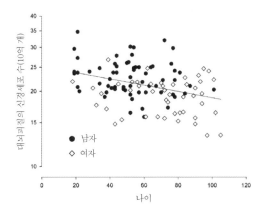

사람 대뇌피질의 신경세포 수

각각의 점은 한 사람의 대뇌피질에 있는 신경세포 수를 나타낸다. 남자든 여자든 나이가 들면서 뇌신경세포의 수가 줄어듦을 보여준다. (그림 출처) *Walløe et al.*(2014)[**]에서 수정.

나씩 죽는다는 계산이다.

어느 조직에나 줄기세포가 있다. 줄기세포는 분열할 수 있는 능력이 있어서, 이들이 분열하여 조직에 새로운 세포를 공급한다. 빠르게 교체되는 조직일수록 줄기세포의 분열이 활발하다. 피부는 약 1달, 작은창자의 벽은 약 1주일 만에 전부 새로운 세포로 교체된다. 뇌에도 줄기세포가 있다. 아직 많은 연구가 되지는 않았지만 운동을 하면 해마 부위에 새로운 신경세포가 만들어지는 것으로 보고되고 있다.

cell numbers in the human cerebral and cerebellar cortex. Front Hum Neurosci. 2014 Jul 15;8:508. doi: 10.3389/fnhum.2014.00508. PMID: 25076882; PMCID: PMC4097828.

** ibid.

3) 태어난 뇌신경세포는 우리와 평생 함께한다

대부분의 뇌신경세포는 대략 임신 5주~18주(태아 나이 35~126일) 사이에 태어난다.* 한번 태어난 신경세포는 분열하지 않기 때문에 증식하지 않는다. 이는 매우 특이하면서도 중요한 신경세포의 특성이다. 피부의 각질세포는 표피의 밑부분에서 끊임없이 새로 태어나고 증식하면서 표면으로 올라오고 결국 죽어서 탈락한다. 하지만 뇌신경세포는 우리가 어머니 뱃속에 있을 때 생겨난다. 그 신경세포들은 사멸하지 않는 한 우리와 평생 함께한다.

회로에 속한 신경세포가 죽게 되면 그 신경회로는 끊기게 된다. 이는 신경회로의 소실을 의미한다. 소실된 신경회로를 회복하기란 사실 불가능하다. 뇌신경세포는 분열하여 증식하지 않고, 설사 새로 생성된다 하더라도 그 신경세포가 죽은 신경세포가 연결하고 있던 회로를 정확히 대치하기는 불가능하기 때문이다. 하나의 신경세포는 5,000~10,000개의 다른 신경세포와 연결되어 있다고 했다. 새로 생성된 신경세포가 이 연결을 정확히 재현할 수 있을까? 불가능하다. 신경회로가 손상되면 그 회로가 갖는 뇌기능을 회복하기 어려운 이유가 여기에 있다.

4) 뇌신경세포는 서로 연결되어 신경회로를 만든다

신경계의 기능단위는 신경세포들이 연결되어 만들어지는 신경회

---

* Budday S, Steinmann P, Kuhl E. (2015) Physical biology of human brain development. Front Cell Neurosci. 9:257.

로이다. 따라서 태어난 신경세포는 서로 어울려 신경회로를 만드
는데, 어느 신경회로에도 속하지 못하면 스스로 죽음 프로그램을
작동시켜 세포자연사한다.

어릴 때 학교에서 '그룹 짓기 놀이'를 기억할 것이다. 여러 명이
손에 손을 잡고 큰 원을 그리며 돌다가, 교사가 '다섯 명' 혹은 '여
섯 명'이라고 숫자를 말하면 그 숫자에 맞게 그룹을 지어야 한다.
그룹에 속하지 못하면 아웃이다. 뇌의 발달은 이와 매우 유사하다.
즉 뇌 발달과정은 신경회로의 생성과정이다. 처음에는 필요 이상
의 많은 신경세포가 태어난다. 뇌가 발달하면서 이들 사이에 그룹
이 형성된다. 그룹에 속하지 못한 신경세포는 스스로 사멸하게 된
다. 세포자연사이다.

신경세포들 사이에 그룹이 형성되고 형성된 그룹에 속한 신경세
포들이 살아남는 과정을 진화의 자연선택(natural selection)과 비유
하여 '신경그룹선택(neural group selection)'**이라 한다. '그룹 만들
기'를 통하여 신경회로가 생성되는 것은 뇌가 발달하는 전체 과정
을 통하여 일어난다. 초기에는 생명을 유지하는 데 필수적인 기능
에 해당하는 신경회로가 만들어질 것이다. 태어나자마자 어머니의
젖을 먹어야 하는데 그걸 배워서 할 수는 없다. 우는 것도 마찬가지
일 것이다. 이러한 신경회로들은 사람이면 누구에게나 있는 공통
적인 회로들이다.

** 제랄드 에델만(Gerald M. Edelman)의 주장이다. 그는 1972년 노벨 생리의학
   상을 수상하였다.

하지만 대부분의 신경회로들은 그 사람의 경험에 따라 만들어진다. 살아가는 환경이 모두 다르다. 각자는 서로 특이한 환경에서 자라고 경험하고 학습한다. 그런 삶의 흔적은 신경회로로 남는다. 그 회로들은 마음의 원천이기 때문에 사람마다 다른 마음을 갖는다.

5) 신경교세포(neuroglia, glial cell)는 신경세포의 도우미이다

신경교세포는 회로를 만들지는 않지만, 분열하여 증식하며, 신경회로가 잘 작동하도록 도와준다. 여러 종류의 신경교세포가 있으며, 다음과 같이 신경세포의 건강과 기능을 도와준다.

• 신경세포들에 영양인자를 공급하고,

• 축삭을 절연하여 전기가 잘 흐르게 하고,

• 뇌 공간에 쌓인 노폐물을 제거하고,

• 또한 모세혈관벽에 혈관 - 뇌장벽을 만들어 꼭 필요한 물질만 혈관에서 빠져나오도록 한다. 혈관 - 뇌장벽을 만들어 신경세포를 특별히 관리하고 있다고 보면 된다.

6) 마음이 문학이라면 신경세포와 신경회로는 알파벳과 문장이다

신경계는 크게 근육을 움직이는 운동기능과 정신현상을 만드는 마음생성기능을 한다. 운동이든 마음이든 모두 매우 다양하고, 복잡한 과정을 거쳐 일어난다. 여기서는 마음에 대해서만 생각하자.

마음에는 내용이 있다. 내용이 없는 마음은 없다. 마음은 작은 단위내용들이 서로 유기적으로 연결되어 의미가 있는 마음을 만든다. 그것이 정상적인 마음이다. 마음의 내용이 있기는 한데 종잡을

수 없이 갈팡질팡하면 그것은 병든 마음이다. 이런 측면에서 마음
은 문학에 비유된다. 문학 속에는 내용이 질서정연하게 펼쳐진다.
예로서 소설을 쓰려면 문장이 필요하고, 문장은 단어들로, 단어는
문자로 구성된다.

　신경세포는 하나의 문자 혹은 알파벳에 비유된다. 문자가 모여
단어를 이루듯 신경세포가 모여 신경회로를 만든다. 단어들이 어
울려 문장을 만들 듯 단위 신경회로들이 어울려 복잡한 신경회로
를 만들며, 그것은 의미 있는 내용이 된다. 그 내용이 풍부해지면
마음이 된다. 이처럼 신경세포는 신경계가 기능할 수 있게 하는 기
본재료이다.

7) 신경회로에서 신호는 한쪽 방향으로 흐른다

신경세포들이 연결되는 접점을 연접(시냅스synapse)이라 한다. 연
접을 통하여 여러 신경세포가 연결된 신경세포망이 신경회로이다.
신경회로에는 활동전위(action potential; 100mV)라고 하는 전기가
흐르는데 이는 일방적 방향의 흐름이다. 활동전위는 축삭(axon)의
시작 부위에서 만들어진다. 일단 만들어진 활동전위는 축삭의 끝
쪽으로 나아간다. 절대로 거꾸로 흐르지 않는다. 이는 마치 방아쇠
를 당기면 총알이 앞으로 나아가는 것과 같다. 총알은 절대로 뒤로
돌아오지 않는다.

　축삭의 끝은 연접을 이룬다. 여기에서 신호는 다음 신경세포
로 전달된다. 즉 어떤 신경세포에서 시작한 활동전위는 연접을 통
하여 다음 신경세포로 일방적으로 전달된다. 연접에서 다시 축삭

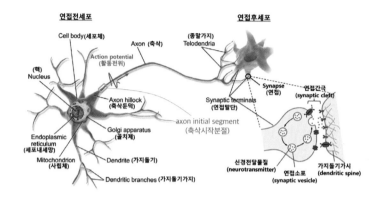

두 신경세포가 연결된 모습

신호를 받아들이는 가지돌기는 여러 개가 있고, 신호를 내보내는 축삭은 한 개가 있다. 축삭은 말이집으로 감싸여 절연되어 있으며 연접을 통하여 다음 신경세포로 신호를 전달한다. 축삭의 끝부분은 가지를 쳐서 연접후신경세포의 여러 곳에 접촉할 수 있다. 연접하는 두 신경세포에서 신호는 연접전신경세포에서 연접후신경세포로 일방적으로 전달된다.(ⒸBruceBlaus; wiki) (그림 출처)『오온과 전오식』(문일수 저, 무량수, 2020)에서 수정.

을 타고 신호를 보낸 신경세포 쪽으로 돌아오는 신호전달은 없다. 활동전위를 전달하는 축삭과 연접이 방향성을 가지고 있기 때문이다.

　다양한 종류의 신경세포가 있지만 기본구조는 동일하다. 아래 그림은 두 개의 전형적인 신경세포가 연접을 통하여 서로 연결된 모습과 신호의 전달 방향을 보여준다.

8) 뇌의 신호처리도 시작과 끝이 있다

신경회로에서 신호의 흐름은 일방적이기 때문에 뇌를 포함한 신경계통에서의 신호전달은 시작점과 끝나는 점이 있다. 몸 감각을 예로 들어보자. 어떤 물체에 손이 닿으면 피부에 있는 감각수용체에서 활동전위가 만들어진다. 이것이 신경회로 활성의 시작이다. 이렇게 시작된 활동전위는 연결된 신경을 타고 척수로 들어가고, 더나아가 뇌로 올라간다.

뇌에서는 복잡한 신경회로들을 거쳐 어떤 판단을 하게 되고(예: 그 물체를 잡자, 혹은 피하자 등), 이 판단 신호는 다시 여러 신경회로를 거쳐 종국에는 척수에 있는 운동신경세포에 전달되고, 척수 운동신경세포의 활성은 근육에 전달된다. 여기가 신경회로의 종점이다. 이 종점에 연결된 근육이 수축 혹은 이완하여 우리는 물체를 잡거나 피하거나 한다. 이와 같이 신경회로에는 일방적인 활동전위의 흐름이 있으며 종점은 근육이다. 신경 자극은 샘(gland)을 이루고 있는 내장근육으로 전달되기도 한다. 눈물샘의 근육이 신경자극을 받으면 눈물이 나는 원리이다.

9) 신경회로가 생성되는 원리

뇌의 신호처리는 시작점이 복수인 병렬회로를 이룬다. 동시다발적으로 신호가 시작된다는 뜻이다. 마치 한줄기 소나기가 지나가거나, 파도타기 응원과 같이 복수의 활성이 획 지나가는 것과 같다. 흥미로운 점은 뇌신경망을 통하여 이런 활성이 일어나면 여기에 관여한 연접들의 연결강도가 변한다는 것이다. 이는 곧 신경회로들의 변화를 의미한다.

변화된 신경회로가 없어지지 않고 남으면 기억이 된다. 무엇을 경험할 때 그것에 대한 기억이 만들어지는 원리이다. 뇌신경회로

를 만드는 과정이 경험 혹은 학습과정이고, 그렇게 만들어진 회로
는 기억이 된다.

(1) Hebb의 예측 – '함께 격발하면 함께 연결된다'

캐나다의 유명한 심리학자 도널드 헤브(Donald O. Hebb,
1904~1985)는 신경회로가 만들어지는 원리를 '함께 격발하면 함께
연결된다(fire together, wire together)'라고 예측하였다. 신경세포가
활동전위를 만들어 축삭을 통하여 전달하는 것을 격발(trigger)이라
고 한다. 마치 방아쇠를 당기면 총알(활동전위)이 목표지점(축삭의
끝, 즉 연접)으로 나아가는 것에 비유되기 때문이다. 복수의 신경세

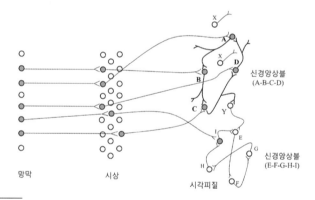

신경신호의 병렬처리와 신경회로의 생성

어떤 시각대상이 망막에 맺히면 복수의 망막신경세포가 동시에 활동을 시
작한다. 이 신호들은 시상을 거쳐 시각피질에 있는 복수의 신경세포들을
활성화시킨다. 망막 → 시상 → 시각피질로 전달되는 과정에서 어떤 신경
세포들이 선택되는지는 시각대상에 따라 다를 것이다. 그림에서 시각피질
의 A, B, C, D 신경세포들은 동시에 활성을 갖기 때문에 이들은 서로 연결
되어 A – B – C – D 신경회로를 이룬다. E – F – G – E – I 신경회로는 다른
시각대상에 대한 신경회로일 것이다.

포가 동시다발적으로 신호를 시작하였기 때문에(fire together) 대뇌피질에서 동시에 활성화되는 신경세포들이 있고, 이들은 서로 연결된다(wire together)는 것이다.

이러한 원리를 더 확대하여 생각하면, 개별 신경세포들이 서로 연결되어 새로운 신경회로를 만들 뿐 아니라 신경회로들 사이에도 연결된다. 예로서 어느 곳을 방문했다면 그곳의 시각적 정보에 대한 신경회로와 청각, 후각, 미각, 촉각, 그리고 그때 일어난 생각의 회로들은 서로 연결된다. 모두 동시에 일어난 사건들이고, 이 사건들에 대한 대뇌피질세포들은 동시에 활성을 가졌기 때문이다.

(2) 신경다발

뇌에는 약 860억 개의 신경세포가 있으며, 이들은 서로 연결되어 신경회로를 이룬다. 신경세포들 사이의 연결은 신경세포의 축삭돌기가 길게 뻗어 다른 신경세포와 만나는 것을 말한다. 하나의 축삭은 대부분의 경우 1.0μm로 매우 가늘어서 맨눈으로 볼 수 없다. 1μm는 100만 분의 1미터, 즉 1,000분의 1밀리미터이다. 하지만 대부분의 축삭들은 함께 모여 다발(tract)을 이룬다. 신경다발은 맨눈으로 관찰할 수 있다.

(3) 신경세포

이제 신경세포에 대하여 좀 더 자세하게 알아보자. 신경세포는 돌기(process)가 있는 것이 특징이다. 신경세포의 돌기에는 신호를 받는 가지돌기(dendrite)와 신호를 전달하는 축삭돌기(axon)가 있다.

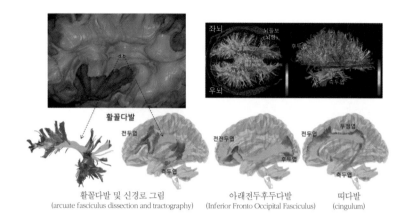

활꼴다발

활꼴다발 및 신경로 그림	아래전두후두다발	띠다발
(arcuate fasciculus dissection and tractography)	(Inferior Fronto Occipital Fasciculus)	(cingulum)

신경다발

위 왼쪽 사진은 사람 대뇌의 피질을 일부 제거하고 속에 있는 신경다발을 노출시킨 모습이다. 화살표가 가리키는 다발은 활꼴다발로 아래 그림에 모식도로 나타내었다. 위 오른쪽 사진은 사람 뇌 속에 신경다발들이 복잡하게 얽혀 있는 것을 보여준다. 왼쪽은 위에서 내려다본 모습으로 좌뇌와 우뇌가 뇌들보로 연결되어 있음을 보여준다. 뇌들보도 신경다발이다. 오른쪽은 좌뇌를 옆에서 본 모습이다. 아래 그림들은 전전두엽과 후두엽을 연결하는 아래전두후두다발과 전두엽과 두정엽 및 측두엽을 연결하는 띠다발을 보여준다.

축삭돌기는 줄여서 축삭이라 한다. 가지돌기에는 많은 가지돌기가시(dendritic spine)가 있다. 가시는 연접을 만드는 곳이다.

10) 세포체(soma)는 핵이 있는 곳이다

신경세포에서 핵(nucleus)이 있는 부위를 세포체라 한다. 신경세포가 아닌 일반 세포들은 돌기들이 없고 세포체만 있다고 보면 된다. 핵과 주변의 세포질을 합하여 세포체라 한다. 핵에는 유전자들이 있는 핵산(DNA)으로 된 염색체가 있다.

11) 가지돌기는 여러 개이며 신호를 받는 부위이다

여러 개의 가지돌기들이 세포체에서 시작하여 나무 모양으로 가지를 치고 가늘어진다. 가지돌기는 신호를 받는 부분으로 다른 신경세포의 축삭이 와서 연접을 이룬다.

가지돌기에는 가지돌기가시(spine)라 불리는 작은 돌출이 있다. 가지돌기가시에 만들어지는 연접은 흥분성 연접이다. 반면에 억제성 연접은 가시가 아닌 부위, 즉 축(shaft)에 만들어진다.

12) 축삭은 활동전위를 만들고 전달하는 전선이다

축삭은 세포체에서 하나만 생성되어, 길게 뻗어 다음 신경세포로 신호를 전달하는 전선과 같은 역할을 한다.

성인의 뇌의 축삭을 모두 연결하면 남자는 176,000km, 여자는 149,000km나 된다. 참고로 지구 적도의 둘레가 40,000km이다.

축삭에서 활동전위는 말이집으로 감싸인 부분을 뛰어넘어 말이집과 말이집 사이(랑비에결절)를 폴짝폴짝 건너뛰면서 가기 때문에 전달 속도가 빨라진다. 이를 도약전도라 한다.

굵고 말이집으로 둘러싸인 축삭(예: 촉감이나 고유감각*)은 초당 80~120미터의 속도로 신호(활동전위)를 전달한다.

---

* 고유감각(proprioception)은 근육과 인대에 고유감각기관(proprioceptor)이 있으며 근육의 상태, 즉 몸의 자세를 감지한다.

13) 신경세포는 활동전위를 격발한다

신경세포가 활동전위를 생성하는 것을 흥분(excitation)이라 한다. 흥분하면 축삭시작분절에서 활동전위가 생성된다. 이렇게 생성된 활동전위는 필히 축삭을 따라 앞으로 나아간다. 축삭은 자동적으로 그렇게 되도록 만들어져 있다. 방아쇠를 당겨 격발(trigger)하면 총알이 앞으로 나아가는 것과 유사하기 때문에 신경세포는 활동전위를 '격발'한다고 한다.

한번 만들어진 활동전위는 축삭을 따라 중단 없이 흘러 축삭말단으로 전달된다. 중간에 중단되거나 절대로 되돌아오지 않는다.

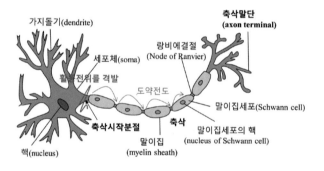

축삭 말이집과 도약전도

말이집은 말이집세포(슈반세포, 주변신경계의 경우) 혹은 희소돌기아교세포(중추신경계의 경우)가 만든다. 축삭시작분절에서 격발된 활동전위는 말이집 부위를 건너뛰어 도약전도를 하기에 전달속도가 빠르다.

2. 연접

1) 연접은 신경세포들을 연결한다

신경세포끼리 만나는 접점을 연접이라 하며, 대개 하나의 신경세포는 약 5천~1만 개의 연접을 갖는다. 그만큼 많은 다른 신경세포들로부터 신호를 받는다는 의미이다.

신호를 전달받는 신경세포(연접후신경세포라 한다)를 흥분(격발)시키는 연접을 흥분성 연접, 흥분을 억제시키는 연접을 억제성 연접이라 한다.

연접후신경세포는 받아들이는 흥분성 및 억제성 연접후전위(postsynaptic potential, PSP)들을 취합하여 격발할지 말지를 결정한다.

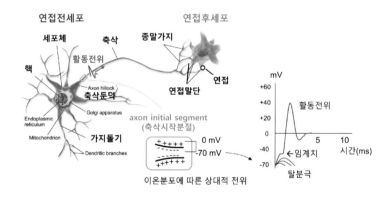

신경세포와 활동전위의 격발

많은 연접에서 생성된 연접후전위들은 축삭시작분절에서 취합된다. 취합된 전위의 크기가 임계치에 도달하면 활동전위가 격발되어 축삭을 따라 흐르고, 축삭말단에서는 연접을 통하여 다음 신경세포(연접후신경세포)에 신호가 전달된다.

74

취합은 축삭시작분절에서 일어나는데, 취합한 값이 임계치를 넘으면 격발한다.

2) 연접신호전달(synaptic transmission)

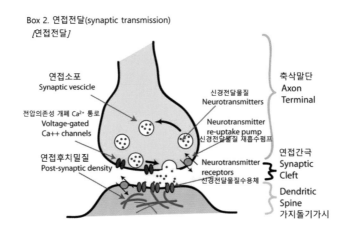

Box 2. 연접전달(synaptic transmission)
/연접전달/

연접소포
Synaptic vescicle

전압의존성 개폐 Ca²⁺ 통로
Voltage-gated
Ca++ channels

연접후치밀질
Post-synaptic density

신경전달물질
Neurotransmitters

Neurotransmitter
re-uptake pump
신경전달물질 재흡수펌프

Neurotransmitter
receptors
신경전달물질수용체

축삭말단
Axon
Terminal

연접간극
Synaptic
Cleft

Dendritic
Spine
가지돌기가시

연접전달

흥분성 연접은 축삭말단, 가지돌기가시, 그리고 그 사이의 공간인 연접간극으로 구성된다. 축삭말단에는 신경전달물질이 담긴 연접소포가 있다. 연접간극에는 연접전후세포막의 접촉을 유지하는 단백질들이 있다. 연접후세포막에 신경전달물질수용체를 비롯한 많은 신호전달 단백질들이 많이 모여 있는 구조를 연접후치밀질이라 한다.

활동전위가 축삭말단에 도달하면 축삭말단에 있는 신경전달물질이 분비된다.

분비된 신경전달물질은 연접후세포막에 있는 신경전달물질수용체에 결합한다.

이 결합은 작은(활동전위의 수십 분의 1의 크기) 전기(전위)를 만드는데, 이를 연접후전위(PSP)라 한다.

　어느 한 순간에서 보면 대뇌에 있는 대략 1천억 개의 신경세포가 격발하거나 아니할 것이다. 어느 순간에 대뇌의 모든 연접이 만들 수 있는 격발 조합의 수는 10의 100만 승($10^{1,000,000}$), 즉 1 뒤에 0이 100만 개 따르는 수이다.* 이 수는 너무 커서 감이 잡히지 않는다. 우주의 원자 수가 단지 10의 80승으로 추측된다고 보면 이 크기가 어느 정도인지 상상해 볼 수 있다. 뇌기능의 무한성을 짐작할 수 있다.

3. 신경교세포

신경교세포는 분열하여 증식하고 신경세포를 돕는다

신경교세포들은 신경세포의 성장 및 발달과정에 영양을 공급하고, 성숙한 신경세포의 기능을 돕는다.** 신경교세포는 분열하여 증식할 수 있으며, 그 수는 신경세포보다 더 많다. 뇌가 손상을 입어 신경세포들이 사멸하면 신경교세포가 증식하여 그 자리를 메운다.

　희소돌기아교세포(oligodendrocyte)는 중추신경계에서, 말이집세포(Schwann cell)는 말초신경계통에서 축삭을 말이집으로 감싸 활

---

* 릭 핸슨·리처드 멘디우스 저, 장주영·장현갑 역, 『붓다 브레인: 행복 사랑 지혜를 계발하는 뇌과학』, 불광출판사, 2018.

** 신경세포와 신경교세포의 어울림은 동영상 'Animation fly through of brain. Neurons in 3d animation'(https://youtu.be/MSEcOlKwmSs)에 잘 묘사되어 있다.

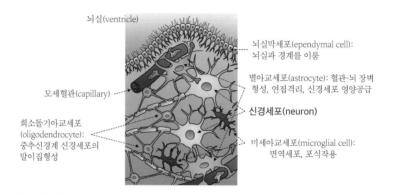

뇌실(ventricle)

뇌실막세포(ependymal cell):
뇌실과 경계를 이룸

모세혈관(capillary)

별아교세포(astrocyte): 혈관-뇌 장벽
형성, 연접격리, 신경세포 영양공급

신경세포(neuron)

희소돌기아교세포
(oligodendrocyte):
중추신경계 신경세포의
말이집형성

미세아교세포(microglial cell):
면역세포, 포식작용

신경조직의 모식도

별아교세포는 혈관을 감싸 혈관 – 뇌장벽을 형성하여 혈액에서 필요한 물질들만 선별하여 뇌조직에 공급하며, 신경성장인자 및 영양인자를 생성하여 신경세포에 공급한다. 희소돌기아교세포는 말이집을 형성한다. 미세아교세포는 포식작용을 하는 면역세포이다.

동전위의 전달속도를 높인다.

별아교세(astrocyte)는 신경영양인자를 생성하여 신경세포의 성장 발달을 돕고, 뇌 – 혈액장벽을 형성하여 뇌신경세포들에게 필요한 물질만 공급되게 하여 신경세포의 손상을 방지한다.

미세아교세포(microglia)는 중추신경계에서 포식작용을 하는 큰 포식세포(macrophage)이다. 이 세포는 뇌에 손상이 있거나 염증으로 생기는 찌꺼기를 제거한다.

뇌실세포(ependymal cell)는 뇌실을 둘러싸며, 혈액에서부터 뇌실로 필요한 물질들만 들어가도록 혈액 – 뇌척수액 장벽을 만든다.

〔요약〕

- 신경회로는 신경세포들의 연결이다. 그 연결점을 연접(synapse)이라 한다.

- 신경세포는 활동전위를 만들어 축삭을 통하여 다음 신경세포로 전한다.

- 축삭말단에서는 연접을 거쳐서 다음 신경세포로 신호가 전달되는데, 이때 신경전달물질이라는 화학물질을 사용한다.

- 뇌에서 함께 활동하는 신경세포들은 서로 연결되어 새로운 신경회로를 만든다. 경험(학습)하는 과정에 신경세포들 사이에 신경회로가 생성되고, 생성된 신경회로는 기억의 실체(엔그램engram)가 된다.

- 신경교세포는 신경세포의 성장과 활동을 돕는다. 신경세포는 증식하지 않지만, 신경교세포는 증식한다.

- 신경교세포들은 영양인자를 공급하고, 축삭 말이집을 만들며, 뇌에 쌓인 노폐물을 제거하고, 혈관 – 뇌장벽을 만들어 꼭 필요한 물질만 신경세포에 공급한다.

제3장 전오식의 뇌: 대뇌감각피질

붓다는 여섯 가지 알음알이(마음)의 무리가 있다고 하였다. 눈, 귀, 코, 혀, 몸, 마노(意)의 알음알이이다. 하지만 마음은 '대상을 알음알이한다'는 동일한 고유성질을 갖기에 마음은 하나로 보았다. 훗날 유식불교에서는 마음을 8가지로 구분하였다. 눈, 귀, 코, 혀, 몸의 알음알이는 전오식前五識, 마노(意)의 알음알이(意識)는 제6식, 말나식은 제7식, 아뢰야식은 제8식이다. 전오식은 앞의 다섯 가지 알음알이(마음)라는 뜻이다.

전오식은 다섯 가지 감각, 즉 현대 과학용어로는 오감五感에 해당한다. 감각기관을 초기불교에서는 근根이라 하는데, 색色·성聲·향香·미味·촉觸을 감각하는 안근(眼根, 눈)·이근(耳根, 귀)·비근(鼻根, 코)·설근(舌根, 혀)·신근(身根, 몸)을 전오근이라 한다. 전오근은 물질적 에너지인 색·성·향·미·촉을 전기에너지(활동전위)로 바꾸어 대뇌피질로 전달한다. 따라서 감각기관은 변환기라고 할 수 있다.

전오식에서 들어오는 활동전위를 처음으로 받는 대뇌피질을 일차감각피질이라 한다. '일차'라는 말을 붙이는 것은 이차, 삼차…로 이어진다는 것을 암시한다. 고차원으로 가면서 전오식이 완성된다. 완성된 전오식은 전전두엽으로 들어와 의식이 된다. 그 과정에서 마노(意)에 포섭된다. 마노(意根)에 포섭되면 마노의 알음알이, 즉 의식이 된다. 역으로 전오식은 마노의 인식대상, 즉 법경法境이 된다는 의미이다.

일차감각피질에서 시작한 감각의 분석은 고차원으로 올라가면서, 즉 정보의 분석이 깊어지면서 다른 감각정보와 연결되고 혼합된다. 이러한 뇌영역을 연합영역이라 한다. 따라서 전오식의 뇌는 감각의 종류에 따라 완전히 분리되어 있는 것이 아니라 단지 시작부위만 서로 다를 뿐이다.

전오식은 마음을 만드는 기본 재료가 된다. 보고, 듣고, 냄새 맡고, 맛보고, 촉감을 느끼는 것은 마음을 일으키는 시작이 되기 때문이다. 여기에서는 일차감각피질에 한정하여 살펴본다.

1. 전오식의 뇌 – 일차감각피질

1) 대뇌피질의 브로드만 구역

독일의 신경과의사인 코르비니안 브로드만(Korbinian Brodmann, 1868~1918)은 모양이 다르면 기능이 다를 것이라는 가정 하에 뇌의 육안적 형태 및 현미경으로 세포들의 구성과 어울림을 조사하

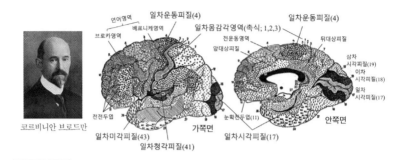

브로드만은 육안적 구조와 세포구축학(조직학)적 특성에 따라 대뇌피질을 52구역으로 분류하였다. 대뇌피질의 가쪽면과 안쪽면에서 보이는 일부 브로드만 구역을 번호와 함께 표시하였다.

여 사람 뇌의 대뇌피질을 52개 구역으로 나누었다. 이를 브로드만 구역(Brodmann area)이라 한다. 실제로 각각의 브로드만 구역은 특이한 기능을 하는 것으로 증명되었다.

2) 대뇌피질의 세포구축

세포들이 유기적으로 어울려 조직을 형성한다. 어떤 세포들이 어떤 양상으로 어울려 있는가 하는 것을 세포구축(cytoarchitecture)이라 한다. 세포구축적으로 보았을 때 대뇌피질을 동형피질과 이형피질로 분류한다. 이는 대뇌피질의 진화와 밀접하게 연관되어 있다.

(1) 동형피질(isocortex): 대뇌피질의 대부분을 차지하는 세포구축 형태로 여섯 층을 이룬다. 계통발생학적으로는 가장 최근에 진화한 신피질(neocortex)에 해당한다.

(2) 이형피질(allocortex): 여섯 층보다 적은 3~5층으로 되어 있다. 이형피질에는 3가지 종류가 있다.

① 구피질(paleocortex): 세 층으로 구성된다. 후각피질([후각망울, olfactory bulb], 후각결절[olfactory tubercle], 조롱박피질[piriform cortex])이 여기에 속한다. 모두 후각에 관계된 피질이며, 진화적으로는 신피질보다 앞서 생성되었다.

② 고피질(archicortex): 세 층으로 구성된다. 해마(hippocampus), 치아이랑(dentate gyrus)이 여기에 속하며, 진화적으로 가장 오래된 피질이다.

③ 이형주위피질(periallocortex): 이형피질 주변에 있는 피질이다. 이형피질에서 동형피질로 전환되는 부위의 피질로서, 4~5층

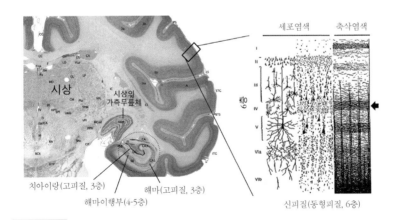

대뇌피질의 세포구축

왼쪽은 짧은꼬리원숭이(macaque)의 해마와 대뇌피질의 세포를 염색한 사진이다. 오른쪽은 피질 부위의 세포(왼쪽) 또는 축삭(오른쪽)을 염색한 것이다. 대부분의 대뇌피질은 신피질이며, 동형피질(6층)이다. 화살표는 일차시각피질에서 보이는 겐나리선을 표시한다.

으로 구성된다. 앞섬엽피질(anterior insular cortex, AI), 속후각피질
(entorhinal cortex), presubicular cortex 등이 여기에 속한다. 뒤의
두 피질은 해마(세 층)에서 해마곁이랑(parahippocampal cortex, 여섯
층)으로 이행되는 부위에 있다.

2. 전오식의 뇌

전오식이 일어나는 부위를 위 그림에 표시하였다. 이 부위들은 일
차감각영역으로서 뇌의 여러 군데에 흩어져 있다. 일차감각피질은
감각기관으로부터 처음으로 신호를 받는 대뇌피질이다. 일차감각
피질에서 시작된 감각의 분석은 2차, 3차… 감각피질로 나아가면
서 이루어지는데 뇌의 어느 부위까지가 전오식 부위라고 단정하기

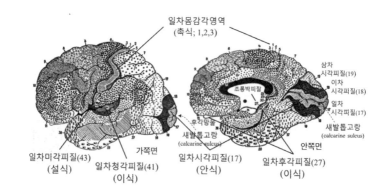

전오식이 일어나는 대뇌피질

각각의 전오식이 일어나는 뇌 부위를 브로드만 구역으로 표시하였다. 일차
미각피질은 뇌섬엽을 덮는 전두엽 부위인 이마덮개 부위이다. 일차후각피
질은 후각망울과 조롱박피질이다.

는 어렵다. 하지만 일차감각피질에서 전오식이 시작되는 것은 분명하므로 이 피질들을 전오식의 뇌라고 보았다.

시각, 청각, 미각, 촉각의 일차감각영역들은 신피질의 전형적인 세포구축인 6층으로 되어 있다. 하지만 일차후각피질은 3층으로 된 구피질이다.

1) 안식眼識 – 시각분석

안식이 일어나는 일차시각피질은 뇌의 가장 뒤쪽인 후두엽에 있는 브로드만 구역 17번이다. 17번 구역은 새발톱고랑(calcarine sulcus)을 따라 안쪽으로 함몰된 부위이기 때문에 밖에서는 보이지 않는다. 시각을 분석하는 뇌 부위는 매우 크다. 그리고 2차 및 3차시각피질(각각 브로드만 구역 18, 19)도 잘 발달되어 있다. 시각이 생존에 가장 중요하기 때문에 이에 해당하는 뇌 부위도 크게 발달되었다.

시각정보는 삶에 매우 중요하기 때문에 매우 자세하게 분석된다. 자세하게 분석하기 위해서는 입력정보들 사이에 정보교환을 많이 하여야 한다. 따라서 옆에 있는 신경세포들끼리 연결하는 신경섬유가 잘 발달되었다. '발달'은 많음을 의미한다. 일차시각피질에서는 이러한 축삭들이 매우 많아서 다발을 이루기 때문에 육안으로도 식별된다. 이 축삭다발들은 동형피질의 6층 가운데 제4층에서 볼 수 있는데, 이를 겐나리띠(Band of Gennari)라 한다(아래 그림). 동형피질의 제4층은 위(대뇌피질 세포구축) 그림의 오른쪽 모식도에서 굵은 화살표로 표시하였다.

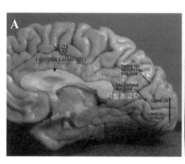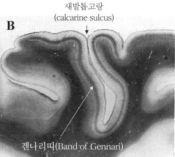

새발톱고랑
(calcarine sulcus)

겐나리띠(Band of Gennari)

일차시각피질

왼쪽 사진(A)은 사람 뇌의 오른쪽 반구이다. 일차시각피질은 후두엽에 있는 새발톱고랑의 양쪽 둑(벽 bank)에 해당한다(B). 새발톱고랑의 벽을 따라 형성된 띠가 겐나리띠이다. 이 사진은 신경섬유를 염색하였기 때문에 백색질, 즉 신경섬유가 검게 보인다. (그림 출처) *Andrews TJ et al.*[*]에서 수정.

(1) 시각신호전달(visual processing)

안식眼識은 형체(色境)에서 발산하는 빛 에너지를 안근(眼根, 눈)이 활동전위라는 전기로 변환하면서 시작된다. 시각은 눈의 망막에 형태의 상이 맺히면서 시작한다. 망막에서 변환된 활동전위는 시각로(optic tract)를 따라 시상의 가쪽무릎체(LGN)를 거쳐 시각방사를 타고 일차시각피질에 전달된다.

망막에서는 점(밝은 점, 어두운 점, 색깔 점)이 분석되고, 이 정보가 시상을 거쳐 일차시각피질에 전달되면 점을 합하여 선, 움직이는

---

[*] Andrews TJ, Halpern SD, Purves D. Correlated size variations in human visual cortex, lateral geniculate nucleus, and optic tract. J Neurosci. 1997 17(8):2859 - 68.

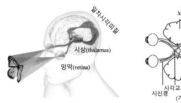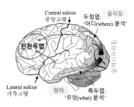

시각신호처리

망막에 상이 맺히면 밝은 점, 어두운 점, 색깔 점 등 점이 분석되고 이러한 정보는 일차시각피질로 전달된다. 일차시각피질에서 선(line)이 분석되고, 측두엽으로 가면서 점점 더 복잡한 형태('what')가 분석된다. 한편 위쪽 두정엽으로 가면서 움직임('where')이 분석된다. 최종 분석된 정보는 전전두엽으로 전달되어 의식에 들어오게 된다.

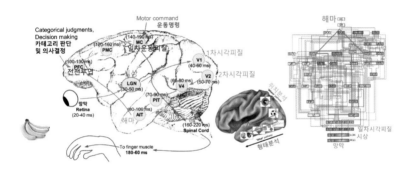

시각신호전달에 걸리는 시간

망막에 바나나의 상이 맺히면 망막의 광수용세포가 이를 감지하여 시상으로 전달한다. 시상에서는 일차시각피질(V1)로 신호를 보내고, 이어서 이차시각피질(V2) → 해마로 전달된다. 이러는 과정에서 점점 더 복잡한 형태분석이 일어난다. 수치는 걸리는 시간을 나타낸다. 형태분석이 완성된 정보는 전전두엽으로 전달되고, 여기서 잡을지 말지 판단이 결정된다. 잡아야겠다고 판단하면 운동계통의 피질을 통하여 근육으로 전달된다. (그림 출처) 왼쪽 그림은 *Thorpe SJ, Fabre-Thorpe M.***에서 수정.

**   Thorpe SJ, Fabre-Thorpe M. Neuroscience. Seeking categories in the brain. Science. 2001 Jan 12;291(5502):260-3.

선, 색 등이 분석된다. 2차, 3차 및 고차원 시각분석 영역으로 옮겨
가면서 더 복잡한 형태가 분석되고, 해마에서 최종적인 형태가 분
석된다.

(2) 안근(眼根, 눈)

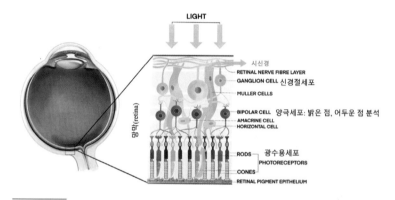

눈의 망막

망막에는 명암을 구분하는 막대광수용세포와 색깔을 구분하는 원추광수
용체가 있다. 광수용세포에서 변환된 전기는 양극세포로 전달된다. 광수용
세포들에서 오는 신호를 모아서 양극세포가 명암을 구분하는 신호를 낸다.
이 신호를 신경절세포가 받아서 시상에 전달한다. (그림 출처) *Gene Vision*[*]
에서 수정.

시각신호전달은 눈의 망막에 상이 맺히는 것이 시작이다. 망막에
서는 점이 분석된다. 아무리 복잡한 형태라도 점들의 집합이다. 점
이 모여서 선이, 선이 모여서 면이 된다. 망막의 광수용세포들은 특

[*] https://gene.vision/retina/

별한 양식으로 어울리는데, 어떻게 어울리느냐에 따라 밝은 점, 어두운 점, 그리고 색깔 점들이 분석된다. 그렇게 분석된 정보는 양극세포(bipolar cell)에 전달되고, 양극세포는 이러한 점들에 대한 정보를 신경절세포에 전달한다. 이어서 신경절세포는 시신경을 통하여 시상으로 신호를 전달한다. 신경절세포들의 축삭이 모여 다발을 만든 것이 시신경이다.

시상에서는 이 정보들을 일차시각피질(브로드만 구역 17, 새발톱고랑)로 보낸다. 시상은 여러 가지 핵(신경세포들이 밀집되어 모인 곳)들이 있는데 시각을 중계하는 핵은 가쪽에 있는 가쪽무릎체(LGN)이다. 핵 속에 신경세포들의 무리가 무릎 모양을 만들기 때문에 붙여진 이름이다. 가쪽무릎체에서 일차시각피질로 부채 모양으로 퍼지면서 방사되는 신경다발이 시각방사이다.

(3) 안근(眼根, 눈)의 시각지형도 - 형태의 구분

뇌는 두개골 속에 갇힌 깜깜한 어둠 속에서 밖의 세상을 그려내야 한다. 수많은 형태를 어떻게 구분할까? 각각의 형태는 망막에 서로 다른 형태의 상을 맺는다. 망막에 맺힌 서로 다른 상은 서로 다른 조합의 '점' 신호들을 송출한다. 그 신호들을 대뇌신경세포들이 재조합하여 세상 밖의 물체에 상응하는 3차원적 그림을 재구성한다.

시각뇌가 받는 정보는 망막에서 오는 활동전위의 조합뿐이다. 그 조합으로 세상 밖의 물체가 무엇인지 그려야 한다. 예로서 어떻게 삼각형과 사각형을 구분할까? 망막에 맺히는 상이 다르고, 그에 따라 망막에서 송출되는 '점'들의 조합이 다르기 때문이다. 망막이 형

88

태에 대한 상의 지형도(topographic map)를 그린다는 관점에서 망막에 '시각지형도'가 그려진다고 한다. 그 지형도가 1:1로 매칭되면서 시상을 거쳐 일차시각피질로 전달된다. 일차시각피질은 그 정보로 삼각형과 사각형을 그려낸다. 뇌에 그려지는 특정한 시각지형도와 바깥세상의 실체와의 매칭은 경험에서 온다.

(4) 일차시각피질(브로드만 구역 17, 새발톱고랑)과 시각 감각지형도

뇌의 어느 부위가 활성을 갖느냐 하는 것이 뇌가 갖는 정보의 전부이다. 뇌의 몸감각피질이 활성을 가지면 몸에 무엇이 닿았다는 촉감이라고 판단하고, 시각피질에 활성이 있으면 무엇을 본다(시각)고 판단한다. 이처럼 뇌는 부위마다 서로 다른 기능을 한다. 지형도를 형성하고 있다는 뜻이다.

지형도는 뇌에서뿐만 아니라 감각기관에도 형성되어 있어야 한다. 감각기관에 형성된 지형도가 그대로 1:1로 매칭되면서 일차감각피질로 전달된다. 가장 쉽게 이해할 수 있는 감각지형도는 피부이다. 촉감을 느끼는 피부의 특정한 부위는 신호를 일차몸감각피질의 특정 부위로 전달한다. 즉 엄지손가락에 촉감을 느끼면 그 신호는 일차몸감각피질의 엄지에 해당하는 부위에 전달된다. 역으로, 이 부위 뇌신경세포의 활성이 있으면 나의 엄지에 무엇인가 닿았다고 판단한다.

시각지형도의 시작은 망막이다. 무엇을 보느냐에 따라 거기에 상응하는 상이 망막에 맺혀 특정한 광수용세포들의 활성이 일어나고, 이 신호는 시상을 거쳐 특정한 일차시각피질 신경세포들에게

전달된다. 즉 사과를 볼 때와 바나나를 볼 때는 서로 다른 망막신경
세포들의 활성이 일어나고, 이어서 서로 다른 일차시각피질 신경
세포들을 활성이 일어난다는 뜻이다. 서로 다른 일차시각피질 신
경세포들의 활성은 종국에는 사과와 바나나를 인식하게 된다.

이처럼 망막의 시각지형도는 시상의 가쪽무릎핵을 거쳐 1 : 1 대
응관계를 유지하면서 대뇌의 일차시각피질인 새발톱고랑으로 전
달된다. 뇌는 여기에 그려진 지형도를 해석하여 세상 밖의 실체에
대한 모양을 재구성한다.

2) 이식耳識 – 청각분석

소리는 음파의 물리적인 힘이 고막을 흔들고, 그 흔들림을 속귀의
달팽이기관(cochlear organ) 속에 있는 코르티기관(organ of Corti)이
감지함으로써 인식된다. 코르티기관에 있는 털세포(hair cell)는 활
동전위를 생성하고, 이 신호는 청신경을 타고 여러 단계를 거쳐 시
상의 청각중계핵인 안쪽무릎체(MGN)에 전달된다. 안쪽무릎체는
이 신호를 일차청각피질(브로드만 구역 41)로 전달한다.

(1) 이근耳根 – 소리 감각기관

달팽이기관은 뼈미로와 막미로로 구성되며 달팽이 모양으로 2.5
바퀴를 돌아서 올라가는 구조이다. 달팽이기관의 바깥은 뼈로 된
뼈미로이며, 그 속에 막으로 된 막미로가 뼈미로를 따라 형성되어
있다.

막미로에는 소리를 감지하는 코르티기관이 있는데, 소리는 털세

90

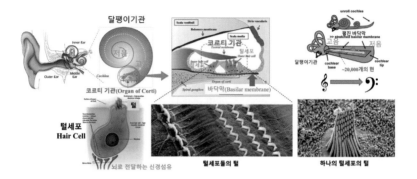

이근耳根 - 소리 감각기관

소리는 속귀의 달팽이기관 속에 있는 코르티기관이 감지한다. 오른쪽 그림
은 코르티기관에 있는 바닥막을 펼친 모습이고, 아래 그림들은 털세포의
모식도(왼쪽 그림)와 실제 털세포들의 털 모습을 주사전자현미경으로 찍은
사진이다.

포(hair cell)의 털의 움직임으로 감지된다. 털세포는 바닥막(basilar
membrane)에 붙어 있다. 바닥막은 소리에 따라 아래위로 흔들리고
이로 인해 털세포의 털이 움직이게 된다.

바닥막에는 기타나 거문고의 현(줄)에 해당하는 섬유가 2만여 개
가 있고, 각각의 섬유는 특정한 음파에 상응하여 진동한다. 그러면
그 위치에 있는 털세포의 털이 흔들려 활동전위가 생성되고, 이 전
기는 청신경을 통하여 궁극적으로 뇌의 일차청각피질로 전달된다.
고막과 가까운 곳에서는 높은음이, 먼 꼭대기에서는 낮은음이 감
지된다.

(2) 일차청각피질(브로드만 구역 41)과 이근의 감각지형도

이근耳識의 경우 어떻게 감각지형도가 형성되어 있는지 살펴보자.

속귀의 달팽이관 속에 있는 코르티기관(Corti organ)이 소리를 감지하는데, 여기에 소리감각지형도가 만들어져 있다. 즉 소리의 높낮이에 따라 감지되는 장소가 따로 있다. 코르티기관은 달팽기관을 따라 나선 모양으로 형성되어 있는데, 나선의 아래 시작 부위가 높은 소리를 감지하고, 꼭대기 부위로 올라갈수록 점점 더 낮은 소리를 감지한다. 이렇게 형성된 코르티기관의 소리지형도는 시상의 안쪽무릎핵(MGN)을 거쳐 1 : 1 대응관계를 유지하면서 대뇌의 일차청각피질(브로드만 구역 41, 위측두이랑의 Heschl's gyrus)로 전달된다. 따라서 Heschl's gyrus의 어떤 부위에 활동전위가 전달되면 뇌는 그 부위에 해당하는 높이의 소리가 들리는 것으로 인식한다.

일차청각피질은 가측고랑(lateral sulcus)의 아래쪽 벽, 즉 측두엽의 윗면에 위치하기 때문에 밖에서는 보이지 않는다. 뇌섬엽을 덮고 있는 두정엽 부분을 제거해야 보이게 된다. 따라서 청각피질을 밖에서 보이는 것처럼 표시하는 것은 사실 잘못되었다.

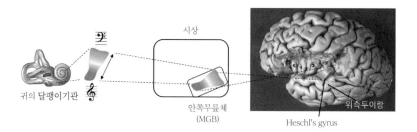

이식의 감각지형도

소리를 감지하는 코르티기관은 달팽이기관 속에서 나선 모양으로 형성되어 있다. 나선의 시작 부위는 높은음, 꼭대기 부위로 올라갈수록 점점 더 낮은음을 감지한다. 이러한 '소리' 지형도는 시상을 거쳐 1 : 1 대응관계를 유지하면서 일차청각피질에 전달된다.

3) 비식鼻識 – 후각분석

비식鼻識은 코천장에 있는 후각신경세포가 냄새물질을 감지하여 활동전위로 변환하고, 후각신경을 통하여 후각망울로 전달함으로써 시작한다. 후각망울에서는 일차시각피질로 신호를 전달한다. 후각은 시상을 거치지 않고 대뇌피질에 전달되는 유일한 감각이다. 후각은 다른 감각이 출현하기 전에 가장 먼저 진화한 감각이다. 시각, 청각과 같은 다른 감각이 출현하면서 시상도 함께 발생하였다고 추정한다. 따라서 후각은 시상과 관계없이 곧바로 대뇌피질로 전달된다.

사실 후각은 대뇌피질보다 편도체로 더 많은 정보를 보낸다. 편도체는 감정중추이다. 후각은 그만큼 감정유발에 중요한 역할을 한다. 사람은 후각 감정이 생활을 풍부하게 하는 요소에 지나지 않지만, 하등동물에서 후각은 먹이와 적의 분별에 가장 크게 작용한다. 한편 일차후각피질에서 시상을 거쳐 안와전두엽(orbitofrontal cortex)로 전달된 신호가 냄새를 인식하고 종류를 판별한다.

(1) 일차후각피질(primary olfactory cortex)

일차후각피질은 대뇌의 바닥에 위치한다. 후각망울로부터 신호를 받는 대뇌피질이다. 구체적으로는 후각결절, 조롱박피질, 편도주변피질, 앞후각핵, 앞관통질, 전조롱박피질, 속후각피질 등이 일차후각피질에 속한다.

일차후각피질은 계통발생학적으로 구피질이며, 3층으로 된 피질이다. 진화적 측면에서 보면 후각은 가장 먼저 나타난 감각기능이

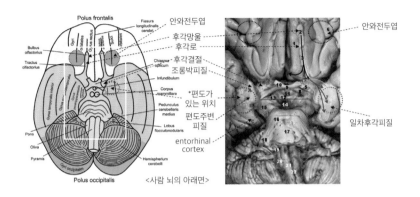

<사람 뇌의 아래면>

후각피질

일차후각피질은 후각망울과 후각망울에서 직접 신호가 전달되는 대뇌피질이다(노란색, 한쪽 뇌에만 표시). 편도가 위치하는 대략적 위치를 접선으로 표시하였다. 후각의 인지는 안와전두엽에서 일어난다.

다. 후각은 다른 감각과 달리 시상을 거치지 않고 곧바로 대뇌피질로 전달된다. 이는 아마도 다른 감각과 시상이 진화하기 오래전부터 있었기 때문으로 생각된다.

사실 후각은 대뇌피질보다는 편도체에 더 많은 정보가 전달되어 좋고 싫은 감정유발에 중요한 역할을 한다. 피질로 전달되는 후각정보는 후각의 정체를 알아내기 위한 목적이 더 크다. 후각의 정체는 안와전두엽에서 분석된다. 여기로는 시상을 거친 후각 정보가 전달된다.

(2) 비근鼻根의 감각지형도

냄새를 어떻게 구분할까? 코천장에는 감각지형도가 형성되어 있지 않다. 코천장의 특정 부위가 특정 냄새를 맡는 것이 아니라는 뜻이다.

냄새는 코천장의 후각상피에서 감지된다. 후각상피에는 후각수용신경세포에서 뻗어 나온 섬모들이 코안으로 노출되어 있고, 섬모들의 세포막에 냄새물질을 감지하는 단백질들이 있다. 이 후각수용단백질에 냄새물질이 결합하면 후각수용신경세포가 활동전위를 생성하여 후각망울로 보낸다.

후각망울에서 신호를 전달받는 구조는 후각토리이다. 후각토리는 후각망울에 있는 승모세포들의 가지돌기들과 후각수용신경세포의 축삭돌기가 어울려 만들어진다. 후각토리로부터 신호를 받은 후각망울의 신경세포는 일차후각피질로 신호를 보낸다.

그런데 코천장에는 감각지형도가 그려져 있지 않다. 후각 감각지형도는 후각망울에 있는 후각토리에서 그려진다. 사람의 경우 후각토리의 수는 대략 1,100~1,200개이다. 흥미롭게도 각 후각토리

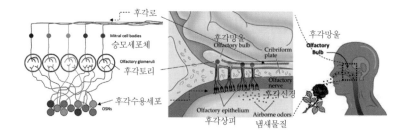

후각 감각지형도

코안에 있는 후각수용신경세포들은 각각 한 가지 냄새에 반응한다. 하지만 이들은 코천장에 무작위로 흩어져 있기 때문에 코천장에는 감각지형도가 형성되어 있지 않다. 그런데 특정 냄새에 반응하는 후각수용신경세포들은 모두 동일한 후각토리로 신호를 보낸다. 따라서 후각망울에 있는 후각토리들이 후각지형도를 만든다.

가 특정 냄새를 수용한다. 달리 말하면 특정한 냄새는 코안에서는 무작위로 흩어진 곳에서 감지되지만 모두 특정 후각토리로 후각신 호가 모이게 된다. 이렇게 후각망울의 후각토리들이 후각지형도를 그린다.

4) 설식舌識 – 미각분석

혀의 맛봉오리(taste bud)에는 특정 맛을 감지하는 맛수용세포가 있 다. 이 세포의 세포막에 있는 맛수용체 단백질에 맛분자가 결합하 여, 이를 활동전위로 변환하는 것이 설식舌識의 시작이다. 맛봉오 리에서 시작된 맛신호는 숨뇌의 고립로핵을 거쳐 시상으로 전달되 고, 시상은 일차미각피질로 신호를 전달한다.

(1) 일차미각피질(primary gustatory cortex: 앞뇌섬엽 및 전두덮개)

미각은 상대적으로 연구가 미흡하다. 현재까지 알려진 바로는 미 각은 뇌섬엽의 앞부분과 뇌섬엽을 덮고 있는 전두엽 부분인 전두 덮개(frontal operculum)로 전달된다. 따라서 앞뇌섬엽과 전두덮개 가 일차미각피질이다. 뇌섬엽은 전두엽, 두정엽 및 측두엽에 덮여 있다. 이 가운데 뇌섬엽의 앞쪽을 덮고 있는 부분을 전두덮개라 한다.

(2) 설근舌根의 감각지형도

단맛, 신맛, 짠맛, 쓴맛, 감칠맛 등 여섯 가지 기본 맛이 있다. 혀에 는 미각 감각지형도인 맛지도가 그려져 있다. 육안으로 보았을 때

96

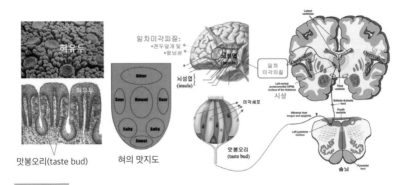

맛봉오리(taste bud)   혀의 맛지도   맛봉오리(taste bud)

미각신호전달

맛은 혀의 맛봉오리에서 감지되어 숨뇌, 시상을 거쳐 일차미각피질에 전달
된다. 혀에는 맛지도가 형성되어 있다.

혀에 작은 봉오리가 볼록볼록 튀어나 있다. 이를 혀유두라 한다. 혀
유두의 벽에 맛봉오리가 있는데, 각각의 맛봉오리에는 맛을 감지
하는 맛감지신경세포(맛수용세포)들이 있다. 각각의 맛봉오리는 6
가지 맛을 모두 감지할 수 있다. 6가지 맛감지신경세포가 모두 하
나의 맛봉오리에 있다는 의미이다.

　그런데도 맛지도가 그려져 있다는 것은 무슨 뜻일까? 이는 혀의
각 부위에 따라 특정한 맛을 감지하는 신경세포가 잘 발달된 맛봉
오리가 있다는 뜻이다. 즉 혀의 앞부분에는 단맛을 감지한다고 알
려져 있는데, 사실은 단맛만 감지하는 것이 아니라 다른 맛도 감지
할 수 있으나 특히 단맛을 잘 감각한다는 뜻이다. 다른 부위도 마찬
가지다.

5) 신식身識 – 촉각분석

신식은 피부에 무엇이 닿으면 피부에 있는 촉각수용세포가 이를
감지하여 활동전위로 변환함으로써 시작한다. 촉각에는 분별성 촉
각과 비분별성 촉각이 있다. 어디에 촉각이 있는지 정확하게 알 수
있는 촉각이 분별성 촉각이다. 부드러운 솜으로 살짝 건드리면 무
언가 닿았다는 감각은 있지만 정확한 위치를 알 수 없다. 비분별성
촉각이다. 분별성과 비분별성을 구분하는 다양한 촉감수용체들이
피부에 있다. 피부에는 통각 및 온도를 감지하는 수용체도 있다.

(1) 신근(身根, 피부)

피부에는 분별성 및 비분별성 촉각수용체, 그리고 통각, 온도감각
수용체들이 있다. 일반적으로 분별성 촉각은 피부 깊은 곳에, 비분
별성 촉각은 얕은 곳에 위치한다.

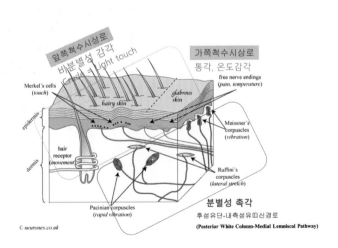

피부의 감각수용체

98

(2) 일차몸감각피질(primary somatosensory cortex; 브로드만 구역 1, 2, 3)

일차몸감각피질은 대뇌의 중심고랑 뒤쪽에 위치한다. 이 이랑을 중심고랑후이랑이라 한다. 참고로 중심고랑 앞쪽의 이랑, 즉 중심고랑앞이랑은 일차운동피질이다.

일차몸감각피질의 각 부위는 피부와 1:1로 대응된다. 여기에 사람 몸의 피부 전체가 연속적으로 이어지지는 않지만 부분적으로는 피부의 모양새가 그대로 그려진다. 예로서 얼굴의 앞면은 머리에서 따로 떨어져 손 옆에 그려진다.

일차몸감각피질은 피부와 1:1로 대응되지만 크기가 비례하지는 않는다. 예로서 손과 얼굴, 특히 엄지와 입술은 피부의 크기에 비하여 감각피질이 무척 크다. 몸감각피질이 크다는 것은 그만큼 대응

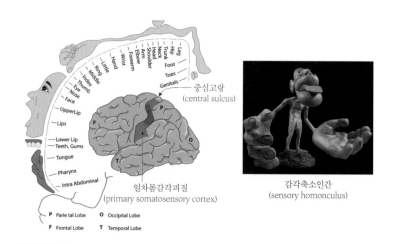

일차몸감각피질
(primary somatosensory cortex)

감각축소인간
(sensory homunculus)

일차몸감각피질과 감각축소인간

피부의 촉감은 중심고랑 뒤쪽에 있는 일차몸감각피질로 전달된다. 이 감각피질은 피부와 1:1로 대응된다. 피부에 대응하는 일차몸감각피질의 크기에 비례하여 상상한 인간이 감각축소인간이다.

되는 피부에 촉각수용체가 많음을 의미한다. 이는 그 부위의 촉각
수용체 밀도가 높아서 매우 민감하게 촉각을 분별함을 의미한다.
입술, 혀, 손이 특별히 민감한 촉각 부위이다. 몸감각피질의 크기에
비례하여 만들어본 사람 모양을 감각축소인간이라 한다. 참고로
운동축소인간도 이와 비슷하다. 입술, 혀, 손의 운동을 미세하게 조
절할 수 있다는 의미이다.

6) 전오식의 감각지형도

감각기관에 있는 감각 부위를 감각야(receptive field)라 한다. 감각
야가 있기에 감각이 가능하다. 시각은 망막, 청각은 코르티기관, 미

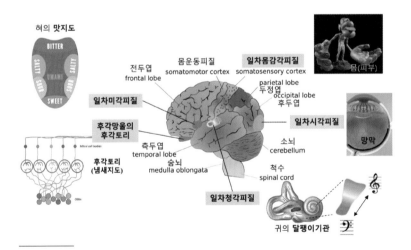

감각수용영역과 감각지형도

다섯 가지 감각에 대한 감각기관과 그 수용영역(수용야) 및 일차감각피질
을 나타냈다. 안식은 망막, 이식은 속귀 달팽이의 코르티기관, 비식은 후각
망울의 후각토리, 설식은 혀, 신식은 피부가 수용야이다. 각 수용야에는 감
각지형도가 그려져 있다.

각은 혀, 후각은 코천장, 촉각은 피부가 감각야이다. 감각야에는 감각지형도(感覺地形圖, sensory topographic map)가 그려져 있다. 지형도가 있어야 같은 감각 가운데 서로 다른 감각을 구분할 수 있다. 예로서 미각의 감각야인 혀에는 앞쪽은 단맛, 뒤쪽은 쓴맛과 같이 각각의 맛에 대한 지형도가 그려져 있다. 각각의 후각토리들은 각각 다른 냄새를, 나선 모양인 코르티기관의 각 위치는 음의 높낮이를 구분한다. 감각수용야의 이러한 지형학적 구분이 상대적 위치를 유지하면서 대뇌 일차감각피질에 전달된다. 따라서 우리는 활성화되는 대뇌 부위를 근거로 그 감각의 정체를 알아낸다. 아래 그림에 오감의 감각야와 일차감각피질을 표시하였다.

3. 대뇌피질 – 마음은 주로 대뇌피질의 활동에 근거한다

지금까지 전오식과 관련된 뇌 부위를 설명하였다. 전오식은 다섯 가지 감각이며, 감각은 마음을 만드는 기본 재료가 된다. 이 재료들을 사용하여 느낌도 일으키고 여러 가지 생각도 일으킨다. 느낌과 생각은 전전두엽의 기능이다. 일차감각피질에서 시작한 다양한 감각이 전전두엽에서 모여 복잡한 마음이 만들어진다.

대뇌에는 피질뿐 아니라 피질 아래에도 다양한 구조들이 있으며, 이들 또한 마음을 만드는 데 중요한 역할을 한다. 여기에서는 대뇌의 전반적인 구성과 조직, 그리고 피질하구조에 대하여 설명한다.

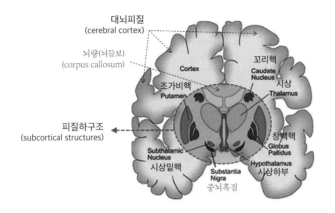

대뇌피질과 피질하구조

대뇌피질 아래 속구조들을 피질하구조라 한다. 양쪽 반구는 뇌들보(뇌량)로 연결되어 있다. 뇌의 한가운데에는 시상이 위치하고 그 바깥 부위에 꼬리핵, 창백핵 및 조가비핵이 위치한다. 이들을 합하여 대뇌기저핵이라 한다. 흑질은 대뇌의 구조가 아니라 중간뇌의 구조인데 같은 절단면에 있어 표시하였다.

1) 대뇌피질(대뇌겉질, cerebral cortex)

대뇌의 겉 부분을 대뇌피질이라 한다. 반면에 피질 아래에 있는 구조는 피질하구조라 한다. 뇌를 잘라서 염색하지 않고 있는 그대로 보면 검게 보이는 부분과 희게 보이는 부분이 있다. 이들을 각각 회색질(gray matter) 및 백색질(white matter)이라 한다. 회색질에는 세포체(soma)가 많이 모여 있고, 백색질은 축삭다발들이 모인 곳이다.

대뇌피질의 개요

대뇌의 껍질 부분을 대뇌피질이라 한다. 사람의 대뇌피질은 두께 3~4mm, 넓이 ~2,600cm^2에 15×109개(150억 개)의 신경세포와 조금 더 많은 수의 신경교세포가 있다.

　피질을 이루고 신피질(동형피질)은 6층으로 되어 있다. 6개의 세포가 6층을 이루는 것이 아니라 많은 세포가 서로 얽혀 있는 모양새를 6층으로 나누어 볼 수 있다는 뜻이다. 이렇게 6층으로 이루어진 피질을 동형피질이라 하며, 가장 최근에 진화하였기 때문에 신피질이라 한다.

　반면에 오래된 해마와 같은 이형피질은 3층으로 되어 있다. 이형피질은 구포유류 뇌, 동형피질은 신포유류 뇌라고도 한다.

　구포유류 뇌에서 신포유류 뇌로 이행되는 부위는 4~5층을 이루고 있다. 이런 이행 부위를 중간피질(mesocortex)이라 한다.

　신피질의 신경세포들은 그룹을 이루어 피질원주(cortical column)라는 단위구조를 만든다.

　피질원주는 뇌신경회로를 만드는 구조적 및 기능적 단위가 된다. 즉 피질원주끼리 연결되어 신경회로를 만든다.

2) 피질의 진화

세포들이 어울리는 모양새가 원주 형태를 취하는 것은 신피질*의

---

* 　가장 최근에 진화한 대뇌피질. 전두엽, 두정엽, 후두엽, 측두엽 등 대뇌의 대부분을 차지한다.

특질이다. 진화적으로 가장 오래된 고피질, 그다음으로 오래된 구피질은 피질원주를 이루지 않는다. 그리고 소뇌의 피질도 피질원주 형태로 이루어져 있지 않으며, 시상, 대뇌기저핵과 같은 피질하 구조들도 원주 형태를 이루지 않는다.

참고로 대뇌피질을 계통발생학적을 보면 고피질 → 구피질 → 신피질 순으로 진화하였다. 해마는 대표적인 고피질인데, 가장 오래전에 진화한 피질이다. 기능적으로는 많은 정보들이 모여드는 고위의 정보연합 부위이지만 피질원주 형태를 취하지는 않으며, 세포층도 여섯 층이 아니라 세 층이다.

고피질 다음으로 진화한 것이 구피질로서 후각피질이 대표적이다. 후각은 가장 먼저 진화된 감각기능이며, 후각을 처리하는 구피질 또한 전형적인 6층의 피질원주 형태를 취하지 않는다. 가장 최근에 진화한 신피질만이 여섯 층의 피질원주 형태를 취한다.

3) 피질원주(cortical column)

지금까지 신경회로를 단순히 신경세포들 사이의 연결이라고만 하였다. 물론 신경세포들이 서로 연결되어 신경회로망을 만든다. 하지만 신경세포들은 그룹을 지어 기능한다. 군대에 비유하면 병사들이 분대를 이루고, 분대가 모여 소대를 이루는 것과 마찬가지이다.

소대에 해당하는 그룹을 피질원주라 한다. 대뇌에는 1백만~2백만 개의 피질원주가 있다. 각각의 피질원주 속에는 분대에 해당하는 피질미세원주가 100개 정도 있으며, 각각 100여 개의 신경세포로 이루어진다. 따라서 하나의 피질원주에는 약 1만 개의 신경세포가 있으며, 사람의 대뇌피질에는 약 1억 개의 피질미세원주가 있다.

기능적으로 보면 피질원주에는 외부로부터, 즉 다른 피질원주로부터 신호를 받는 신경세포, 내부에서 신호를 전달하는 신경세포, 그리고 다른 피질원주로 출력하는 신경세포가 있다. 따라서 뇌 신경회로는 피질원주끼리 서로 연결되어 기능한다고 보아야 한다. 흔히 신경세포 하나하나가 신경회로의 연결 단위라 생각하기 쉽지만, 사실은 피질원주가 연결 단위가 된다. 이 말은 잘 이해할 필요가 있다. 물론 신경세포들은 서로 연결된다. 연결에 참여하지 않고 혼자 떨어져 있는 신경세포는 없다. 이런 의미에서 두 신경세포 사이의 연결이 신경회로의 연결 단위라 할 수도 있다. 틀린 말은 아니다. 하지만 신경세포들의 그룹인 피질원주가 서로 연결된 것이 신경회로라고 본다면 그룹 내에서의 연결은 신경회로를 만든다기보다 국소적 내부 연결이라는 뜻이다.

'원주'라고 명칭한 것은 실제로 피질원주가 기둥 모양이기 때문이다. 대뇌피질 조직의 세포들은 바깥에서 안쪽으로 여섯 층을 이루고 있다. 세포 6개가 층을 이루고 있다는 것이 아니라, 각 층에는 많은 신경세포가 있는데 세포들의 종류 및 서로 연결되고 있는 모양새를 보아 여섯 층의 세포그룹이라는 뜻이다. 여섯 층은 뇌의 바깥에서 속 방향으로 이루는 층들이며, 피질원주는 이 여섯 층을 관통하여 형성된다. 크기는 직경이 0.5~1mm로 매우 가늘며, 길이는 피질을 이루는 여섯 층의 깊이에 해당한다. 피질의 깊이는 대략

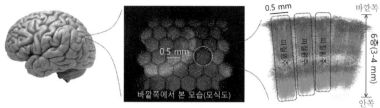

바깥쪽에서 본 모습(모식도)

0.5 mm

바깥쪽

6층(3-4 mm)

안쪽

대뇌 신피질(neocortex)의 피질원주(cortical column) 모식도

대뇌의 피질원주

대뇌의 신피질은 겉에서 보면 직경 0.5~1.0mm 크기의 벌집처럼 보인다. 벌집에 해당하는 각 부위는 아래(뇌 속)로 뻗는 원주를 형성하는데, 대뇌피질에 있는 원주이기에 피질원주라 한다. 진화적으로 오래된 구피질(예: 후각피질)과 고피질(예: 해마)에는 이런 구조가 없다.

3~4mm로 두껍기 때문에 피질원주는 작은 둥근기둥(원주) 모양이며, 바깥에서 보면 벌집 모양이다.

4) 대뇌피질의 엽(cerebral lobe)

대뇌피질은 형태학적으로 위치에 따라 전두엽(frontal lobe), 두정엽(마루엽, parietal lobe), 후두엽(occipetal lobe), 측두엽(temporal lobe)으로 나눈다. 또한 기능적으로 크게 감각영역, 운동영역, 연합영역으로 나눌 수 있는데, 대뇌피질의 대부분은 연합영역이다. 연합영역은 일차기능영역(예: 일차감각피질, 운동피질 등)에서 처리된 정보들이 서로 소통하는 부위이다. 예로서 전전두엽도 일종의 연합피질로서 대뇌의 기능을 통합하고 관리한다.

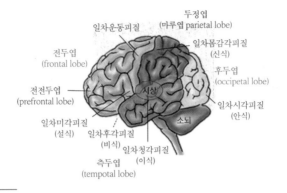

대뇌엽과 주요 기능 피질

사람의 대뇌를 이루는 엽(lobe)과 주요 기능(전오식)의 위치를 표시하였
다. 일차후각피질은 뇌의 밑면에 위치하기 때문에 이 그림에서는 보이지
않는다.

5) 회색질(gray matter)과 백색질(white matter)

뇌를 절단하여 염색하지 않고 보면 어둡게 보이는 회색질과 희게
보이는 백색질이 있다. 회색질은 신경세포의 세포체(soma, 핵이 있
는 부위)가 모여 있는 곳이고, 백색질은 축삭들의 다발이 모인 곳이
다. 축삭은 지질로 된 말이집으로 감싸져 있기 때문에 희게 보인다.

　신경해부학에서 신경세포체가 빽빽하게 모여 있는 부위를 핵
(nucleus)이라 한다. 각 세포에도 핵막으로 둘러싸인 DNA가 있는
부분을 핵이라 하는데, 같은 '핵'이지만 신경해부에서 핵이라고 하
면 신경세포체들이 밀집하여 모여 있는 부위를 의미한다. 뇌에는
수많은 핵이 있으며 이들은 특정 뇌기능의 중추(허브hub) 역할을
한다. 예로서 시상에는 시각, 청각, 후각, 미각, 촉각, 감정 등을 중
계하는 여러 가지 핵들이 있다.

6) 뇌들보(뇌량, corpus callosum)

뇌들보는 대뇌의 좌우 두 반구를 연결하는 축삭들이 모여 만들어
진 두꺼운 백색질이다(위 그림 (대뇌피질과 피질하구조) 참조).

뇌는 같은 기능을 하는 부위가 양쪽에 중복으로 있다. 물론 완전
히 동일한 기능을 하는 것은 아니다. 보통 어느 한쪽의 뇌반구가 특
정 기능을 더 잘한다. 예로서 언어는 좌반구의 역할이다. 통상 좌반
구는 구체적 분석을 하고, 우반구는 두루뭉술하게 통합하기 때문
에 우반구를 계발하면 감성지수(emotional quotient, EQ)가 높아진다
고 한다.

분할뇌(split brain)는 뇌량을 수술로 절단하거나, 선천적으로 뇌
량이 생성되지 아니한 경우이다. 뇌량절개술은 일반적으로 난치성
간질을 치료하기 위한 최후의 수단으로 사용한다. 우뇌와 좌뇌가
분리되면 각 반구는 각자 고유한 지각, 개념 및 행동 충동을 갖게
된다. 한 몸에 두 개의 뇌가 있게 되는 것이다.

이는 흥미로운 딜레마를 만든다. 예로서 한 분할뇌 환자가 스스
로 옷을 입을 때 한 손으로는 바지를 당기고(뇌의 한쪽은 옷을 입고
싶어 함) 다른 한 손으로는 바지를 끌어 내렸고(이쪽 뇌는 옷을 입고
싶지 아니함), 또 아내를 왼손으로 붙잡고 세게 흔들자 오른손이 다
가와 공격적인 왼손을 제지하였다. 그러나 그러한 갈등은 매우 드
물다. 충돌이 발생하면 일반적으로 한쪽 반구가 다른 쪽 반구보다
우세하기 때문에 우세 반구의 결정에 따르게 된다.

Kim Peek(1951~2009)은 선천적으로 뇌량이 없이 태어났다.[*] 그는 서번트 증후군[**] 환자였다. 그는 9,000권이 넘는 책과 약 15개 주제 영역(세계/미국 역사, 스포츠, 영화, 지리, 배우, 성경, 교회 역사, 문학, 클래식 음악, 미국의 지역 번호/우편 번호 등)의 정보를 암기할 수 있었다. 이러한 능력에도 불구하고 그는 IQ가 87이었고 자폐 진단을 받았으며, 셔츠 단추를 잠글 수 없었고 일상적인 작업을 수행하는 데 어려움을 겪었다. 그는 왼쪽 시야로 책의 왼쪽 페이지를, 오른쪽 시야로 책의 오른쪽 페이지를 볼 수 있어 두 페이지를 동시에 읽을 수 있었다.

7) 대뇌피질의 뛰어난 학습능력 – 구상적具象的인 대뇌피질

대뇌피질은 감각, 운동, 감정, 사고, 판단, 결정 등 다양한 기능을 한다. 대뇌피질이 어떤 기능을 하고 나면 거기에 관련되었던 신경세포들에 변화가 일어나 기억이 만들어진다. 관련된 신경세포들끼리 서로 연결되어 새로운 신경회로가 생성되는 것이다. 새로운 신경회로의 생성은 사람의 대뇌피질에서 가장 잘 일어난다. 두 가지 관점에서다.

---

[*] Treffert D. A. and Christensen D. D.(2006). "nside the mind of a savant". Scientific American Mind. 17 (3): 52 – 55.

[**] 서번트(savant)란 '학자' 또는 '석학'이다. 발달장애, 정신지체, 자폐증 등 정신장애를 가진 사람이 특정 분야에서는 학자나 석학처럼 경이적인 능력을 발휘하는 것을 뜻한다. 자폐증이나 발달장애 환자 2,000명 중 1명꼴로 드물게 나타나는 현상이며, 여성보다 남성에게서 더 많이 발견된다.

첫째는 사람의 학습과 기억능력이 어느 다른 동물보다도 탁월하다는 의미이다. 세포조직 수준에서 볼 때 사람의 뇌조직은 고양이, 쥐, 심지어 파리의 뇌조직과 별반 다르지 않다. 그럼에도 불구하고 사람의 뇌는 어떻게 학습과 기억능력이 탁월할 수 있는지 수수께끼이다. 아마도 뇌의 전체 구조가 이루는 시스템 차원의 문제인 것으로 추정된다.

둘째는 대뇌피질은 둘레계통이나 뇌줄기보다 훨씬 더 학습과 기억능력이 뛰어나다. 여기에 관해서는 다음에 설명하기로 하자.

학습과 기억이 잘 된다는 의미에서 대뇌피질의 구조는 구상적(constructive)이다. '구상적'이라는 말은 건설적 혹은 협조적이라는 뜻이다. 무엇인가로 만들어지기를 잘 도와주는, 협조적인 구조라는 뜻이다. 달리 말하면, 사람의 대뇌피질은 이미 잘 만들어진 완성된 구조가 아니라, 재료만 있고 만들어지는 것은 각자의 몫이라는 뜻이기도 하다. 기본적 구조만 형성되어 있고 조각가의 의도에 따라 무한하게 변화할 수 있다는 의미이다.

우리가 살아가면서 경험과 학습을 통하여 대뇌피질에 자신만의 기억을 기록할 수 있는 것은 대뇌가 매우 협조적이기 때문이다. 우리는 배움과 훈련을 통하여 마음과 행동을 변화시킬 수 있는 매우 건설적이고 협조적인 대뇌피질을 가지고 있다. 반면에 둘레계통과 뇌줄기는 태어날 때부터 거의 완성되어 새로 바꾸기가 매우 힘들다. 이 뇌 부위들은 고집불통의 뇌이다. 감정과 화를 다스릴 수 없는 이유가 여기에 있다.

110

8) 사람과 동물의 학습과 기억기능 차이

사람 뇌 신피질의 피질원주 사이 연결은 새로 형성되거나 허물어
질 수 있는 성질이 잘 발달되어 있다. 이러한 대뇌피질의 구상적·
협조적 성격 때문에 우리는 경험과 학습을 통하여 새로운 사실들
을 잘 배우고 기억할 수 있다. 흥미로운 점은 원숭이, 개, 고양이, 쥐
등의 신피질도 사람과 거의 같은 피질원주 구조를 갖지만, 사람에
비하면 학습과 기억능력이 현저히 떨어진다는 것이다. 따라서 이
들은 학습하여 더 나은 삶을 영위하지 못하고, 사람보다 훨씬 더 본
능에 가까운 삶을 살아간다.

왜 이들의 대뇌피질은 학습과 기억능력이 떨어지는지는 잘 모르
지만, 아마도 피질원주보다 더 높은 차원, 즉 시스템 차원의 구조가
발달하지 못하여 그런 것으로 짐작된다. 뇌는 계층구조(hierarchial
structure)를 이루고 있다. 구조적 기능적으로 여러 층을 이루어 고
위층으로 올라갈수록 통합하고 관리하는 기능이 고차원적이 된다.
이러한 기능의 정점이 전전두엽이다.

하등동물의 뇌는 사람의 뇌가 갖는 전전두엽이 거의 발달하지 않
았다. 이러한 시스템의 차이는 학습과 기억능력의 차이를 초래하
는 원인일 수 있다. 사실 기능적 측면에서 사람의 뇌는 몇 차원의
시스템으로 작동하는지 모른다. 최근의 연구는 뇌가 적어도 11차
원적 정보처리를 한다고 추정한다.*

* Reimann MW et al.(2017) Cliques of Neurons Bound into Cavities Provide
a Missing Link between Structure and Function. Frontiers in Computational

4. 감각과 마음에 대한 붓다의 통찰**

마음을 만드는 재료는 심상(心想, 퀄리아qualia)이다. 심상은 무엇을 대할 때 나의 마음속에 일어난다. 파란 가을 하늘을 보면 '화창하다'는 심상이, 장미꽃을 보면 '아름답다', '매우 붉다' 등등의 심상이 일어난다. 이러한 심상들이 이야기로 엮여서 의미 있는 내용을 만들면 마음이 된다. '매우 붉은 장미꽃이 아름답구나'라는 마음이 생긴 것이다. 심상은 매우 주관적이다. 같은 장미꽃을 보고도 각자 다른 심상이 생긴다. 주관적으로 생기기 때문에 남의 마음에 어떤 심상이 생겼는지 나는 알 수 없다. 같은 대상을 접하고도 각자의 마음이 다른 이유이다.

붓다는 무엇이 마음의 재료라고 생각하였을까? 붓다는 나의 몸(색)에 수(느낌), 상(인식), 행(의도)을 거쳐 식(마음)이 일어난다고 하였다. 마음의 재료는 대상을 만났을 때 일어나는 수(느낌), 상(인식), 행(의지작용, 의도)이라는 것이다. 느낌은 어떤 조건으로 일어날까? 느낌이 일어나는 연유에 대하여 『상윳따 니까야』「괴로움 경(Dukkha - sutta」(S12:43)에서 붓다는 다음과 같이 설한다.

비구들이여, … 눈과 형색을 조건으로 눈의 알음알이(識)가 일어

Neuroscience, 11:48.
** 법보신문 연재, 「문일수의 붓다와 뇌과학」 14. 몸과 마음 관계에 대한 붓다의 통찰(2022.07.25.)에서 수정 인용함. http://www.beopbo.com/news/articleView.html?idxno=311240

난다. 이 셋의 화합이 감각접촉이다. 감각접촉을 조건으로 느낌이, 느낌을 조건으로 갈애가 있다. 비구들이여, 이것이 괴로움의 일어남이다.

다른 감각도 마찬가지다. 귀와 소리를 조건으로… 코와 냄새를 조건으로… 혀와 맛을 조건으로… 몸과 감촉을 조건으로… 마노와 법을 조건으로… 각각의 알음알이가 일어난다. 알음알이는 느낌을, 느낌은 갈애를 일으킨다. 이것이 괴로움의 일어남이라고 설한다. 이처럼 여섯 가지 감각(육식)이 수(느낌), 상(인식), 행(의도)을 만들고, 궁극적으로 식(마음)이 된다.

여기에서 우리는 붓다 특유의 사유를 본다. 감각을 6가지로 본 것이다. 일반적으로 다섯 가지 감각, 즉 오감이 있다고 알고 있다. 하지만 붓다는 법을 감지하는 마노(mano, 意)라는 감각기관을 설정하고, 마노가 법을 감지하면 마노의 알음알이가 된다고 하였다. 물론 그 마노의 알음알이도 마음의 재료가 된다.

일반적으로 우리가 알고 있는 다섯 가지 감각과 붓다가 설정한 여섯 번째 감각인 마노의 감각 사이의 관계를 붓다는 다음과 같이 설한다. 위와 동일한 「괴로움 경」이다.

바라문이여, 다섯 가지 감각기능은 각각 다른 대상과 각각 다른 영역을 가져서 서로 다른 대상과 영역을 경험하지 않는다. … 다섯 가지 감각기능은 각각 다른 대상과 각각 다른 영역을 가져서 서로 다른 대상과 영역을 경험하지 않는다. 이들 다섯 가지 감각

기능은 마노(意)를 의지한다. 마노가 그들의 대상과 영역을 경험
한다.

다섯 가지 감각기능, 즉 눈의 감각기능, 귀의 감각기능, 코의 감
각기능, 혀의 감각기능, 몸의 감각기능은 각자의 영역만 경험한다.
눈은 보기만 하지 눈으로 소리를 듣지 못한다. 귀는 듣기만 하지 보
지 못한다는 뜻이다. 다른 감각들도 마찬가지로 자기의 영역만 경
험한다. 그런데 이들 다섯 가지 감각기능은 마노를 의지하고, 마노
가 그들의 대상과 영역을 경험한다고 하였다. 마노가 자신의 고유
감각대상인 법경뿐 아니라 다른 다섯 가지 감각대상과 영역을 경
험한다는 것이다.

마노가 어떻게 다른 감각기능을 경험하는지에 대한 설명은 어렵
다. 마노가 어떤 감각기관인지를 우선 알아야 하기 때문이다. 이에
대한 설명은 다음 기회로 미루고, 여기서는 왜 다섯 가지 감각기능
은 자신의 영역만 경험하는지에 대하여 설명하자. 감각기관(눈, 귀,
코, 혀, 피부)은 각각의 인식대상(형태, 소리, 냄새, 맛, 촉감)을 수용하
여 대뇌로 보낸다. 활동전위라고 하는 100mV짜리 전기를 만들어
초당 ~100미터의 속도로 대뇌로 전달한다.

처음으로 이 신호를 받는 부위들을 일차감각피질이라 한다. 여
기에서 각각의 대상을 경험한다. 경험한다는 것은 그것이 무엇인
지 안다는 뜻이다. 그런데 감각기관이 따로따로 떨어져 분리되어
있듯이 일차감각피질도 대뇌에서 서로 떨어져 위치한다. 눈의 망
막에서 생성된 형태에 대한 전기가 절대로 귀의 대뇌감각영역으로

가지 않는다. 그렇게 된다면 강아지를 보는데 강아지는 보이지 않고 소리가 들릴 것이다. 소리를 듣는데 맛이 느껴질 것이다. 절대로 그런 일은 일어나지 않는다. 일차감각영역은 각자의 감각기관과 1:1로 연결되어 있기 때문에, 절대로 다른 감각기관의 대상과 영역을 경험하지 못한다.

붓다도 다섯 가지 감각기능이 서로 혼합되지 아니하고 분명하게 분리되어 작동한다고 설하였다. 곧 『상윳따 니까야』「운나바 바라문경(Uṇṇābhabrāhmaṇa - sutta)」(S48:42)이다.

바라문이여, 다섯 가지 감각기능은 각각 다른 대상과 각각 다른 영역을 가져서 서로 다른 대상과 영역을 경험하지 않는다. 무엇이 다섯인가?
눈의 감각기능, 귀의 감각기능, 코의 감각기능, 혀의 감각기능, 몸의 감각기능이다.
바라문이여, 이처럼 다섯 가지 감각기능은 각각 다른 대상과 각각 다른 영역을 가져서 서로 다른 대상과 영역을 경험하지 않는다. 이들 다섯 가지 감각기능은 마노(意)를 의지한다. 마노(意)가 그들의 대상과 영역을 경험한다.

부처님 시대에 뇌에 일차감각영역이 있고, 그 부위들이 각각 해당하는 감각기관과 연결되어 있다는 것을 아셨을까, 뇌과학을 몰라도 거기까지는 상식이었을까? 그다음이 놀랍다. 다섯 가지 감각

을 두루 경험할 수 있는 마노(mano)라는 감각기관(意根)이 있다고
어떻게 설정하였을까? 마노가 무엇인지 그 정체를 부처님은 아셨
을까? 아셨는데 너무 어려워서 동시대의 사람들에게 설명하지 아
니하였을까? 다른 감각기관이 뇌와 연관되어 있듯 마노도 뇌와 관
련된 것일 것이다. 여기에 대한 이야기는「제7장 제6식(의식)의 뇌」
부분에서 이어가자.

〔요약〕

〈대뇌피질에 대한 개요〉

• 마음은 주로 대뇌피질의 활동에 근거한다.

• 대뇌피질은 고피질 → 구피질 → 이형주위피질 → 신피질 순서
  로 진화하였다.

• 신피질은 피질원주로 되어 있고, 원주 속에는 미니 원주가 있다.
  피질원주끼리의 연결이 기능적 신경회로를 구성하고, 원주 속에
  서의 연결은 내부적 대화이다.

• 대뇌피질은 크게 전두엽, 두정엽, 후두엽, 측두엽으로 나눌 수
  있다.

• 대뇌피질은 좌우 반구로 되어 있으며 뇌들보에 의해서 서로 연
  결되어 있다.

• 대뇌피질은 구상적·협조적이어서 학습과 기억이 잘 일어난다.
  반면에 피질하구조는 고집불통의 뇌이다.

116

〈전오식〉

- 전오식前五識은 오감이며 대뇌의 일차감각피질에서 일어난다.

- 안식眼識은 후두엽의 새발톱고랑(브로드만 구역 17), 이식耳識은 측두엽 위측두이랑의 Heschl's gyrus(브로드만 구역 41), 비식鼻識은 후각망울·조롱박피질(브로드만 구역 27)·편도주변피질 등, 설식舌識은 앞뇌섬엽 및 전두덮개, 신식身識은 중심고랑후이랑(브로드만 구역 1,2,3)에서 일어난다.

- 감각을 수용하는 감각야에는 감각지형도가 그려져 있으며, 감각지형도는 각각의 대뇌감각피질과 1:1로 연결되어 있다.

제4장 오온의 뇌

오온五蘊은 '나는 무엇인가?'라는 질문에 대한 붓다의 답이다. 붓다는 '나'라는 존재는 색온色蘊·수온受蘊·상온想蘊·행온行蘊·식온識蘊이 합쳐진 것이라 보았다. '나'는 몸(色蘊)과 거기에 생기는 마음(識蘊)이 전부이며, 마음은 수온·상온·행온을 거쳐 만들어진다. 오온은 심신문제心身問題를 속성이원론으로 본 것이다. 마음은 인식대상을 만났을 때 수·상·행을 거쳐 나의 몸(色)에서 만들어지니 몸은 물질적 속성과 정신적 속성을 동시에 갖는다는 것이다. 기원전 6세기경에 이미 붓다는 이 사실을 간파했다. 2천여 년이 지난 17세기의 심신문제에 대한 대표적인 학자 데카르트는 정신과 물체는 상호 간에 독립적인 실체로 존재한다는 심신이원론을 주장했다. 정신과 육체는 분리될 수 없음이 19세기 말~20세기 초에 와서야 프로이드(Sigmund Freud)에 의해서 주장된다.

'나'라는 존재는 나누어서 보면 오온이 연기된 것이다. 그런데 오온 하나하나는 항상 변한다. 고정불변하는 나는 없다(無我). 확대하여 생각하면 '나'뿐만 아니라 모든 것은 변하는데(諸行無常), 이러한 무상無常한 것에 집착하는 무지無知로 인해서 인간은 괴로워한다고 붓다는 분석했다. 모든 존재를 인식대상으로, '나'를 인식주체로 설정하는 인간 중심으로 세상을 보는 불교의 인간관이다.

1. 오온이란? – '나'의 정체에 대한 붓다의 통찰*

일부러 괴로운 마음을 만드는 사람은 없다. 왜 마음의 괴로움은 스스로 찾아올까? 우리는 항상 긍정적인 결과를 기대하면서 살아간다. 하지만 세상은 내가 원하는 대로 되지 않는다. '그렇게 되기를 원하는 세상'과 '실제로 벌어지는 세상'은 다르기 때문이다. 그 차이가 나의 괴로움을 만드는 근원이다. 살아있는 한 이러한 괴로움은 계속되며 절대로 피할 수 없다. '그렇게 되기를 원하는 것'은 나의 욕심, 편견, 망상 등의 어리석음이며, 그 어리석음의 결과는 필히 괴로움을 초래한다. 마음의 괴로움은 이렇게 진실을 제대로 알지 못하는 무명無明에서 시작된다. 괴로움을 낳는 무명은 사성제四聖諦를 바르게 인식하지 않는 것이라고 붓다는 설명하였다. 사성제는 괴로움의 속성을 바로 알아 없애는 것이다.

---

* 법보신문 연재, 문일수의 「붓다와 뇌과학」(2022.07.11., 호수 1640)에서 발췌 및 수정. http://www.beopbo.com/news/articleView.html?idxno=310907

마음은 무엇일까? 마음의 괴로움을 해결하러 나선 고타마 싯다르타 왕자는 마음의 정체를 어떻게 이해하였을까? 마음이 무엇인지를 알아야 그 마음을 잘 다스려 괴롭지 않은 마음으로 바꿀 수 있지 않겠는가. 나의 마음은 내가 만든다. 그러기에 마음이 무엇인지 알기 전에 '나'는 무엇인지 먼저 알아야 한다. 붓다는 철저하게 현실적, 분석적 사고로 '나'를 정의한다. 아리아인(Aryan)들의 특징일까? 그는 '나'라는 존재는 나의 몸과 그 몸에서 생겨나는 마음을 합한 것이라고 보았다. 몸은 물질이다. 그 생명이 있는 물질에 마음이 생성된다. 살아있는 생명은 항상 대상을 인식한다. 무엇을 보고, 듣고, 냄새 맡고, 맛보고, 만져보고 촉감을 느낀다. 붓다는 그런 알음알이(意識)들이 마음을 만든다고 분석하였다. 즉 마음은 살아있는 '몸'이 인식대상에 반응하여 만들어진다고 파악하였다.

붓다는 마음을 생성하는 인식과정을 보다 구체적으로 분석하였다. 다음은 괴로운 마음이 일어나는 과정에 대한 붓다의 설명이다.

무엇이 괴로움의 일어남인가?
눈과 형색을 조건으로 눈의 알음알이(識)가 일어난다.
이 셋의 화합이 감각접촉이다.
감각접촉을 조건으로 느낌이, 느낌을 조건으로 갈애가 있다.
비구들이여, 이것이 괴로움의 일어남이다.
_『상윳따 니까야』「괴로움 경(Dukkha - sutta)」(12:43)

눈과 형색, 귀와 소리, 코와 냄새, 혀와 맛, 몸과 감촉, 마노와 법을 조건으로 각각의 여섯 가지 알음알이(六識)가 일어나며, 이러한 감각접촉으로 느낌이, 갈애가, 괴로움이 이어서 일어난다고 설하셨다. 대상을 인식하면 알음알이가 생기고, 그것을 바탕으로 느낌이 일어난다. 나의 몸에 느낌이라는 마음요소가 일어나는 과정이다.

붓다는 더 깊이 분석한다. '나'라는 몸뚱이(색色)는 인식대상을 만나면 여섯 가지 알음알이, 즉 육식을 통하여 느낌(受)이 생기고, 그 대상에 대한 기억지식이 떠올라 그것이 무엇이라고 알게 된다(想). 예로서 길을 가다가 살모사를 만나면 무섭다는 느낌이 생기고, 그것이 살모사라는 것을 안다는 것이다. 그다음은 필연적으로 '피해야지'라는 심리현상(行)이 생긴다. 이 모든 과정은 합쳐져 궁극적으로는 '살모사구나. 무서워 빨리 피해야지'라는 마음(識)이 된다. 이렇게 마음(識)은 나의 몸(色)에 수·상·행을 거쳐서 일어난다. 나의 몸과 나의 마음이 나를 구성하는데, 보다 구체적으로 보면 다섯 가지 구성요소들(色·受·想·行·識)이 합쳐진 것이다. 그렇다. 붓다는 '나는 이 다섯 가지가 쌓인 무더기(五蘊)일 뿐이다'라고 통찰하였다. '나'라는 존재는 나누어서 보면 오온이 연기된 것이다. 그런데 오온 하나하나는 항상 변한다. 시간이 흐름에 따라 나의 몸(色蘊)도 변하고, 정신(受蘊·想蘊·行蘊·識蘊)도 변한다. 고정불변하는 나는 없다(無我).

그런데 편도체로 가서 느낌을 불러일으키는 과정이 시각피질에서 '살모사'라는 자세한 형상이 분석되는 과정보다 더 빠르다. 그래서 '무섭다'라는 느낌(受蘊)이 먼저 들어 얼른 피하고 본다. 돌아

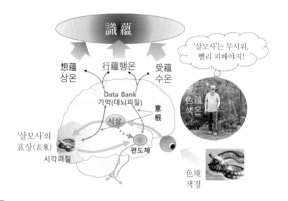

살모사를 만난 나의 오온

살모사를 만나면 먼저 무섭다는 느낌이 생기고, 살모사인 것을 안다. 그리고 '피해야지'라는 심리현상이 생긴다. (그림 출처) 『오온과 전오식』(문일수 저, 도서출판 무량수, 2020).

서 보면(즉 자세한 모양새가 파악되면) 살모사가 아니라 꼬부라진 나무막대기라던가 새끼줄이다. 위험한 대상은 우선 피하는 것이 살아남는 데 상책이기 때문에 뇌가 그렇게 진화하였을 것이다. 붓다도 이것을 알았을까, 수온이 상온 앞에 설정된다. 최초로 대상을 인식하는 과정에서는 느낌(감정)의 생성이 정확한 형상을 파악하는 속도보다 빠르다. 인식(認識, perception, 지각)은 최초로 대상을 받아들이는 과정이다. 그 후에 일어나는 여러 가지 생각은 인지(認知, cognition)라 한다.

1) '나'라는 존재는 '오온'으로 이루어진다

초기경전의 여러 곳에서 '나는 누구인가'라는 질문에 붓다는 간단명료하게 '나는 '오온'이라고 했다. '나'라는 존재는 물질(몸, 色), 느낌(受), 인식(앎, 想), 심리현상들(의지, 行), 알음알이(분별, 識)의 다섯 가지 무더기(蘊)가 모인 것일 뿐이라는 것이다.

오온은 5가지 무더기(five aggregates)라는 뜻이다.

색온色蘊: 물질, 변화하는 물체(forms)의 무더기
수온受蘊: 느낌의 무더기(feelings, sensation)
상온想蘊: 인식의 무더기(perceptions)
행온行蘊: 심리현상들의 무더기(mental formations, volition)
식온識蘊: 대상에 대한 분별, 식별의 무더기(consciousness)

온蘊은 무더기라는 뜻이다. 무더기는 요소를 뜻하기에 '나는 5가지 요소로 되어 있다'는 뜻이다. 그 다섯 가지는 색온(몸, 물질), 수온(느낌), 상온(인식, 앎), 행온(심리현상, 의지), 식온(분별하는 마음, 의식)이다.

나의 몸(색온)이 있어 내가 존재함은 자명하다. 그다음 중요한 요소를 붓다는 마음(식온)으로 보았다. 마음은 의식이다. 살아있는 나(색온)는 의식(식온)이 있다. 의식은 어디에서 오는가? 붓다는 대상을 인식함으로써 의식(마음)이 생긴다고 보았다. 불교는 '마음은 대상을 인식하는 것'으로 정의한다. 인식대상은 물질임으로 물질을 내 마음에 담을 수 없다. 내 마음에 담기는 것은 인식대상의 상(想, 이미지)이다. 상이 뇌에 맺힌다. 뇌는 인식대상의 상을 맺는 마음거울이다.

마음거울에 여섯 가지 감각대상(色·聲·香·味·觸·法)에 대한 상

(六識)이 맺히면 그 상에 대한 느낌(受蘊)이 일어나고, 그 상이 무엇인지 앎(想蘊)이 일어난다. 느낌과 앎이 생성되면 그것에 따라 대응하고자 하는 다양한 욕구(심리현상)가 일어난다. 이러한 다양한 욕구(혹은 의지, 심리현상)를 행온이라 한다. 느낌(수온)과 상온(앎, 인식)과 행온(심리현상)은 서로 어울려 이야기를 만든다. 나의 내면에 생성되는 그 이야기가 나의 마음(識蘊, 의식)이다. 이렇게 '나'는 내 몸(색온)에 일어나는 느낌(수온), 인식(상온), 의지(행온), 마음(식온)이라고 붓다는 정의하였다.

그런데 나를 이루는 오온은 항상 변한다. 모든 것은 인연생기因緣生起하기 때문이다. 물질적인 나의 몸(색)은 시간에 따라 끊임없이 달라진다. 생로병사. 한순간도 동일한 나의 몸뚱이는 없다. 매 순간 인식대상 또한 달라진다. 인식대상이 달라지면 이에 따른 수·상·행·식도 달라진다. 이처럼 '나'는 끊임없이 변화한다. '이것이 나'라고 주장할만한 그런 불변하는 '나'는 없다(無我). 붓다는 '나'를 이렇게 정의하였다.

이제 각각의 온蘊을 만드는 뇌를 보자.

(1) 색온

색온(色蘊, rūpa - khandha, aggregates of form, aggregates of matter)은 나의 몸, 육체이다. '나'를 이루는 물질적 요소(무더기)이다. 붓다 당시에는 물질은 4대종(四大種: 4대 원소, Four primary elements)과 4대종에서 파생한 물질(色法)들이 있다고 생각하였다. 4대종은 지地·수水·화火·풍風이다.

색(色, rūpa)은 외적 상황에 영향을 받아 변한다. 그런데 색온은 단지 물질로 이루어진 몸뚱이를 의미하는 것이 아니라, 한 찰나에서 대상을 인식하고 있는 나의 주관적 몸뚱이가 색온이다.* 색온도 인식에 필요한 구성요소이다. 붓다는 철저히 인식에 초점을 맞추고 있다.

(2) 수온

수온(受蘊, vedanā - khandha, aggregates of feeling)은 느낌(feeling)의 무더기이다. 느낌의 대상은 전오경前五境(色·聲·香·味·觸) 물질에 대한 느낌뿐 아니라 법경法境, 즉 정신적 대상을 느끼는 것도 포함한다. 수온은 상온 및 행온과 함께 식온(마음)을 만드는 재료 중의 하나이다. 부파불교에서는 이들을 마음부수(心所)라 했다. 마음에 따르는 마음작용이라는 뜻이다. 마음은 심왕心王이라 하였다.

느낌은 괴로운 느낌(苦受), 즐거운 느낌(樂受), 괴롭지도 즐겁지도 않은 느낌(捨受, 不苦不樂受)으로 나눈다.

① 수온의 뇌과학

수온은 감수작용感受作用으로 편도체가 중심이 되는 둘레계통의 작용이다. 수온은 '나'를 이루는 다섯 가지 요소 가운데 대상을 만나면 생기는 '느낌'이다. 느낌은 내가 주관적으로 만드는 것이다. '저

---

* 아날라요 스님 저, 이필원·강향숙·류현정 공역, 『Satipaṭṭhāna: 깨달음에 이르는 알아차림 명상수행』, 명상상담연구원, 2014, p.223.

바깥세상' 그 자체는 느낌이 없다. 우리는 주관적으로 괴롭거나, 즐 겁거나, 괴롭지도 즐겁지도 않게 느낀다. 그 느낌은 수시로 변한다.

② 수온의 뇌신호전달 과정

뇌에서 느낌은 감정을 통하여 생성된다. 감정은 몸의 반응이고, 그 반응으로 느낌이 만들어진다. 감정을 처리하는 중추는 편도체이 다. 반면에 느낌은 전전두엽의 기능이다.

  시상은 감각, 운동, 감정 등 여러 가지를 중계하는 물류센터이다. 그 가운데 감각정보를 중계하는 시상 부위를 감각시상이라 한다. 감각시상에서는 두 갈래로 정보가 전달된다. 하나는 편도체로, 다 른 하나는 대뇌의 감각피질로도 정보가 전달된다. 그런데 편도체 로 전달되어 느낌이 파악되는 속도가 피질로 전달되어 자세한 형

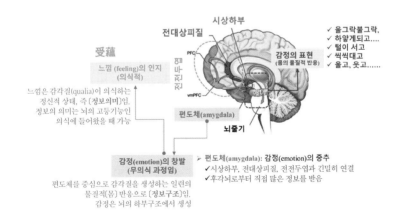

수온의 생성과정

수온은 편도체가 중심이 된 일련의 뇌신호전달을 거쳐 생성된다. 자세한 설명은 본문을 참조하라.

태가 파악되는 속도보다 더 빠르다. 왜 그럴까? 위기상황에서는 느낌이 삶에 더 중요하기 때문일 것이다. 예로서 앞에 있는 구불구불하게 생긴 무엇이 '살모사'라고 자세히 아는 것보다(시각피질에서 안다) 대충 알더라도 '그 구불구불하게 생긴 것'이 주는 느낌(편도체의 기능이다)이 생존에 더 중요하다. 자세한 모습을 알아내기 전에 우선 무서운 것은 피하는 것이 더 중요하니까. 그렇게 해야 일단 살아남는다.

③감정은 육체의 물질적 반응, 느낌은 정신적 인식이다

위 그림은 감정중추인 편도체를 중심으로 하는 뇌신경전달을 보여준다. 편도체는 대뇌의 측두엽에서 해마 앞에 위치하며, 후각망울로부터 직접적으로 많은 냄새 정보를 받아들이고 시상하부, 대상피질, 전전두엽으로 신호를 전달하는 감정 조절의 중추이다.

심리학에서 엄밀하게는 감정은 육체의 물질적 반응을 의미하고, 느낌은 정신적 인식을 의미한다. 감정에 휘둘려 격한 몸동작이 일어나는 것을 '격한 감정'이라고 하지 '격한 느낌'이라고 하지 않는다. 감정의 물질적 반응은 뇌의 편도체를 중심으로 일어나 시상하부, 뇌줄기로 퍼져 몸의 반응을 일으키고, 전대상피질(anterior cingulate cortex, ACC) 및 전전두엽으로 전달되면 의식이 되어 느낌이 생성된다.

④감정은 시상하부 뇌줄기를 통하여 행동으로 표현된다

한편 시상하부 및 뇌줄기로 전달된 정보는 감정을 행동으로 표현

한다. 호르몬 계통 및 근육계통을 자극하여 얼굴이 울그락불그락
해지고, 하얗게 되기도 하고, 털이 곤두서고, 씩씩거리며, 울고, 웃
고 한다. 따라서 감정은 몸의 반응이라 한다. 몸의 반응을 바탕으로
느낌이 전전두엽에서 생성된다.

⑤후각정보는 시상을 거치지 않고 곧바로 편도체로 들어간다
감정중추인 편도체의 가장 큰 입력정보는 후각이다. 그만큼 후각
은 감정과 느낌에 중요하다. 후각은 시상을 거치지 않고 곧바로 편
도체로 들어간다.

⑥사람의 편도체
편도체는 아몬드 모양으로 생겼기 때문에 그렇게 이름이 지어졌
다. 편도체는 사실 여러 핵들이 모여 서로 어울린 편도복합체이다.
신경세포들이 집중적으로 모여 있는 곳을 신경해부학에서는 핵
이라 한다. 편도복합체의 가쪽핵에는 약 400만 개, 바닥핵에는 약
324만 개, 부속바닥핵에는 약 128만 개, 중앙핵에는 약 36만 개, 나
머지 부위에 약 333만 개의 신경세포가 있다. 편도복합체에는 총
1,221만 개의 신경세포가 있다.[*]

------

* Schumann CM, Amaral DG. Stereological estimation of the number
of neurons in the human amygdaloid complex. J Comp Neurol. 2005.
491(4):320 - 9.

편도체 모식도   사람 편도체 조직

사람 편도체

맨 왼쪽 그림은 편도체와 밀접하게 관련된 뇌 구조들의 모식도이다. 후각
망울과 편도체가 서로 연결된 것을 주목하라. 코천장에서 감지된 후각정보
가 후각망울로 들어와 시상을 거치지 않고 직접, 주로 편도체로 전달된다.
가운데 왼쪽 그림은 편도체 내의 여러 가지 핵들의 모식도이다. 오른쪽은
사람 편도체의 절편 사진이다. 맨 오른쪽은 편도체 신경세포들과 신경교세
포들을 보여준다. 편도체 조직 절편에서 점선으로 표시한 것은 편도체 내
의 핵들을 표시한 것이다. 편도체가 해마 앞에 위치하며 주로 후각정보를
받아서 시상하부로 전달함을 주목하라.

⑦광유전학과 편도체의 기능 연구

편도체는 주로 후각정보를 받아들이지만 다른 감각정보들도 수용
하여 여러 가지 감정을 촉발한다. 특히 공포(fear)에 대한 감정표현
과 기억은 잘 알려져 있다. 뇌의 기능에 대해서는 이제 연구 시작단
계이다. 다행히 최근에는 광유전학(optogenetics)*의 발달로 뇌 부
위별 구체적인 기능이 그나마 조금씩 알려지는 실정이다. 편도체
에 관한 예로서, 과학자들은 광유전학적 기술을 이용하여 편도체

---

* 광유전학(optogenetics)은 빛으로 신경세포의 활성을 조절하는 학문이다. 유
전자 조작에 따라 빛을 받으면 신경세포가 흥분 또는 억제할 수 있게 조절
된다.

신경세포들이 레이저광을 받으면 활성화되도록 조작하였다. 이렇게 조작된 쥐의 편도체를 레이저로 활성화하자 공격성(aggression)이 나타났다. 쥐가 전혀 공격해야 할 필요성이 없어 보이는 작은 나무막대나 모자에 대해서 공격하였다. 그러다가 레이저를 끄면 그런 공격성을 보이지 않았다. 이 연구결과는 편도체가 공격성을 유발함을 직접적으로 보여준다.

사람의 경우 1천만여 개의 편도체 신경세포가 복잡한 감정을 분류하고 거기에 맞는 감정표현을 유발한다. 향후 보다 정밀한 연구를 통하여 편도체의 어느 부분이 어떤 감정과 관련되는지가 밝혀질 것이다.

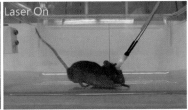

편도체의 기능을 보여주는 동영상

이 동영상에서는 과학자들이 레이저광으로 쥐의 편도체를 활성화시켰을 때 쥐가 공격성을 나타냄을 보여준다.**

⑧ **둘레계통**(변연계통, limbic system)

수온은 편도체가 중심이 되는 둘레계통이 만드는 느낌이다. 둘레

** 관련 동영상: https://youtu.be/FlGbznBmx8M

계통은 뇌실*을 둘러싸는 대뇌의 깊은 곳에 위치하는 구조들로 편도체, 해마, 후각망울, 대상피질, 중간뇌의 청반(locus ceruleus), 뇌간의 솔기핵(raphe nuclei) 등을 포함한다. 둘레계통은 다음 장에서 자세히 설명한다.

(3) 상온

① 상온은 인식대상이 무엇인지 아는 것이다.

상온(想蘊, sañña - khandha, aggregates of perception)은 인간의 특질 가운데 인식 혹은 파악을 의미한다. 인식은 인식대상이 무엇인지 최초로 아는 것이다.

② 뇌는 표상의 정체를 파악하는 예측장치이다

뇌가 인식대상을 만나면 감각기관을 통하여 그것에 대한 뇌활성이 생긴다. 그 뇌활성을 표상(表象, percept, representation)이라 한다. 인식은 외부대상에 대한 표상이 뇌에 형성됨으로써 시작된다. 표상은 거울에 맺힌 상과 같다.

우리의 뇌는 표상이 생기면 그것이 무엇인지 파악하고자 한다. 파악하기 위해서는 그 대상에 대한 정보가 이미 뇌에 저장되어 있어야 한다. 기억저장고를 살펴보고 대조함으로써 그것이 무엇인지를 파악한다. 이런 측면에서 뇌를 예측장치라 한다. 표상이 무엇인지 예측하고 예측한 것이 맞는지 확인하는 것이 뇌의 작용이라는 것이다.

---

* 뇌실은 뇌척수액(cerebrospinal fluid)이 들어 있는 뇌 속 공간.

③상온은 과거의 지식을 떠올려 대상을 아는 것이다

감각대상을 보면 과거지식을 떠올리는 것이 상온이다. 그 지식은 물질적인 것일 수도 있고, 개념적인 것일 수도 있다. 즉 감각대상에 대한 모든 지식이 떠오른다. 그것이 상온이다. 뇌에 저장되어 있는 많은 기억정보와 현재 생성되고 있는 표상을 대조하여 인식대상이 무엇이라고 파악된 것이 상온이다. 상온은 모든 인식대상(色·聲·香·味·觸·法)에 대하여 생성된다.

④상온의 뇌과학

ⅰ) 뇌는 표상이 무엇인지 예측하고 검증하는 예측장치이다

일차감각피질에 형성된 인식대상에 상응하는 뇌활성이 표상이다. 우리의 뇌는 그 표상이 무엇인지 파악하는 특질이 있다. 저절로 그렇게 된다. 그렇게 진화하였기 때문이다. 뇌는 표상이 무엇인지 예측하고 검증하는 예측장치이다. 표상을 기존의 지식과 대조하는 과정이 예측이다.

ⅱ) 표상은 무의식적으로 마음거울에 맺힌다

감각기관(根)과 표상이 맺히는 일차감각피질에 대해서는 「제3장 전오식의 뇌」에서 이미 설명하였다. 여기서는 표상에서부터 어떻게 상온이 생기는지 그 과정을 살펴보기로 하자.

색경을 예로 설명해 보자. 색경은 안근(눈)의 망막에서 활동전위로 변환되고, 이는 시상을 거쳐 일차시각피질에 전달된다. 일차시각피질에 생성된 뇌활성은 측두엽의 아래쪽을 따라 앞쪽으로 나아가 종국에는 해마에서 그 색경에 대한 모양새가 완전히 분석된다. 표상이 생성된 것이다. 여기까지는 무의식으로, 자동적으로 진행된다. 거울에 물체를 비추면 상이 맺힌다. 상이 맺히지 않게 막을 수 없다. 뇌도 마찬가지다. 망막에 상이 맺히면 자동적으로 표상이 맺힌다. 그래서 뇌를 거울에 비유한다. 다만 뇌는 평면거울이 아니라 입체거울이다.

iii) 표상의 인식에는 의근意根의 역활이 필요하다

마음거울(뇌, 여기서는 특별히 측두엽이다. 모양새를 분석하는 뇌부분이기 때문이다.)을 통하여 해마에 표상이 맺혔다. 뇌의 시각계통에 '어떤 물체(색경)에 대한 상(image)'이 생성된 것이다. 아직 그 상이 무엇인지는 모른다. 그 상을 아는 과정은 의근(意根, mano)의 작용이 필요하다. 의근은 표상을 포섭하여 전전두엽에 전달한다. 전전두엽은 '기억 데이터베이스'에 있는 정보를 표상과 대조하여 그 표상이 무엇인지 안다. 그 기억 이미지는 의식 속으로 떠올라 이제 '그 표상이 무엇임'을 아는 상온이 생성된 것이다.

지금까지 색경에 대한 상온이 생성되는 과정을 살펴보았다. 성·향·미·촉·법에 대한 상온도 마찬가지 과정을 따른다. 신호처리가 일어나는 뇌 부위만 다를 뿐이다. 즉 소리에 대한 상온은 일차청각피질에서 시작하여 표상을 맺을 것이고, 그 표상은 전전두엽으로 전달되는 과정에서 의근에 포섭될 것이다. 향·미·촉·법의 인식대상에 대한 상온의 생성도 마찬가지다.

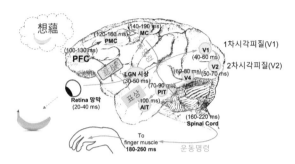

상온의 생성과정

원숭이의 망막에 맺힌 바나나의 상(image)은 시각분석과정을 통하여 표상이 맺힌다. 형태적인 감각대상은 해마에서 표상이 맺힌다. 의근에 포섭된 표상은 전전두엽으로 전달되어 그것이 무엇이라고 판단되는 상온을 형성하면서 의식에 들어온다.

⑤상온을 잘 설명하는 그림

   상온은 감각에 의하여 뇌에 생성된 표상을 과거의 지식과 대조하여 파악하여 그것이 무엇이라고 아는 것이다. 위 그림들을 보면 처음에는 그림의 내용을 알 수 없다. 그림에 대한 표상이 우리의 뇌에 생성되었지만 그 표상들에 상응하는 기억을 마땅히 불러낼 수 없다. 이것저것 불러내어 맞추어 보지만 잘 맞지 않는다. 아직 표상을 알지 못한 것이다.

134

하지만 좀 더 자세히 파악하는 과정을 거치면(즉 그림 속의 패턴을 찾아 기존의 지식과 연결하면) 왼쪽 그림에는 머리를 땅에 가까이하고 걸어가는 달마시안 개가 보인다. 이제 올바른 상온이 생긴 것이다. 그전까지도 사실 상온은 생겼다. 하지만 완벽한 파악이 일어나지 않은 상온이다. '점박이들이 있는 그림' 정도로 파악된 상온이었다. 이처럼 상온은 인식대상이 무엇이라고 파악하는 것이다. 다른 그림들도 마찬가지다.

상온은 여러 가지 측면으로 현재 지각하고 있는 대상을 아는 것이며, 이 과정은 기존의 경험에 의한 기억정보에 근거한다. 따라서 상온은 인식대상에 상응하는 나의 과거 경험, 즉 기억을 불러오는 것이라 할 수 있다. 상온과 대조적으로 행온은 대상을 만나 파악된 수온과 상온을 바탕으로 생성되는, 앞으로 행해야 할 의지로서 미래적 관점의 '나'를 구성하는 요소이다.

(4) 행온

행온(行蘊, aṅkhāra - khandha)은 의지(意志, volition), 심리형성(mental formations), 충동의 무더기(aggregate)이다. 대상을 만나면 일어나는 심리현상들로서 행위가 일어나는 방향으로 인도하는 의지, 욕구와 같은 '조작하는 힘의 무더기'가 행온이다. 행온은 오온 가운데 색온·수온·상온·식온을 제외한 모든 정신작용을 통칭한다. 견물생심見物生心의 '생生'에 해당한다. 수온과 상온도 행온이지만 매우 중요한 행온이라 따로 분리했다.

의지가 생기면 우리는 그것을 행동, 말, 마음(身口意)으로 표현한다. 그 표현은 선, 불선, 중립적이다. 따라서 행온은 업(業, karma)을 짓는 주체가 된다. 수온과 상온은 매우 중요한 행온이기 때문에 따로 분리하였다. 수온과 상온은 의지적이지 않기 때문에 업을 짓지는 않는다. 수온(느낌)과 상온(인식)은 수동적, 자동적으로 나의 마음에 생긴다.

산길을 가다가 살모사를 만났을 때의 상황을 살펴보자. 살모사(색경)는 눈(안근)에 의하여 뇌에 상이 맺힌다. 이 표상은 느낌(수온)을 생성하고, 곧바로 '살모사구나'라고 인식(상온)된다. 뇌는 복잡하게 연결된 신경망이다. 어느 한 곳에서 시작한 신경망의 활성은 쭉 퍼져 나간다. 수온 및 상온은 '행동요령원칙'이 있는 전전두엽으로 전달되고, '행동 실행'에 대한 욕구를 생성시킨다. 이 과정은 나도 모르게 무의식적으로 시작되지만, 이 무의식적 의지작용의 마지막 부분에서는 '어떤 행동을 해야 하겠다'라는 마음작용이 의식에 들어오고 행동으로 이어진다. 살모사를 만난 경우에는 '피하자 아니면 쫓아버리자'와 같은 심리현상이 생길 것이다. 이처럼 인식대상을 만나면 앞으로 어떤 행동을 하겠다는 의지나 욕구가 행온에 해당한다. 상온이 과거의 지식을 불러오는 반면 행온은 미래의 행동으로 인도한다.

① 행온의 뇌과학

어떤 마음이 생성되거나 행동으로 실행하기 전 그 마음과 행동을 준비하는 뇌활성이 있다. 대상을 만났을 때 느낌(受蘊)이 가장 먼저 생겨나고, 이어서 그것이 무엇인지 안다(앎, 想蘊). 느낌과 앎(인식)

이 있으면 대상에 대하여 어떻게 반응할지 방향이 설정된다. 반응 방향을 설정하는 뇌활성이 행온行蘊이다. 대상을 처음 대하는 경우에는 반드시 이런 순서를 거친다. 하지만 대상에 대하여 마음(識蘊)은 한 번만 생성되는 것이 아니기에 이어지는 마음에서는 순서가 없다.

따라서 행온은 무의식적으로 일어나는 예비 뇌활성이지만 행동으로 옮기기 직전에는 의식에 들어온다. 행온은 괴로움보다는 즐거움을 위한, 되도록 가치가 있게, 그리고 지향하는 목표에 맞도록 하는 방향으로 일어난다. 수온·상온·행온은 식온(마음)이 일어나도록 돕는 마음부수(心所, cetasikā)라 한다. 부파불교에는 마음부수를 52가지로 나눈다. 마음은 심왕心王이라 보고, 임금이 행차할 때 대신들이 수행하는 것에 비유하여 대신들에 해당하는 마음작용이 심소心所이다.

② 행온을 보여주는 뇌활성

어떤 운동을 해야겠다고 의식적으로 느끼기 전에 이미 뇌는 그 행동을 위한 준비를 시작하고 있다. 즉 어떤 행동이 겉으로 일어나기 전에 이미 우리의 뇌에는 내면적으로 이 행동을 위한 뇌활성이 선행한다는 것이다. 이 뇌활성에 해당하는 뇌파가 '준비전위(readiness potential, RP)'이다.

아래 그림의 그래프는 준비전위의 뇌활성(뇌파, EEG)을 보여준다. 그림의 그래프를 보면 스위치를 누르기보다 더 이전(약 1.8초 전)에 뇌활성이 무의식적으로 시작되고, 손가락을 움직이기 직전

(약 0.2초 전)에 '눌러야겠다'는 의식적 의지가 일어남을 보여준다.[*] 이 '준비전위(RP)'가 어떤 행동을 위하여 준비하는 뇌활성이다. 이 기간 동안의 뇌활성은 무의식 속에서 일어나다가, 점점 커져서 의도적 행동 직전에 의식에 들어온다. 행동에 앞서 일어나는 이 무의식적 뇌활성이 행온일 것이다. 이 경우 무의식적 뇌활성은 더 커져서 임계수준을 넘으면 어떤 행동('스위치를 눌러야겠다')을 해야겠다는 의지작용(행온)이 의식에 들어오고, 이어서 행동('스위치를 누름')이 이어진다.

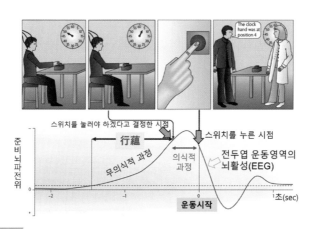

행동을 위한 준비뇌파전위

참가자에게 '시곗바늘이 5에 가면 스위치를 누르라'고 요청한다. 참가자는 스스로 자기가 선택한 시점에 스위치를 누른다. 아래 그래프는 피험자의 EEG를 보여주는 그래프이다. 스위치를 눌러야겠다는 생각이 든 시점보다 훨씬 이전부터 뇌활동(뇌파)이 시작되었음을 보여준다. 행온을 보여주는 뇌활성이다. (그림 출처) *Haggard P*(2008)에서 수정함.^{**}

[*]　ibid.

^{**}　Haggard P. Human volition: towards a neuroscience of will. Nat Rev

어떤 운동을 하려면 많은 근육세포들이 일정한 순서로, 알맞은 강도로, 적절한 시간에 수축하여야 한다. 이를 위하여 대뇌의 운동피질에 있는 수많은 운동신경세포들이 프로그램에 따라 시간적 순서를 지키면서 특정한 강도로 격발되는 상황을 상상해 보라. 위 실험의 경우 '시곗바늘이 5에 가면 스위치를 누르기 위한 프로그램'을 짜고 격발을 준비하는 과정에 나타나는 뇌활성이 '준비전위'이며, 행온에 해당한다.

(5) 식온

식온(識蘊, 마음, viññāṇa - khandha, aggregates of mind)은 대상을 알아 식별(알음알이, 분별)하는 작용을 뜻한다. 식온은 분별하여 알게 되는 것들의 무더기로서, 대상을 아는 것이 마음이기 때문에 식온은 바로 마음 그 자체이다.

흔히 육식六識과 식온을 모두 영어로 consciousness(意識)이라고 번역한다.* 빨리 경전에도 모두 viññāṇa를 사용한다. 이와 같은 번역은 마음의 전개 순서를 볼 때 매우 혼란스럽다. 마음은 분명히 육근六根이 육경六境에 의지하여 육식六識을 만들고, 이어서 수온·상온·행온·식온이 일어난다. 육식은 의식(consciousness)이지만 식온은 마음(mind)으로 이해해야 한다.

분별分別이란 팔리어 viññāṇa를 한문으로 번역한 것으로 'vi(구

Neurosci. 2008 9(12): 934 - 46.

* https://ko.wikipedia.org/wiki/마음

별)+√jñā(앎)+ana(것)'는 '나누어 아는 것'이란 의미이다. 즉 곰곰이 생각하며 알아보는 마음으로, 분별하고 판단하는 심리적 활동을 말한다.

2) 상온, 식온 및 반야의 차이

상온도 아는 것이라고 하였는데 식온과 어떻게 다를까? 상온은 인식대상을 접했을 때 그것이 무엇이라고 아는 최초의 앎이다. 그것은 인식이다. 인식대상과 상응하는 기억을 불러내어 대조함으로써 그것이 무엇이라고 인식하는 것이 상온이다. 인식은 인식대상이 무엇인지 파악하여 이름을 붙이고, 개념화하는 과정이다. 그것이 무엇이라고 알고, 거기에 대한 기본적인 개념이 떠올라야 생각(알음알이)이 더 진행된다. 그 생각에 해당하는 것이 식온이다. 식온은 자세히 분별하고 판단하는 마음을 말한다. 통상 마음이라고 하는 것이 식온이다.

상온과 식온은 알음알이 깊이의 차이이다. 인지는 인식을 포함하는 보다 넓고 깊은 알음알이이다. 인식이 먼저 일어나고 이어서 인지가 뒤따른다. 상온은 인식단계이며, 식온은 인지단계라 할 수 있다. 한편 인지가 세련되고 깊어서 지혜롭게 대상을 통찰하는 것이 반야(般若, paññā)이다.

3) 육식과 식온의 차이

팔리어 경전에서도 육식과 식온에서의 식이 viññāṇa이다. 한자로 모두 識, 영어로는 모두 consciousness, 우리말로는 모두 알음알이로 번역한다. 뇌의 인식과정을 생각하면 이러한 번역은 매우 혼돈스럽다.『맛지마 니까야』「여섯씩 여섯 경(Chachakka Sutta)」(M148)에서 육식은 육근과 육경을 조건으로 생성되는 '알음알이(識, viññāṇa)'라고 설명한다. 한편『맛지마 니까야』「꿀과자(꿀덩어리) 경(Madhupiṇḍika sutta)」(M18)에서 마하깟짜나 존자는 육식 → 수온 → 상온 → 행온 → 식온의 순서로 일어남이 붓다의 가르침이라고 설명한다.

(1) 육식은 의식이고 식온은 마음이다

마음은 분명히 육식 → 수온·상온·행온 → 식온의 순서로 일어난다. 그런데 육식과 식온의 식識을 모두 알음알이 혹은 의식(consciousness)으로 번역하면 매우 혼란스럽게 된다. 초기불교에서는 심心·의意·식識의 구분을 하지 않고 모두 '알음알이(識, viññāṇa)'라는 용어를 사용한 것이 원인일 것이다. 육식의 식은 대상을 감각한 의식이고, 식온의 식은 수온·상온·행온을 거쳐서 일어나는 심(心, 마음)으로 이해해야 한다.

(2) 육식이 일어난 후 느낌(受蘊)이 일어난다

지금까지 경전에 나오는 육식과 식온에 대한 설명을 살펴보았다. 육식 및 식온 모두 '알음알이(識)'라 한다. 육식에서의 식과 오온에서의 식은 분명히 다른 의미를 내포하고 있다. 어떻게 다를까? 육식에서의 식은 감각기관이 감각대상을 만나서 생기는 알음알이이다. 반면에 오온에서의 식은 수온 → 상온 → 행온을 거쳐 나의 몸(색온)에 생기는 알음알이이다.

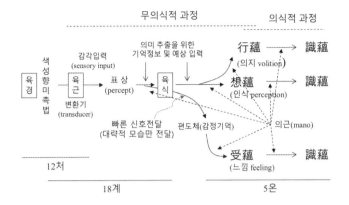

육식과 오온의 생성과정

마음거울에 맺힌 표상(감각지)은 기존의 기억정보와 대조되어 그것이 무엇인지 파악된다. 육식을 바탕으로 수온·상온·행온이 일어나고, 이들은 통합되어 이야기를 만들면 식온이 된다. 생겨나는 수온·상온·행온이 의근에 포섭하면 의식에 들어온다. 그전까지는 무의식적 과정이다. 대략적으로 파악된 표상의 정체가 빠르게 편도체로 간다.

감각기관이 감각대상을 만나서 알음알이(六識)가 생기고, 이어서 수온(느낌) → 상온(인식)이 일어남을 설명하고 있다. 이 과정을 도표로 그리면 다음과 같다.

4) 의근에 의한 마음의 통합

다섯 가지 감각기능(전오근)은 각각 특이적인 대상과 영역을 가져서 서로 다른 대상과 영역을 경험하지 않는다. 각각의 전오근은 자기 영역에서만 기능한다는 뜻이다. 우리는 눈으로 보기만 할 뿐 들을 수 없고, 귀로 듣기만 할 뿐 볼 수 없다. 전오근은 자기의 대상만 포섭한다.

(1) 의근이 전오식을 포섭하여 마음을 만든다

하지만 의근은 다르다. 의근은 법경을 포섭하는 감각기관이다. 그런데 의근은 전오식도 포섭하여 모든 감각을 통합해서 의식한다. 전오식도 법경이라는 인식대상(dhammārammaṇa)이 되기 때문이다. 전오식은 뇌활성이며 뇌활성은 법경이다. 이와 같이 다섯 가지 감각(前五識)은 마노(mano, 意, 의근)를 의지한다.

'의지한다'는 말에는 두 가지 의미를 포함한다. 첫째, 전오식은 의근이 관여해 주어야 완성된다. 이때 의근의 역할을 오문전향五門轉向이라 한다. 의근이 인식대상으로 향한다는 뜻이다. 그래야 그 대상이 인식되어 전오식이 일어난다. 전오식은 의식이다. 둘째, 의근이 전오식의 영역을 두루 경험한다는 것이다. 각각의 전오근은 자기 영역에서만 기능하지만, 의근은 전오식을 두루 포섭함으로써 전오식을 통합한다.

(2) 의근은 빠른 속도로 수온·상온·행온을 포섭하여 의식으로 불러들인다

의근은 전오식을 두루 포섭하는 데 그치지 않는다. 의근은 식온을 만드는 과정에 일일이 관여한다. 예로서 눈의 식온을 보자. 색경을 안근이 포섭하여 안식을 만든다. 안식은 뇌에 생성된 모양에 대한 이미지(상)이다. 이 안식 이미지는 안식온을 생성하는데, 그 과정은 안식에 대한 수온 → 상온 → 행온을 거친다. 의근은 이 모든 과정에 관여한다. 이 모든 과정을 포섭한다는 뜻이다. 이들은 모두 뇌활성이고 뇌활성은 법경이 되어 의근의 포섭대상이 되기 때문이다. 의근은 매우 빠른 속도로 이 모든 법경들을 포섭하여 의식으로 불

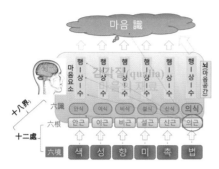

오온, 12처, 18계와 의근의 통합기능

마음부수(수온·상온·행온)는 육식에 근거하여 생성된다. 육식과 마음부수들은 마음을 만드는 재료, 즉 감각질(qualia)이다. 의근은 빠른 속도로 이들을 포섭하여 의식 속으로 불러들인다. 의식된 마음의 재료들이 이야기로 엮어지면 식온, 즉 마음이 된다. 뇌의 마음 공간에 육식이 생성되는 것은 불꽃놀이에 비유된다. 밤하늘(뇌의 마음 공간)에 불꽃(뇌활성, 퀄리아)을 쏘아주는 기계장치가 육근에 해당한다.

러들인다. 의근은 빠른 속도로 여러 가지 대상들에 대한 의식(육식)을 만들고, 그 의식들은 수온·상온·행온을 만들며 이들은 다시 의근에 포섭되어 하나의 통합된 이야기를 만든다. 마음이 된 것이다.

이와 같이 오온은 육식이 생긴 이후의 사건이다. 육식이 없으면 오온도 없다. 보지 못하고 듣지 못하는데 안식온, 이식온이 있을 수 없다. 식온이 없으면 '나'는 없다. 감각(육식)이 없으면 '나(오온)'도 없다는 것이다. 오온은 생명을 근거로 한다.

식온도 조건에 따라 변하는 오온의 하나일 따름이다. 만나는 대상에 따라 육식이 생성된다. 그 육식은 항상 변한다. 그렇기 때문에 식온도 따라서 변한다. 일정하게 유지되는 오온은 없다. '나(오온)'는 항상 변한다는 뜻이다. 나라고 주장할만한 고정불변의 나는 없다(無常, 無我). 세상의 모든 것이 마찬가지다. 제행무상諸行無常. 모든 것은 생멸변화生滅變化하여 잠시도 같은 상태에 머무르지 않는다.

5) 오온은 심신문제(mind－body problem)를 속성이원론으로 본 것이다

오온은 식온이 인식대상으로부터 뇌의 수온·상온·행온의 마음작용을 거쳐 생성된다는 것을 알려준다. 기원전 6세기경에 붓다는 이 사실을 간파했다. 르네 데카르트(René Descartes, 1596~1650)는 17세기의 학자임에도 정신과 물체는 상호 간에 독립적인 실체로 존재한다는 심신이원론을 주장했다. 그는 신으로부터 받은 영과 감각에 의하여 만들어지는 마음이라는 실체가 뇌의 송과선에서 만난다고 했다. 데카르트 시대보다 2천년이나 앞선 시대에 살았던 붓다는 놀라운 통찰력으로 '마음(식온)은 뇌에서 생성된다'는 속성이원론을 간파했다.

〔요약〕

- 붓다는 '나'를 색온·수온·상온·행온·식온이 합쳐진 오온으로 보았다.
- 색온은 4대종(四大種: 4대 원소, 地·水·火·風)과 4대종에서 파생한 물질들이다.
- 수온(느낌)은 마음거울(뇌)에 맺힌 표상에 대한 느낌으로, 편도체에서 시작한 몸의 반응이 둘레계통을 거쳐 전전두엽에서 느낌으로 인식된다.

- 상온(인식)은 표상이 무엇인지 과거에 경험한 기억지식과 대조하여 아는 것이다.

- 행온(의지)은 수온·상온을 바탕으로 어떤 마음이나 행동을 일으키고자 하는 의지적 심리현상으로, 업을 짓는 주체가 된다.

- 식온(마음)은 수온·상온·행온을 바탕으로 대상을 알아 식별(알음알이, 분별)하는 마음이다. 수온·상온·행온은 육식을 바탕으로 일어난다. 육식은 의식, 식온은 마음이다.

- 육식·수온·상온·행온·식온을 마노(意根)가 빠른 속도로 포섭(감각)하여 의식 속으로 불러들이고, 이들을 유기적으로 통섭하여 이야기를 만든 것이 마음이다.

- 오온은 몸 – 마음 관계의 속성이원론을 드러낸다. 몸(뇌)은 물질적인 속성과 정신적인 속성 두 가지를 갖는다. 물질에서 마음이 창발된다는 뜻이다.

제5장 감정의 뇌 - 둘레계통

전오식은 5감의 대상이 무엇인지 아는 마음이다. 전오식을 바탕으로 느낌이 일어난다. 느낌은 오온 가운데 수온에 해당한다. 기능은 구조에서 나온다. 느낌을 만드는 뇌 구조가 있다는 뜻이다. 대뇌는 겉의 피질뿐 아니라 깊은 곳에 다양한 구조들이 있다. 대뇌피질 아래에, 뇌의 깊은 곳에 위치하는 대뇌 구조들을 피질하구조라 한다.

피질하구조는 둘레계통을 이룬다. 둘레계통은 주로 감정과 느낌을 불러일으키는 기능을 하기에 초기불교의 수온(feeling)을 생성하는 기능 부위로 간주된다. 느낌(수온)을 창발하는 둘레계통은 매우 크고 복잡하기 때문에 「제4장 오온의 뇌」에서 따로 분리하여 여기에서 설명한다.

사실 둘레계통의 구조적 경계는 명확하게 정의되지 않는다. 둘레계통에는 사이뇌 및 기저핵도 포함된다. 이들의 주된 역할은 각각

중계허브 및 운동 조절이지만 감정 조절에도 관여하기 때문에 둘레계통에 포함한다.

　감정과 운동기능은 생명체가 살아가는 데 보다 더 필수적이기 때문에 이들이 피질보다 먼저 진화하였다. 나중에 진화한 피질은 정교한 운동을 가능하게 하고, 학습과 기억 및 이성적 통제와 합리적 판단 등을 위한 뇌이다. 한편 감정은 학습으로 길들이기가 매우 어렵다. 피질이 구상적·협조적이어서 학습과 기억이 잘 일어나는 반면, 피질하구조들은 학습에 의하여 쉽게 변하지 않는 고집불통의 뇌이기 때문이다. 제6장에서 설명할 본능의 뇌인 뇌줄기보다는 좀 더 온순할 것이다.

1. 초기경전에서 설명하는 느낌의 발생

붓다는 느낌이 어떻게 일어나는지에 대하여 다음과 같이 설한다.

비구들이여, 괴로움의 일어남과 사라짐에 대해서 설하리라.
비구들이여, 그러면 무엇이 괴로움의 일어남인가?
눈과 형색을 조건으로 눈의 알음알이가 일어난다. 이 셋의 화합이 감각접촉이다.
감각접촉을 조건으로 느낌이, 느낌을 조건으로 갈애가 있다.
비구들이여, 이것이 괴로움의 일어남이다.
귀와 소리를 조건으로… 코와 냄새를 조건으로… 혀와 맛을 조건으로… 몸과 감촉을 조건으로… 마노와 법을 조건으로 마노의 알음알이가 일어난다.

이 셋의 화합이 감각접촉이다.

감각접촉을 조건으로 느낌이, 느낌을 조건으로 갈애가 있다.

비구들이여, 이것이 괴로움의 일어남이다.

_『상윳따 니까야』「괴로움 경(Dukkha - sutta」(S12:43)

마하깟짜나 존자는 궁금해 하는 도반들에게 인지과정이 어떻게 일어나는지 이렇게 설명한다.

도반들이여, 눈과 형색을 조건으로 눈의 알음알이가 일어납니다.

이 셋의 화합이 감각접촉(觸)입니다.

감각접촉을 조건으로 느낌(受)이 있습니다.

느낀 것을 인식하고 인식한 것을 생각하고 생각한 것을 사량 분별하고 사량 분별한 것을 원인으로 하여 과거와 현재와 미래의 눈으로 알아지는 형색들에 대해 사량 분별이 함께한 인식의 더미가 사람에게 일어납니다.

_『맛지마 니까야』「꿀덩어리 경(Madhupindika Sutta)」(M18)

감각기관(六根)이 감각대상(六境)을 조건으로 알음알이(六識)가 일어난 후 이를 조건으로 느낌(受蘊) → 인식(想蘊) → 사량(行蘊) → 분별(마음, 識蘊)이 일어난다고 한다.

알음알이(六識)는 대상을 아는 것이다. 느낌은 대상을 알면 이어서 생기는 것이다. 여기에서 감정과 느낌의 차이를 분명히 하고 넘어가자. 감정은 몸의 반응이고, 느낌은 몸의 반응으로 생겨나는 정신적인 좋거나 나쁘거나 무덤덤한 느낌이다. '감정이 격하다'라고 하면 격한 몸동작을 연상한다. 몸의 반응이다. '느낌이 격하다'고 하지 않는다.

2. 피질하구조

1) 피질하구조의 해부학적 구성

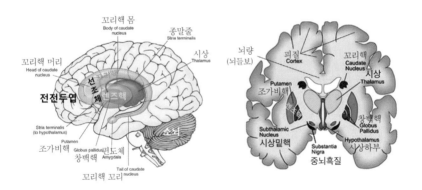

대뇌의 피질하구조

왼쪽 그림은 피질보다 더 안쪽에 있는 시상과 대뇌기저핵을 나타내었다. 오른쪽 그림은 뇌를 위 - 아래로 자른 단면도이다. 대뇌의 가운데에 시상이 있고 그 바깥 부위에 기저핵이 위치한다. 기저핵은 선조체, 시상밑핵, 중뇌흑질로 구성되는데, 흑질은 중간뇌의 구조이다. 선조체는 꼬리핵과 렌즈핵으로 구성되며, 렌즈핵은 조가비핵과 창백핵으로 구성된다. 이들은 안쪽에서부터 대략 양파 모양으로 창백핵 → 조가비핵 → 꼬리핵의 차례로 위치한다.

2) 피질하구조는 행동에 감정을 첨가한다

피질하구조(subcortical structures)는 감정 및 운동을 조절에 관여하며 대뇌피질을 도와 마음을 만든다. 즉 감정이 포함된 마음이나 행동에는 이들이 관여한다. 주사를 맞는 경우를 생각해 보라. 앞사람이 맞고 있을 때 그것을 보고 있는 나의 행동은 분명히 감정이 많이 개입되어 있다. 크리스마스이브에 크리스마스트리 아래에 쌓인 선물박스를 보고 있는 어린아이들의 행동을 보라. 열고 싶어 안절부절못한다. 감정이 많이 개입된 행동이다. 이런 행동에는 대뇌의 운동피질뿐 아니라 피질하구조가 만든 감정이 깊게 관여한다.

3) 대략적인 피질하구조

대뇌는 대략 공 모양인데, 공의 바깥 껍질에 해당하는 부분이 대뇌피질이다. 피질 아래, 즉 대뇌의 속 부위에 위치하는 구조를 피질하구조라 한다. 피질하구조는 뇌의 중앙, 즉 피질 아래, 그리고 뇌줄기 위쪽에 위치한다. 뇌는 입체 모양이며, 게다가 쭈글쭈글하게 접혀 있다. 어느 단면에서는 뇌줄기가 치고 올라와 있고, 피질도 굴곡이 되어 해마와 같은 부위는 피질 아래 위치로 들어가 있어 마치 해마가 피질하구조인 것처럼 보인다. 따라서 어느 위치의 단면도에서도 피질하구조만 보여주기란 쉽지 않다.

4) 피질하구조는 둘레계통을 이룬다

피질하구조는 전체적으로 둘레계통을 이룬다. 둘레계통은 뇌실을 둘러싸고 있는 구조라는 뜻이다. 어떤 구조들이 둘레계통에 속하

느는지에 대한 명확한 정의는 없다. 감정과 느낌에 관여하는 구조들을 둘레계통에 포함시키며 학자들에 따라 조금씩 다를 수 있다. 일반적으로 편도체, 해마, 후각피질, 사이뇌(시상·시상하부·시상상부·시상밑부), 기저핵 및 뇌실이 둘레계통에 포함된다.

5) 피질하구조는 감정과 운동 조절에 관여한다

피질하구조의 주된 기능은 운동과 감정의 조절이다. 피질하구조 가운데 운동에 관여하는 구조는 주로 기저핵과 사이뇌이며, 감정 조절에는 주로 편도체가 관여한다. 편도체에서 시작한 몸의 반응이 전전두엽에서 느낌으로 인식된다. 따라서 느낌에 관여하는 전전두엽 부위도 둘레계통에 포함시킨다.

6) 피질하구조는 강력한 감정 동기를 일으킨다

감정에 관여하는 구조들은 매우 빠르고, 강렬한 동기(motivation)를 불러일으킨다. 강한 욕구, 갑자기 치밀어 오르는 화 등이 강렬한 동기의 좋은 예이다. 이러한 동기는 살아남기 위해서 매우 필요한 성질이다. 현대를 사는 우리에게는 삶이 풍요로워져 비록 불필요한 성질이 되긴 하였지만, 진화과정을 생각하면 그 필요성을 짐작할 수 있다. 적이 해코지하고자 덤비는데 화가 갑자기 치밀어 오르지 않으면 살아남을 수 있었을까.

7) 피질하구조는 학습에 매우 비협조적이다

한편 이러한 성질은 학습으로 길들이기가 매우 어렵다. 피질이 구

152

상적·협조적이어서 학습으로 구조가 잘 변화하고 그 결과가 기억으로 잘 저장됨에 반하여, 피질하구조는 잘 변화되지 않고 견고하다. 구상적이라는 말은 처음부터 구조가 완성된 것이 아니라 생각(구상)하는 대로 잘 만들 수 있는 구조라는 뜻이다. 원하는 대로 만드는 것에 잘 협조한다는 의미에서 협조적이기도 하다.

우리는 치밀어 오르는 감정을 학습으로 잘 다스리는 것이 매우 어렵다. 피질하구조들은 학습을 통해 쉽게 변하지 않는 구조이기 때문에 그렇다.

3. 둘레계통은 감정과 느낌의 뇌이다

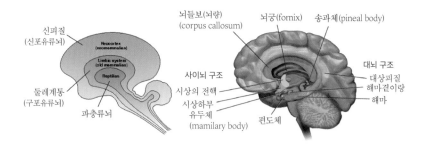

뇌의 계통발생과 둘레계통

사람 뇌는 파충류 뇌(뇌줄기), 구포유류 뇌(둘레계통), 신포유류 뇌 순으로 아래에서 위로, 안에서 밖으로 진화하였다(왼쪽 그림). 둘레계통은 대뇌의 가운데에 위치하며 뇌실을 둘러싸고 있는 구조들이다.* 둘레계통 기능의 중심에는 편도체가 있으며, 주된 기능은 감정 조절이다.

* https://t1.daumcdn.net/cfile/tistory/2747324756D3A80427

  https://media.gettyimages.com/photos/limbic - system - limbic - system
  - picture - id648918200?s=612x612에서 수정함.

1) 둘레계통의 구성

둘레계통은 피질과 피질하구조를 포함하며 경계가 분명하게 정의되어 있지 않다. 구조가 아니라 기능적으로 분류한 뇌기능계통이기 때문이다. 뇌의 진화적 관점에서 보면 구포유류 뇌(구피질)에 해당하는 구조들이 둘레계통에 포함된다.

(1) 둘레계통에 속하는 피질

둘레계통의 피질은 뇌실 바깥 경계를 따라 이루어지는 구조를 일컫는다. 뇌실의 둘레에 있다는 의미에서 둘레계통이라 하며, 뇌섬엽, 대상이랑(띠이랑, 대상피질이라고도 한다), 해마곁이랑, 해마, 후각피질이 둘레계통에 해당한다. 위 오른쪽 그림에 둘레계통의 주요구조물과 연결고리를 표시했다. 쥐, 고양이, 곰 등 털이 난 동물들은 둘레계통까지 잘 진화한 뇌를 가지고 있다.

　기능적 측면에서 볼 때 이들은 감정 조절과 밀접하게 연관되어 있기에 둘레계통에 포함한다. 이런 관점에서 안쪽배쪽전전두엽도(vmPFC)도 둘레계통에 포함된다. 몸의 반응인 감정은 여기에 전달되어 '느낌'이라는 정신적 현상으로 나타난다.

(2) 둘레계통에 속하는 피질하구조

피질하구조인 편도체, 기저핵, 시상하부, 뇌하수체 등이 둘레계통에 포함된다. 이 구조들은 몸의 반응을 조절하여 감정을 만든다. 감정은 몸의 반응이다. 몸의 반응이 느낌(feeling)이라는 정신을 만듦을 유의하자.

2) 둘레계통의 기능

감정중심 구조는 편도체이다. 편도체로의 주요 입력정보는 후각망
울에서 오는 냄새 정보(후각)이다. 후각은 다른 감각이 출현하기 전
에 가장 먼저 진화하였다. 따라서 후각은 감정과 관련된 가장 원초
적인 감각이다. 후각에 의한 감정유발은 진화적으로 매우 이른 시
기에 발달하였다는 뜻이다.

편도체는 주로 후각정보를 받아들여 감정을 유발하는 감정중추
이다. 하지만 편도체는 다른 뇌 부위와도 많은 정보를 교환한다. 따
라서 둘레계통 외에도 시각, 청각과 같은 뇌의 많은 부분이 감정에
관여한다.

(1) 둘레계통은 상행 동기를 유발한다

둘레계통은 뇌줄기와 함께 화와 같은 격한 감정을 유발하는 '상행'
동기('bottom - up' motivation)에 중추적 역할을 한다. '상행' 동기,
즉 치밀어 오르는 감정의 중심에는 편도체가 있다. 화를 내게 하는
시각적, 청각적, 내면적 및 여러 가지 요인들은 편도체를 자극하고,

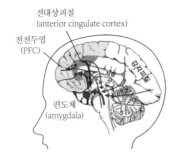

전대상피질
(anterior cingulate cortex)

전전두엽
(PFC)

편도체
(amygdala)

상행 동기와 하행 동기

편도체는 상행 동기의 중심이다. 여러 가지 감
정적 자극은 편도체로 전달되어 상행 동기를
유발한다. 상행 동기는 빠르고 격동적이며 단
순하다. 전대상피질이 전전두엽의 정보를 활
용하여 하행 동기를 일으킨다. 하행 동기는 느
리며 순응적이고 종합적이다. 흔히 하행 동기
는 상행 동기를 억제한다.

편도체는 치밀어 오르는('상행') 화의 생리적 몸의 반응을 촉발한
다. 편도체는 감정 자극을 분류하고 출력하며 저장한다.

(2) 둘레계통은 '맞붙어 싸울까 아니면 도망갈까' 반응을 일으킨다

스트레스 상황은 편도체에 전달되어 상행 동기를 일으킨다. 상행
동기는 화급한 상황이기 때문에 상대와 '맞붙어 싸울까 아니면 도
망칠까' 하는 몸의 반응이 일어나게 한다. 이러한 몸의 반응은 HPA
축(axis)이 중계한다. HPA 축은 시상하부 → 뇌하수체 → 부신 축을
따라 스트레스 호르몬인 아드레날린과 코티솔을 분비하게 한다. 이
호르몬들은 화급한 반응에 맞도록 몸의 생리적 변화를 일으킨다.

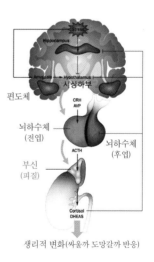

생리적 변화(싸울까 도망갈까 반응)

시상하부 - 뇌하수체 - 부신(HPA) 축
스트레스는 편도체를 통하여 시상하부를 자극
하고, 시상하부는 뇌하수체를, 뇌하수체는 부신
피질을 자극하여 스트레스 호르몬인 코티솔을
분비하게 한다. 스트레스 호르몬은 '싸울까 도
망갈까'와 같은 화급한 반응에 맞도록 몸의 생
리적 변화를 유발한다. 스트레스 호르몬은 해
마를 비롯한 여러 구조들의 억제기능을 억제하
여 화급한 반응을 더 촉진하게 한다. (그림 출처)
Papadopoulos, A. S., & Cleare, A. J.(2011)[*]에서 수정.

---

[*]　Papadopoulos, A. S., & Cleare, A. J. (2011). Hypothalamic - pituitary -
adrenal axis dysfunction in chronic fatigue syndrome. Nature Reviews
Endocrinology, 8(1), 22 - 32. doi:10.1038/nrendo.2011.153

싸우거나 달리는 데 필요한 근육으로 가는 혈관은 확장되며 피부와 소화관으로 가는 혈관은 수축되고, 호흡은 빨라진다. 머리털을 곤두세워 상대방에게 겁을 준다(그 옛날 우리가 동물 수준이었을 때의 버릇이다!).

한편 스트레스 호르몬은 해마와 전전두엽의 기능을 마비시킨다. 해마와 전전두엽은 화를 억제하는 브레이크이다. 이들의 기능이 마비되면 화는 브레이크가 고장이 난 자동차처럼 치밀어 내달린다.

3) 편도체는 '감정중추'이다

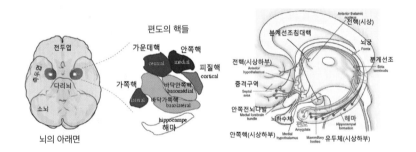

편도체

편도체는 갈고리이랑 속에 위치하는 피질하구조이다. 왼쪽 그림에서 붉은색으로 표시된 부분이며 밖에서는 보이지 않는다. 가운데 그림은 편도체를 구성하는 핵들을 표시한다. 편도체는 가쪽후각섬유줄을 통하여 후각을 후각망울로부터 시상을 거치지 않고 곧바로 받아들인다. 편도체는 분계선조를 통하여 주로 시상하부로 출력한다. 시상하부는 뇌하수체를 지배하여 호르몬 분비를 조절한다.

(1) 편도체의 위치

측두엽 앞쪽 끝부분에 밖에서 보면 불룩 튀어나와 있는 부위를 갈고리이랑(uncus)이라 한다. 갈고리이랑 속에 편도체가 있다. 편도체는 뇌의 아랫면에 위치한다. 밑에서 위로 쳐다보아야 갈고리이랑이 보인다.

편도체는 해마의 앞부분에 위치한다. 해마는 피질이지만 안쪽으로 말려 들어가 있기에 단면도에서 피질하구조처럼 보인다. 해마는 뇌의 아랫면에서도 보이지 않는다. 아랫면에서 보이는 피질은 해마곁이랑이 한계이고, 해마는 더 안쪽으로 말려 들어갔기 때문이다.

(2) 편도체의 기능

편도체는 감정을 유발하는 감정중추이다. 편도체의 주된 입력정보는 후각이며, 후각정보는 시상을 거치지 않고 곧바로 편도체로 들어감으로서 빠르게 감정을 불러일으킨다. 편도체는 부정적 자극을 접하면 우리의 몸을 여기에 적합하게 대응할 수 있도록 한다. 불리한 상황에서는 도망가든지 맞붙어 싸워야 한다. 이러한 '맞붙어 싸울까 아니면 도망갈까(fight - or - flight)' 상황에서 편도체가 주도적 지휘 역할을 한다.

한편 화가 나는 것은 긍정적으로 볼 수도 있다. 화는 위험에 반응하여 대비하는 일종의 편도체가 보내는 '경고 초인종'이기 때문이다. 경고 초인종은 위험한 상황에 처했음을 알리는 신호이다. 이에 대처하기 위한 몸 상태를 만들어야 한다. 그런 측면에서 화는 긍정적인 역할이 있다.

158

4. 사회행동신경망

1) 사회행동(social behavior)

털이 난 동물들, 예로서 토끼, 고양이, 개 등은 기본적인 사회행동을 한다. 사회행동이란 새끼를 보호하고, 서로 어울리며, 텃세를 부리는 등 어울려 '사회'를 만들며 사는 행동을 말한다. 이러한 행동은 뱀, 악어 등의 파충류에서는 찾아볼 수 없다. 파충류들은 배가 고프면 자기 새끼들도 잡아먹으며, 어울려 살지 않는다.

2) 사회행동신경망(social behavior network)

파충류 뇌(뇌줄기)는 둘레계통과 함께 '사회행동신경망'을 형성한다. 1999년 뉴먼(Newman)이 처음 주장한* 이 신경망은 서로 매우 밀접하게 상호 양방향으로 연결된 6개의 매듭(node, 신경핵: 신경세포가 밀집된 곳)으로 이루어진다.** 6개의 매듭은 편도체의 핵이 중심이 되고, 시상하부의 호르몬 분비핵들, 중간뇌의 공격행동중계 부위 및 쾌락신호전달 부위들이 포함된다.

사회행동신경망에 있는 각각의 매듭 하나하나가 독립적으로 특

---

* ibid.
** 편도내측중심핵/분계선조침대핵(medial amygdala, meAMY/medial bed nucleus of stria terminalis, BSTM), 가측사이막(lateral septum, LS), 내측전시각교차앞구역(preoptic area, POA), 전시상하부(anterior hypothalamus, AH), 배측내측시상하부(ventromedial hypothalamus, VMH), 중간뇌의 수도관 주위회색질(periaqueductal gray, PAG).

정 사회행동을 조절하는 것이 아니라 전체 매듭들의 활성 유형이
특정 사회행동을 조절한다. 이 신경망은 사회적 스트레스에 반응
하고, 다양한 형태로 동료 상호간에 정보를 교환할 수 있게 하여 기
본적인 사회생활을 가능하게 한다.*** 이러한 기본적 사회행동에는
소속감, 유대감, 성적 행동, 공격, 부모행동 등이 있다.

아래 그림은 사회행동신경망의 여섯 매듭과 기능을 나타낸
다.**** 감정중추인 편도체(external medial amygdala)를 포함하여
쾌락을 느끼는 중격구역의 가쪽사이막(laterl septum, LS), 호르몬
을 분비하는 시상하부의 내측전시각교차앞구역(medial preoptic
area), 전시상하부(anterior hypothalamus, AH), 배측내측시상하부
(ventromedial hypothalamus, VMH) 및 공격행동으로 신호를 보내는
중간뇌의 수도관주위회색질(periaquaductal gray, PAG)들이다. 왼쪽
그림은 수컷 생쥐가 공격행동 및 교미행동을 할 때 각 매듭의 활성
을 보여준다.***** 위로 솟아오른 봉오리들은 각 매듭의 활성 정도
를 나타낸다. 공격행위와 성행위에서 각각의 매듭들이 서로 다른

*** Newman, S.W., 1999. The medial extended amygdala in male reproductive behavior: a node in the mammalian social behavior network. Ann. N. Y. Acad. Sci. 877, 242 - 257.

**** Lauren A. O'Connell, Hans A. Hofmann (2011) Genes, hormones, and circuits: An integrative approach to study the evolution of social behavior. Frontiers in Neuroendocrinology 32, 320 - 335.

*****Newman, S.W., 1999. The medial extended amygdala in male reproductive behavior: a node in the mammalian social behavior network. Ann. N. Y. Acad. Sci. 877, 242 - 257.

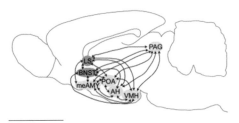

사회행동신경망

이는 파충류 뇌와 둘레계통에 걸쳐 있는 6개의 신경매듭으로, 매듭들은 서로 매우 긴밀하게 양방향으로 연결되어 있으며, 털이 난 동물 수준에서 잘 발달되었다(위 그림). 6개 매듭들은 따로 작동하는 것이 아니라 전체가 하나가 되어 어떤 사회행동을 조절한다. 예로서 수컷 생쥐의 공격행동과 성행동에서 나타나는 각 매듭의 활성 정도를 아래 왼쪽 그림에 표시하였다. 각 매듭의 기능은 아래 오른쪽 그림에 표시하였다.

활성 정도를 유지함을 유의하라.

5. 기저핵은 운동 조절과 보상체계에 관여한다

1) 대뇌기저핵과 운동체계

운동은 계획 → 프로그램 확립 → 실행을 거쳐서 일어난다. 어떤 운동을 하겠다는 것은 전전두엽의 몫이다. 생각이기 때문이다. 전전두엽 뒤쪽에 보조운동영역이 있는데, 여기에 운동 프로그램이 저장되어 있다. 아무리 복잡한 운동이라도 단위 운동의 조합으로 이루어진다. 어떤 운동에 필요한 단위 프로그램들이 소집되고 활동 순서가 결정된다. 실행은 전운동영역과 일차운동피질에 있는 운동 신경세포들이 한다. 운동을 하겠다는 마음이 있다고 바로 실행하지 않는다. 시작 신호를 기다려야 한다. 시작 신호는 기저핵을 통하

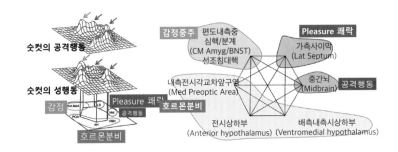

여 만들어져 시상을 거쳐 전운동 및 일차운동피질로 전달된다.

(1) 기저핵

기저핵은 대뇌의 바닥(기저)에 있는 핵이라는 뜻으로, 선조체, 시상
밑핵, 흑질로 구성된다. 흑질은 중간뇌의 구조이지만 기저핵과 함
께 운동 조절에 관여하기 때문에 기저핵에 포함된다. 기저핵은 운
동의 시작 신호를 만드는 기능을 한다. 따라서 여기에 문제가 생겨
운동을 하고자 하는데 잘 안 되는 파킨슨씨병이 대표적인 기저핵
손상 증상이다. 틱장애, 무도증도 기저핵에 문제가 있어 생기는 질
병이다.

(2) 선조체

선조체는 꼬리핵과 렌즈핵으로 구성되며, 렌즈핵은 조가비핵과 창
백핵으로 구성된다. 창백핵은 렌즈 모양의 두 층으로 되어 있으며,
조가비핵 안쪽에 위치한다(위 〔대뇌의 피질하구조〕 참조). 선조체는
시상밑핵 및 흑질과 더불어 운동의 시작 신호를 만든다.

2) 대뇌기저핵과 보상체계

기저핵은 보상체계(reward system)에도 관여한다. 뇌과학에서 보상은 같은 행위를 반복하는 것이다. 어떤 행위가 기쁨을 줄 때 그 행위를 다시 하고 싶은 욕망, 즉 보상심리를 갖게 하는 신경체계이다. 중독을 일으키게 하는 회로라고 보면 된다.

보상체계의 중심은 대뇌의 아래쪽 바닥에 있는 중격의지핵이다. 기저핵의 선조체 아래 부위에 위치하기 때문에 중격의지핵이 있는 부위를 배쪽선조라 한다. 중독을 일으키는 물질이나 행위는 중간뇌의 배쪽피개 부위 및 중격 부위에서 도파민을 분비하게 하고, 이 도파민들은 중격의지핵을 자극한다. 중격의지핵은 대뇌전전두엽, 편도체, 시상하부 등 감정과 관련된 부위에 신호를 전달하여 쾌락을 유발한다. 쾌락은 다시 경험하고 싶은 행위이기 때문에 중독성이 있다. 쾌락회로는 보상회로이고 중독을 일으키는 회로이다.

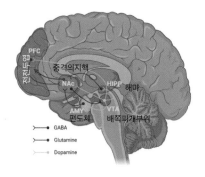

보상체계

보상을 유발하는 물질이나 행위는 중간뇌 배쪽피개 부위(VTA)를 자극한다. VTA는 도파민을 분비하여 중격의지핵, 전전두엽, 편도체, 해마 등으로 전달한다. 중격의지핵은 쾌락 반응을 불러일으키는 쾌락 중심이다. 중격의지핵은 전전두엽으로 신호를 전달하여 쾌락을 느끼게 하고, 전전두엽은 중격의지핵을 자극하여 쾌락을 더 느끼도록 한다.

6. 시상하부(hypothalamus)와 뇌하수체(pituitary gland)

시상하부는 자율신경계통의 중추이고 뇌하수체를 지배한다. 따라서 호르몬 계통의 최고위 내분비샘인 뇌하수체는 시상하부의 지배를 받는다. 감정은 자율신경과 호르몬을 통하여 표현되기에 두 구조는 감정의 표현에 중요한 역할을 한다.

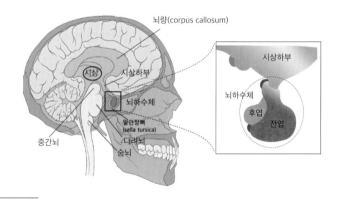

시상하부와 뇌하수체

뇌하수체는 시상하부의 앞쪽 아래쪽에 위치한다. 뇌하수체는 전엽과 후엽으로 되어 있다. 뇌하수체는 호르몬체계, 즉 내분비계통에서 가장 상위에 있다. 뇌하수체와 시상하부는 서로 정보를 교환하면서 크게 보면 신경내분비계를 만든다.

1) 시상하부는 자율신경계통을 지배한다

시상하부는 몸의 항상성을 유지하는 신경내분비기관이다. 신경계통이지만 호르몬을 분비하는 기관이라는 뜻이다. 시상하부는 위로는 대뇌, 아래로는 중간뇌를 비롯한 뇌줄기와 신경연속체를 이룬다. 이러한 대뇌 - 시상하부 - 뇌줄기로 이어지는 신경계통은 식이

행동, 성행동 및 공격행동을 조절한다.

이외에도 시상하부는 생명을 유지하고 생활에 적응하는 데 필요한 여러 가지 기능을 한다. 또한 내장의 분비작용이나 평활근의 수축을 조절하는 등 자율신경계의 중추가 된다. 모두 감정을 표현하는 데 필요한 기능들이다.

2) 시상하부는 뇌하수체를 지배한다

신경을 통한 기능 이외에도 시상하부는 시상하부 유리 호르몬을 분비하여 뇌하수체의 호르몬 분비를 조절한다. 한편 뇌하수체의 정보는 역으로 시상하부로 전달된다. 이처럼 뇌(시상하부)와 내분비계통(뇌하수체)은 서로서로 소통한다. 몸의 생리는 마음(뇌)의 지배를 받고, 마음은 몸의 생리에 영향을 미친다는 의미가 된다.

뇌하수체는 전엽과 후엽으로 되어 있다. 후엽은 시상하부가 아래쪽으로 신장(확장)된 뇌신경조직이며 시상하부에서 만들어진 호르몬들(oxytocin 및 vasopressin)이 여기에 저장되어 있다가 분비된다.

3) 뇌하수체는 '몸과 마음을 연결'한다

뇌하수체는 최고위 호르몬 분비샘이다. 따라서 뇌하수체는 내분비계통을 지배함으로써 몸의 생리를 조절한다. 한편 뇌하수체는 몸의 생리 상태를 시상하부(뇌)에 전달한다. 즉 뇌(시상하부)는 뇌하수체와 서로 교통하여 몸의 생리 상태를 점검하고, 생리 상태는 시상하부를 통하여 마음에 영향을 미친다. 따라서 우리의 몸은 신경계통과 내분비계통이 하나로 통합된 신경내분비계통에 의하여 조절을 받는다고 보아야 한다.

　정신과 생리 대사가 하나로 조절됨은 스트레스 상황에서 잘 나타
난다. 정신적 스트레스를 받으면 뇌하수체는 시상하부의 명령(호르
몬)에 따라 부신피질을 자극하는 호르몬을 분비하고, 이 호르몬은
부신피질에서 스트레스 호르몬(cortisol)을 분비하게 한다. 스트레
스 호르몬은 소위 '맞붙어 싸울까 아니면 도망갈까' 반응에 적응하
도록 몸 상태를 만든다. 정신(스트레스)과 생리(호르몬)가 하나의 시
스템으로 조절되는 예이다.

7. 시상은 대뇌피질로 연결하는 분류센터이다

시상은 중요한 피질하구조이다. 시상에 대하여는 「제7장 의식(제6
식)의 뇌」에 설명한다.

8. 소뇌(cerebellum)는 운동기능을 조절한다

소뇌도 하나의 피질하구조로 분류된다. 소뇌의 주 기능은 운동 조
절이다. 어떤 운동이 일어날 때 주위환경요소를 운동에 첨가하여
보다 정확한 운동이 일어나게 한다. 바람, 온도, 습도, 높낮이 등의
환경요소는 대뇌감각피질에 감지된다. 대뇌감각피질에서 출발한
축삭들은 다리뇌(pons)로 가고, 다리뇌에서 소뇌로 전달된다. 수많
은 대뇌감각피질 축삭들이 다리뇌를 거치기 때문에 다리뇌의 부피
가 늘어나 앞으로 불룩 튀어나와 있다.

166

〔요약〕

- 감정과 느낌은 둘레계통의 기능이다. 감정은 편도체가 중심이 되어 일어나는 몸의 생리적 반응이고, 느낌은 전전두엽에서 감지되는 정신적 현상이다.

- 감각기관(六根)이 감각대상(六境)을 만나 알음알이(六識)가 일어난 후 이를 조건으로 느낌(受蘊) → 인식(想蘊) → 심리현상(行蘊) → 마음(識蘊)이 일어난다.

- 둘레계통은 뇌실을 둘러싸고 있으며, 일반적으로 편도체, 해마, 후각피질, 사이뇌(시상, 시상하부, 시상상부, 시상밑부), 기저핵이 포함된다.

- 편도체는 '감정중추'이며, 많은 후각신호를 받는다.

- 둘레계통은 사회행동신경망을 이루어 기본적 사회행동을 가능하게 한다. 진화적으로 둘레계통은 털이 난 동물에서부터 잘 발달해 있다.

- 기저핵은 운동 조절과 보상체계에 관여한다.

- 소뇌는 운동기능을 조절한다.

제6장 본능의 뇌: 뇌줄기

숨뇌, 다리뇌, 중간뇌를 합하여 뇌줄기라 하며 척수 바로 위, 소뇌 앞에 위치한다. 뇌줄기는 계통발생학적으로 '파충류 뇌'에 해당한다. 파충류는 이 부위까지 잘 발달된 뇌를 갖기 때문이다. 아직 '사회행동신경망'을 이루는 둘레계통이 출현하기 이전의 뇌이기 때문에 기본적인 사회행동을 하지 못하는 뇌이다. 단지 '생명현상'에 필수적인 호흡, 맥박 조절 등을 조절하며, 번식에 필요한 '판에 박힌(streotype)' 행동을 주간하는 본능의 뇌라고 할 수 있다.

사람에게 뇌줄기는 이드(id, 본능)의 뇌이다. 파충류들의 본능의 습성이 우리의 뇌에 남아 있는 것이다. 본능은 길들이기 힘들고 학습으로 변화시키기가 거의 불가능한 고집불통의 뇌이다. 대뇌피질에 반하여 매우 비구축적, 비협조적이기 때문이다.

또한 뇌줄기에는 그물형성체가 있다. 신경세포들의 세포체가 빽

빽이 모여 있는 곳을 핵이라고 한다. 뇌줄기에는 신경세포체들의 밀집 정도가 높지 않고 그물같이 얼기설기 모여 있는 '어설픈' 핵이 있는데, 이들을 그물형성체라 한다. 뇌줄기 전체에 걸쳐 이러한 그물형성체들이 여러 가지가 있어서, 이들의 축삭이 상행하여 대뇌의 광범위한 부위에 퍼져 있다. 이들의 활성은 대뇌의 각성 정도를 결정하며, 일부는 가치체계를 구성한다.

1. 뇌줄기의 해부학적(형태적) 구조와 위치

뇌줄기는 척수와 연결되는 숨뇌, 그 위쪽의 다리뇌, 그리고 맨 위에 있는 중간뇌를 합쳐서 일컫는 용어이다. 중간뇌의 위쪽으로는 시상이 연결된다. 뇌줄기의 숨뇌는 척수와 직접 연결되어 있고, 소뇌는 다리뇌와 연결되어 있다. 전체적으로 보면 척수 → 숨뇌 → 중간뇌 → 시상 → 대뇌피질의 연속성을 보인다.

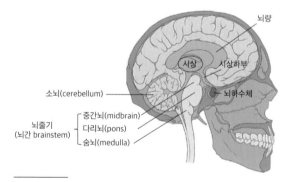

뇌줄기(뇌간)

숨뇌, 다리뇌, 중뇌를 합하여 뇌줄기라 하며, 척수 위, 소뇌 앞에 위치한다.
뇌줄기는 계통발생학적으로 '파충류 뇌'에 해당한다.

2. 뇌줄기의 주요 기능

뇌줄기는 전달역할과 대뇌활성을 조절한다. 대뇌의 각성 정도를 전반적으로 조절하기도 하고, 특정 기능의 활성을 조절하는 가치 체계를 이루기도 한다.*

1) 뇌줄기는 전달역할을 한다

몸에서 대뇌 및 소뇌로 가고 오는 정보는 뇌줄기를 통과한다.

• 몸에서 상행하는 전달은 감각전달이다

척수시상로는 비분별성 촉각, 통증, 가려움, 온도감각을 대뇌로 전달한다.

후섬유단 – 내측섬유띠신경로는 분별성 촉감, 고유감각 및 압각을 전달한다. 고유감각은 몸의 자세에 대한 감각으로 고유감각 수용체는 근육 및 인대에 있다.

• 하행 전달에는 상위운동신경(대뇌피질에 있는 운동신경)에서 내려오는 축삭과, 대뇌피질 아래에 있는 운동 조절 부위 및 뇌줄기 자체에서 시작하는 축삭들이 있다. 모두 운동 조절에 관여한다.

---

* https://en.wikipedia.org/wiki/Brainstem

2) 후각 및 시각 신경을 제외한 모든 뇌신경(III-XII)은 뇌줄기에서 나온다

뇌신경은 뇌로부터 나오는 총 12종류, 12쌍으로 이루어진 말초신경이다. 이 신경들은 얼굴, 머리 및 내장의 근육을 지배한다. 1번(후각신경)과 2번(시신경)은 대뇌와 직접 연결된 감각신경이고, 나머지 10개의 뇌신경은 뇌줄기와 연결되어 있다. 이 뇌신경들은 감각 및 운동신호를 전달한다.

3) 뇌줄기는 생명유지에 필수적이다

대뇌가 의식적인 여러 활동의 조절에 관여하는 데 비하여 뇌줄기는 무의식적인 활동들을 조절한다. 뇌줄기는 생명의 유지에 필수적인 심혈관계통, 호흡계통, 체온 등을 무의식적으로 조절한다. 따라서 뇌줄기의 손상은 생명에 치명적이며, 뇌줄기가 기능을 정지하면 뇌사로 판정한다. 반면에 대뇌가 기능을 중지하면 식물인간이 된다. 대뇌나 소뇌는 '보다 잘 살아가기' 위한 구조라고 할 수 있다.*

4) 뇌줄기는 대뇌의 각성, 자각, 그리고 의식의 수준을 결정한다

뇌줄기의 상행그물활성계통은 뇌를 각성시켜 의식 수준을 결정한다.

• 그물형성체: 뇌줄기에는 그물형성체(reticular formation)가 있다.

---

* https://ko.wikipedia.org/wiki/뇌줄기

신경세포들의 세포체가 밀집된 곳을 핵이라고 하는데, 뇌줄기에는 신경세포체들이 핵이라고 부를 만큼은 밀집되어 있지 않고 그물같이 얼기설기 모여 있는 '어설픈' 핵이 있다. 이들을 그물형성체라 하며, 뇌줄기 전체에 걸쳐 이러한 그물형성체들이 여러 가지가 흩어져 있다.

• 상행그물활성계: 빛, 소리, 촉감 등 감각정보들이 척수신경을 타고 대뇌로 갈 때 곁가지를 내어 그물형성체에도 보낸다. 그물형성체들은 감각정보들을 받아 뇌 전체로 전달함으로써 전체 뇌신경세포들의 전반적인 활성 정도를 조절한다. 이 '상행그물활성계'는 뇌의 각성 정도를 결정한다. 시끄러운 소음이 있는 곳에서는 졸음이 오지 않는다. 각성도가 높은 것은 상행그물활성계가 대뇌신경세포들을 강하게 자극하여 뇌를 깨어 있게 한다.

• 가치체계(value system): 뇌줄기는 정보의 가치를 판단하여 대뇌의 활성을 조절하는 일종의 뇌기능 가속기이다.

상행그물활성계

뇌줄기에 있는 그물형성체는 감각신호들을 받아 대뇌 전체로 전달하여 뇌의 깨어 있는 정도, 즉 각성 정도를 결정한다.

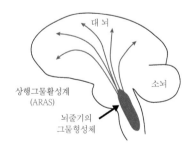

대뇌

소뇌

상행그물활성계
(ARAS)

뇌줄기의
그물형성체

뇌로 들어오는 모든 정보가 동일한 가치를 갖지 않는다. 뇌는 정보의 가치를 평가한다. 생전 처음 보는 신기한 물체가 있으면 그쪽으로 관심이 간다. 특별한 의미를 갖는 것은 기억이 잘 된다. 뇌가 특별한 가치가 있다고 판단하는 것들은 삶에 중요한 인식대상들이기 때문이다.

가치체계는 중요한 정보를 접했을 때 그 정보에 대한 뇌의 반응을 극대화하는 뇌신경체계이다. 가치체계는 기쁜 상황에서는 보다 더 큰 기쁨을 느끼게 하고, 특이한 상황에 처하면 정신을 바짝 차리게 하고, 인상적인 대상은 잘 기억되게 한다. 예로서 정상인은 기쁜 상황에서는 세로토닌이 쫙 분비되어 기쁨을 만끽한다. 세로토닌 분비 가치체계의 기능이다. 또한 강의할 때 내용에 맞는 적절한 비유와 몸동작을 하는 것도 학생들 뇌의 '환기 가치체계'를 활성화시키기 위한 것이다. 뇌를 자동차에 비유한다면, 가치체계는 '가속페달'에 비유할 수 있다. 자동차의 기능(뇌기능)을 가속시키는 장치이다.

가속페달에 해당하는 가치체계가 뇌줄기에 있다. 뇌줄기에는 여러 가지 상행그물활성계가 있다. 가치체계는 그 가운데 일부이며 여러 가지 종류가 있다. 다른 상행그물활성계와 마찬가지로, 가치체계들도 거대한 축삭을 뻗어 대뇌 및 소뇌로 보내 뇌신경세포들의 활성을 높인다. 이때 가치체계의 종류에 따라 축삭이 뻗어가는 대뇌 혹은 소뇌 부위가 다르다. 가치체계는 입력되는 정보의 가치를 판단하여 뇌가 거기에 맞게 작동하게 하는 시스템이다. 예로서 기쁜 상황에서는 기뻐하게 하고, 새로운 환경에 접하면 각성하게 하고, 학습할 때는 학습과 기억이 잘 되게 한다.

본인의 경험을 예로 들어본다. 고등학교 물리학 수업에서 도플러 효과(Doppler effect)를 공부할 때였다. 기차의 기적소리는 기차가 나에게 다가올 때와 지나갈 때 다르게 들린다. 소리의 파장이 달라지기 때문이다. 그 소리 파장의 변화를 계산하는 공식에는 관측자의 이동속도(V_o)와 소리의 원천인 기차의 이동속도(V_s)가 포함되는데, 어느 것이 분자에 갈지 어느 것이 분모에 갈지 많이 혼동되는 공식이다.*

선생님은 칠판에 공식을 다 적어놓고 '이것들 중에 어느 것이 위에 가고 어느 것이 아래에 가는지 헷갈리제?' 하셨다. 벙벙하게 있는 우리 학생들을 보고 하신 다음 멘트가 걸작이었다. '기~차 위에 사람 타지 사~람 위에 기차 타나!' 기차의 속도가 관측하는 사람의 속도 아래, 즉 분모에 간다는 뜻이다. 사람이 기차 위에 타지 기차가 사람 위에 타지 않는다! 선생님의 그 한마디는 우리 반을 뒤집어 놓았다. 너무나 기발하고 신선하고 우스운 비유라 40여 년이 지난 지금도 나의 뇌리에는 그 장면이 고스란히 남아 있다. 선생님의 그 한마디는 나의 뇌간에 있는 노르에피네프린 가치체계를 크게 활성화시켰던 것이다. 가치체계에 대한 보다 자세한 내용은 「제11장 신경축과 가치 계통」에서 설명한다.

---

* https://sites.google.com/site/oakastroflash/Home/light/the‐doppler‐effect에서 수정함.

$$f' = \frac{(v + v_o)}{(v - v_s)}f$$

F′ = 관측된 파장
F = 실제 파장
V = 음파의 속도
Vo = 관측자의 속도
Vs = 자동차의 속도

움직임에 따른 음파의 변화

소리를 내는 물체나 듣는 사람이 서로 가까워지면 음파의 파장이 짧아져 원래 소리보다 높은 소리로 들린다. 반면에 서로 멀어지면 낮은 소리로 들린다. 오른쪽은 듣는 사람이 느끼는 빈도를 계산하는 수식으로 듣는 사람이 움직이는 속도(Vo)가 분모에 위치한다. (그림 출처) Wikipedia*에서 수정함.

5) 뇌줄기는 본능(id)과 '판에 박힌' 행동을 하게 한다

뇌의 진화 측면에서 뱀, 악어 등 파충류는 뇌줄기까지 잘 발달해 있기 때문에 뇌줄기를 '파충류 뇌(reptillian brain, R - brain)'라 한다. 파충류 뇌는 생식에 관련된 '판에 박힌(streotype)' 행동만 하는 뇌이다. 파충류는 배가 고프면 먹고, 때가 되면 생식활동을 한다. 이는 변함이 없는 '판에 박힌' 행동들이다. 둘레계통이 발달되지 않아 자식 돌보기, 부모행동과 같은 기본적인 사회활동을 하지 못한다. 또한 대뇌가 발달되지 못하여 생각, 학습, 기억을 하지 못한다. 이들은 배가 고프면 자기 새끼까지 먹어버린다. 파충류 뇌는 판에 박힌 행동만 반복하는 뇌이다.

---

* https://en.wikipedia.org/wiki/Doppler_effect#/media/File:Doppler frequenz.gif

6) 뇌줄기는 학습하지 못하는 고집불통의 뇌이다

사람에서 파충류 뇌는 뇌줄기로 남아 있다. 식이 및 생식과 같은 파충류들의 판에 박힌 행동이 우리의 뇌에 남아 있는 것이다. 사람에게 뇌줄기는 본능(이드 id)의 뇌이다. 뇌줄기는 원래 파충류 뇌이었기 때문에 우리는 번식, 화와 같은 본능도 가지게 된다. 파충류 뇌는 길들이기가 매우 어렵다. 대뇌피질에 반하여 매우 비구축적, 비협조적이다. 학습으로 변화시키기가 거의 불가능하다는 뜻이다. 화내는 것을 억제하는 것이 어려운 이유이다.

〔요약〕

• 뇌줄기는 척수와 연결되는 숨뇌, 그 위쪽의 다리뇌, 그리고 맨 위에 있는 중간뇌를 합쳐서 일컫는 용어이다. 중간뇌의 위쪽으로는 시상이 연결된다.

• 뇌줄기의 주요 기능

  - 뇌줄기는 전달역할을 한다. 상행하는 전달은 감각전달이고, 하행 전달은 운동신호이다.

  - 뇌줄기는 생명유지에 필수적인 심혈관계통, 호흡계통, 체온 등을 조절한다. 따라서 뇌줄기의 손상은 생명에 치명적이며, 뇌줄기가 기능을 정지하면 뇌사로 판정한다. 반면에 대뇌가 기능을 중지하면 식물인간이 된다.

  - 뇌줄기는 대뇌의 각성, 자각, 그리고 의식의 수준을 결정한다. 상행그물활성계통은 뇌를 각성시켜 의식 수준을 결정한다. 가치체계는 정보의 가치를 판단하여 대뇌의 활성을 조절하는

일종의 뇌기능 가속기이다

• 뇌줄기는 본능(id)과 '판에 박힌' 행동을 하게 한다.

• 뇌줄기는 학습하지 못하는 고집불통의 뇌이다.

제7장 의식(제6식)의 뇌 - 전전두엽

의근意根이 법경法境을 포섭하여 만드는 식, 즉 의식을 여섯 번째 식(第六識)이라 한다. 반면에 오감은 전오식前五識이다. 의식 앞에 있는 다섯 가지 식이라는 의미이다. 전오식을 만드는 전오근前五根 (눈, 귀, 코, 혀, 피부)과 달리 의근은 겉으로 보이지 않는다. 법경 또한 보이지 않는다. 붓다는 어떻게 보이지 않는 법경을 감각대상으로, 이를 감각하는 감각기관을 의근으로 설정하였을까?

전오근은 전오경前五境을 포섭하여 활동전위로 변환하여 대뇌피질로 보낸다. 이렇게 하여 대뇌피질에 생기는 뇌활성이 전오경에 대한 표상이다. 기쁨, 아름다움 등 추상적인 것(法境)은 물질적 대상이 없이 뇌활성으로 생기는 표상이다. 표상(뇌활성)들은 의근에 포섭된다. 즉 전오경이나 법경은 뇌활성이 되어 의근에 포섭(감각) 된다.

법경인 뇌활성이 뇌 속에서 일어나기에 그것을 감지하는 의근도 뇌 속에 있어야 한다. 뇌활성의 감지는 뇌에 있는 주의신경망(attention network)의 기능이다. 이 신경망은 인지조절신경망의 하위구조이며 전전두엽에 있다. 뇌활성은 궁극적으로 전전두엽에 전달되어 인지된다. 의근은 전전두엽으로 전달하는 길목, 즉 전전두엽, 앞대상피질, 뇌섬엽에 퍼져 있는 신경망이다. 전오근처럼 겉으로 드러나는 분명하고 분리된 구조들을 이루지 않을 뿐이다.

초기불교와 부파불교에서는 심心·의意·식識을 구분하지 않고 하나의 마음으로 보았다. 마음은 하나(心體一說)이지만 나타나는 측면이 서로 다를 뿐이라 생각했다. 이에 대해 유식불교에서는 심·의·식이 서로 다른 마음(心體別說)이라고 설명한다. 이에 따라 안식·이식·비식·설식·신식은 전오식, 그리고 의식을 제6식으로 분류하였다. 전오식과 의식은 겉으로 드러나는 표층의식이며, 제7식 말나식末那識과 제8식 아뢰야식阿賴耶識은 심층의식이다.

의식이 어떻게 생성되는지에 대한 신경과학적 정설은 아직 없다. 붓다는 의근이 법경을 포섭하여 의식을 만든다고 하였다.

1. 의식이란 무엇인가?

지성과 영성을 대표하는 두 거장*이 만나서 '뇌와 명상'에 관해 8

---

* 볼프 싱어(Wolf Singer)와 마티유 리카르(Matthieu Ricard)를 가르킨다. 볼프 싱어는 신경생물학자이자 뇌 관련 연구의 세계적인 권위자다. 마티유 리카르는

년간 나눈 '세기의 대화'를 묶은 책『나를 넘다: 뇌과학과 명상, 지
성과 영성의 만남』**에서 마티유(Matthieu Ricard, 1946~)는 불교에
서는 분노를 어떻게 다루는지를 설명하는 과정에서 의식을 이렇게
설명한다.

　의식은 반드시 내용을 포함하기 때문에 마티유는 '의식하고 있
음' 즉 '깨어 있음'은 두 가지 측면으로 되어 있다고 한다. 하나는
의식의 내용이고, 다른 하나는 '기본 의식'이다. '기본 의식'이 있어

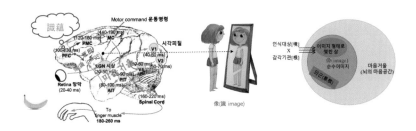

마음거울

뇌는 마음거울로 작용한다. 외부대상을 비추는 거울과 같이 뇌도 복잡한
신호전달과정을 거쳐 외부대상에 대한 상을 맺는다. 마음거울이 '깨어 있
어야' 상을 맺는다. 마티유는 그것을 '기본 의식', 맺힌 상을 '의식의 내용'
이라 보았다.

　프랑스 파스퇴르 연구소에서 세포 유전학 박사학위를 받았으며, 저명한 티
베트 스승인 캉규르 린포체(Kangyur Rinpoche)와 딜고 키엔체 린포체(Dilgo
Khyentse Rinpoche) 밑에서 수학했다.
** 마티유 리카르·볼프 싱어 저, 임영신 역,『나를 넘다: 뇌과학과 명상, 지성
과 영성의 만남』쌤앤파커스, 2017. 원서: *Beyond the Self: Conversations Between
Buddhism and Neuroscience*. Ricard, Matthieu / Singer, Wolf MIT Press. 2017.

야 내용을 담을 수 있다. 내용을 담는 바탕이 되는 기본적인 '깨어 있는 의식'이 '기본 의식'이다. 그 기본 의식에 내용이 담긴다.

　'기본 의식'을 상(像, image)을 맺는 거울이라고 볼프는 해석한다. 상은 의식의 내용이다. 기본 의식이 없으면 상이 맺히지 못하며, 의식의 내용도 없다. 거울은 내용의 변경 없이 있는 그대로 상을 맺는다. 그런 '마음거울'이 뇌에 있고, 거기에 상이 맺힌다. 상은 순간순간 바뀐다. 의식은 그렇게 흘러간다.

2. 의식의 상태와 의식의 내용

1) 의식의 상태

다양한 의식의 상태(states of consciousness)가 있다. 의식의 상태는 수면, 식물 상태, 최소 의식 상태, 최면 상태, 완전 의식 상태와 같은 의식의 수준이며, 마티유가 얘기한 '기본 의식'이다. 혹자는 글로벌 상태(global state)라 한다.

　의식의 상태는 비특이적 시상 → 피질 전달(nonspecific thalom-cortical relay)에 의하여 결정된다. 이는 뇌줄기의 그물형성체에서 시작한 신호가 시상을 거쳐 대뇌피질의 전반에 전달되어 뇌의 각성 정도를 결정하는 신호이다.

2) 의식의 내용

반면에 우리는 개, 종이, 코코넛 맛, 가려움 등 의식의 내용을 의식한다. 의식이 있으면 반드시 의식의 내용이 있다. 의식의 내용은 특이적 시상 → 피질 전달(specific thalamocortical relay)이다. 특정한 정보가 뇌의 특정한 곳으로 전달되기에 특이적 전달이라 한다.

3) 의식 상태와 의식 내용의 통합

의식에 관한 한 가지 기본적인 사실은 의식의 상태는 의식의 내용과 결코 분리될 수 없다는 것이다. 무의식 상태에서는 설탕 맛을 의식할 수 없다. 또한 건강한 사람이라면 의식 상태에 있으면서 아무것도 의식하지 않는 경우는 없다. 즉 의식이 있는 상태라면 항상 의식의 내용이 있다.

의식의 상태는 뇌의 전반적인 활성(각성) 수준이고 내용은 매우 국소적 활성이다. '달콤한 맛을 느끼고 있는 의식' 상황을 생각해보자. '맛을 느낀다'는 것은 의식이 있음을 의미하고, 이는 뇌의 전반적인 활성이 높아 뇌가 높은 각성 상태에 있다는 뜻이다. 의식의 내용은 맛인데 그중에도 '달콤한 맛'이다. 분명히 달콤한 맛에 대한 뇌활성은 미각피질 가운데도 특별히 '달콤한' 맛에 대한 매우 한정된 부위의 국소적 뇌활성일 것이다. 각성이 있는 의식 상태는 어떻게 이 국소적인 뇌활성(의식의 내용)을 알아낼까?

뇌를 거대한 거미그물이라고 하자. 먹잇감이 그물 어디에 걸리면 거미는 그 먹잇감이 어디에 걸렸는지를 안다. 기본은 우선 그물이 좋아야 한다. 그물이 손상되지 않고 튼튼해야 먹잇감이 걸린다. 기본 의식, 즉 의식의 상태가 좋아야 내용(먹잇감)이 걸린다. 이처럼 기본 의식(의식의 상태)의 수준이 높은 것은 의식의 전제조건이 된다.

182

거미는 먹잇감이 있는 곳을 어떻게 알까? 먹잇감이 탈출을 시도하면 그 부분의 거미줄이 심하게 흔들릴 것이다. 그곳의 뇌활성이 국소적으로 매우 높음에 비유된다. 즉 의식의 내용이 있는 뇌 부위는 활성이 매우 높다. 거미는 그물이 심하게 흔들리는 곳으로 달려간다. 이렇게 그물의 상태(의식 수준)는 국소적 흔들림(의식 내용)을 알아낸다.

• L5p 신경세포의 통합 역할

뇌신경회로로 볼 때 어떻게 전반적인 활성(의식 수준)과 국소적 활성(의식 내용)이 연결될까? 모두가 인정하는 기전은 아직 규명되지 않았다. 여기에서는 그럴듯한 이론 하나를 소개한다. '의식의 상태' 신경회로와 '의식의 내용' 신경회로는 연결되어야 한다. 그래야 서로 상호작용을 할 수 있다. 신경회로에서 무선전화 같은 통화는 없다. 아루(Aru) 등*은 다섯 번째 피질층(대뇌 신피질은 여섯 층으로 되어 있다.)에 있는 피라미드 신경세포(layer 5 pyramidal cell, L5p)가 의식의 상태와 내용을 연결(통합)할 것이라 주장한다. 왜냐하면 이 신경세포들은 의식의 상태를 결정하는 회로와 의식의 내용을 결정하는 신경회로 모두에 참여하고 있기 때문이다.

---

* Aru J, Suzuki M, Rutiku R, Larkum ME, Bachmann T. Coupling the State and Contents of Consciousness. Front Syst Neurosci. 2019. 13:43.

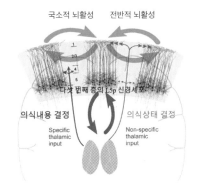

의식의 상태와 내용의 통합

의식의 상태(수준)와 내용을 전달하는 신호는 대뇌피질의 다섯 번째 층에 있는 피라미드 신경세포(L5p)에서 서로 만나 통합된다. L5p 신경세포들이 두 신경회로를 모두 중계하기 때문이다. 이는 거미가 그물에 걸린 먹잇감을 찾아내는 것에 비유된다. 거미줄은 기본 의식, 먹잇감은 의식 내용에 해당한다. 자세한 설명은 본문을 참조하라.

3. 전전두엽

전전두엽, 뇌섬엽, 시상, 해마형성체는 의식의 생성에 중요한 역할을 한다.

1) 전전두엽의 해부학적 위치 및 세부구성

뇌의 어디를 전전두엽으로 정할지는 학자에 따라 조금씩 다르다. 전전두엽은 특별한 특징이 있는 구조가 아니며, 따로 분리되어 있지도 않기 때문이다. 전전두엽은 피질의 4번째 층(과립세포층)이 잘 발달한 것이 특징이다. 과립세포층은 주위의 세포들과 서로 많은 소통을 하는 층이다. 많은 정보를 서로 주고받으면서 매우 분석적

184

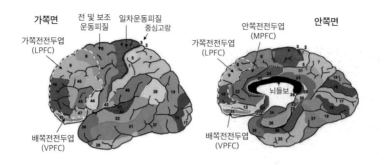

전전두엽의 위치와 구분

중심고랑 앞쪽 부위를 전두엽이라 한다. 전전두엽(흰점선으로 표시)은 전두
엽의 앞쪽 부분을 지칭하며 가쪽(LPFC), 안쪽(mPFC), 배쪽전두엽(vPFC)
으로 나눈다. 전전두엽 뒤쪽으로는 운동피질들이 위치한다.

인 기능을 한다는 뜻이다. 예로서 '판단'을 생각해 보라. 얼마나 많
은 정보들을 종합하고 분석해야 하는가.

다음 그림은 가쪽면 및 안쪽면 전전두엽의 위치와 대략적인 브로
드만 영역을 보여준다.

2) 전전두엽의 기능

사람 뇌의 기능을 직접적으로 보여주는 경우는 사고에 의한 뇌손
상 환자의 행동이나 마음을 관찰하는 것이 유일하다. 전전두엽의
기능을 알게 된 계기는 미국의 철도 노동자 게이지(Phineas Gage,
1823~1860)의 손상된 전전두엽이다. 철봉이 전전두엽을 뚫고 지나
가버린 끔찍한 사고였다.

1848년 25세의 게이지는 버몬트주 캐번디시에서 철도건설현장
감독자였는데, 암반 폭파 작업을 하던 중 화약이 폭발했다. 길이

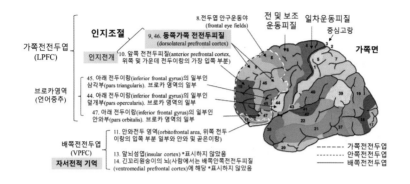

전전두엽의 부위별 기능

전전두엽을 구성하는 브로드만 영역을 표시하였다. 가쪽전전두엽은 인지 조절 기능을 한다. 인지의 시작, 즉 돌출사건 탐지는 전두뇌섬엽피질과 등 쪽앞쪽대상피질의 기능이다. FIC는 배쪽가쪽전전두엽(브로드만 구역 45, 47)과 앞뇌섬엽(브로드만 구역 13에 해당)을 합쳐서 부르는 구역이다. 가쪽 전전두엽의 아래 부위는 언어중추(브로카 영역) 기능을 한다. 배쪽 및 안쪽 전전두엽에는 자서전적 기억, 즉 나의 이야기가 저장되어 있다. 띠다발은 전전두엽과 다른 뇌 부위를 연결하는 길목 역할을 한다.

43인치, 지름 1.25인치, 무게 13.25파운드의 철봉이 게이지의 왼쪽 뺨을 관통하고 뇌를 파고들어 두개골을 뚫고 하늘 높이 날아올랐 다. 그의 왼쪽 눈은 실명했지만 의식을 잃지는 않았다.

　게이지의 생존은 그를 유명인사로 만들었지만, 그의 진정한 가치 는 이후 몇 달 동안 그를 치료한 의사인 존 마틴 할로우(John Martyn Harlow)의 관찰에 의해 역사에 새겨졌다. 게이지의 친구들은 게이 지가 '더 이상 게이지가 아니다'라는 것을 알았다. 그는 약속을 지 키지 않았고, 가장 심한 모독적인 말을 서슴지 않았고, 동료에 대한 약간의 존경심도 보이지 않았다. 그를 모범적인 감독이라고 생각 했던 철도건설회사는 그를 더 이상 고용하지 않았다.

Phineas Gage와 그의 두개골
게이지는 1848년 머리에 철봉이 꿰뚫고 지나가는 사고를 당했다. 왼쪽은 철봉이 그의 머리를 지나간 모습을 상상한 그림이며, 오른쪽은 철봉을 들고 찍은 그의 사진이다.

1848년 '철봉' 사고로 게이지의 왼쪽 전두엽이 망가졌다. 그는 그간의 기억은 정상적으로 유지할 수 있었고, 운동기술도 손상을 받지 않았다. 하지만 성격은 매우 심하게 변해버렸다. 그는 성격이 급해졌으며 참을성이 없어졌다. 이전에는 그는 이런 성격이 아니었다. 게이지의 경우를 보면 전전두엽이 행동과 생각을 관리하는 고차원적 기능을 함을 알 수 있다.

의식과 관련된 전전두엽의 주요 기능 신경망

• 중앙관리망(central executive network, CEN): 외부 인지대상을 처리한다.
• 기본모드신경망(default mode network, DMN): 외부대상에 반응하지 않을 때는 나에 대한 생각을 한다. 주로 배쪽안쪽전전두엽(vmPFC)의 기능이다.
• 주의신경망(attention network): 인식대상의 뇌활성을 탐지한다.

아래에 전전두엽의 기능을 하나씩 설명한다.

(1) 중앙관리기능

전전두엽은 가장 최근에 진화된 최고위 뇌기능 부위로서 흔히 최고관리자(CEO)에 비유된다. 뇌의 모든 감각정보 처리과정의 최종 도착지는 전전두엽이다. 처리된 최종정보를 바탕으로 전전두엽은 판단하고 결정하여 운동계통으로 명령을 하달한다. 이처럼 중앙관리는 인지 조절이다.

전전두엽에는 '행동요령원칙'이 있다. 이 원칙을 이용하여 전전두엽은 합리적인 목표를 설정하고, 계획을 세우고, 행동을 지휘한다. 외부 인지대상에 대하여 우리는 각자의 '행동요령원칙'에 따라 다르게 반응한다. 물론 그 원칙은 나의 경험이 만드는 신경회로이다.

'행동요령원칙'은 불교의 삼학(三學: 戒·定·慧)일 것이다. 탐하는 마음(貪)은 계율戒律로, 끓어오르는 분노의 마음(瞋)은 평온한 선정禪定으로, 미혹에 빠진 어리석은 마음(痴)은 진리의 마음, 즉 지혜智慧로 다스린다. 계·정·혜 삼학이 전전두엽에 존재하며, 이는 각자가 습득한 지식의 총합을 지혜롭게 엮은 것이다. 전전두엽은 영장류에서 출현하였으며, 사람 뇌에서 가장 잘 발달한 이성의 뇌이다.

(2) 나에 대한 생각: 자아가 거처하는 곳

나른하게 졸릴 때 우리는 자기 생각에 빠진다. 기본모드신경망(DMN)은 뇌가 외부대상에 반응하지 않을 때 활동하는 뇌 부위이다. 나의 과거, 현재, 그리고 미래에 대한 망상 혹은 마음의 배회이다.

　망상이나 배회는 내가 살아온 과거의 기억들을 근거로 일어난다. 그 기억은 크게 사건의 의미(semantic meaning)와 사건의 장면(scene)으로 구성된다. 사건의 의미가 저장된 곳이 배쪽안쪽전전두엽(vmPFC)이다. 과거 기억의 그림 장면들은 측두엽의 아래측두이랑(ITG)에 저장된다. 이 두 부위들은 뒤대상피질(PCC)을 통하여 연결되어 있다. vmPFC - PCC - ITG는 기본모드신경망의 뼈대를 이룬다. 이 신경망들은 자아의 근거가 된다. 기본모드신경망에 대하여는 「제8장 말나식(제7식)의 뇌」에서 자세히 설명한다.

(3) 인식대상 탐지: 주의신경망

주의신경망에는 2가지가 알려져 있다.

　1) 배쪽주위신경망(ventral attention network, VAN): 돌출자극탐지망이 여기에 해당한다. 돌출자극은 갑자기 불쑥 나타나는 자극이다. 망상도 일종의 돌출자극으로 볼 수 있다.

　2) 등쪽주위신경망(dorsal attention network, DAN): 이 신경망은 자신이 찾고자 의도하는 대상을 탐지하는 신경망이다. 예로서 군중 가운데 내가 찾는 사람을 가려내는 탐지망이다. 이 신경망은 의도적인 탐색대상에 대한 신호를 포섭하여 증폭시킨다. 매우 소란스러운 소음 가운데서도 어머니는 아기의 울음소리를 분간해 낸다.

① 주의신경망은 의근意根으로 간주된다

주의신경망은 뇌활성을 탐지하여 인지조절신경망인 중앙관리망으로 전달한다. 주의신경망은 의근의 기능과 매우 잘 부합한다. 왜냐

하면 의근(주의신경망)은 법경(뇌활성)을 포섭(탐지)하는 감각기능
이기 때문이다. 의근이 법경을 포섭한다는 것은 법경에 주의을 보
내 받아들인다는 뜻이다.

② 주의신경망에는 거대방추체신경세포(VEN)가 존재한다

주의신경망이 분포하는 전두두정피질(FIC), 앞대상피질(ACC), 앞
뇌섬엽(AI)에는 폰 에코노모 뉴런(von Economo neuron, VEN)이라는
특이한 신경세포가 존재한다. VEN은 매우 큰 방추체 모양의 신경
세포로서 큰 가지돌기와 멀리 퍼져 나가는 커다란 축삭을 가진다.
큰 가지돌기는 광범위한 범위에서 전전두엽으로 드나드는 신호를
용이하게 포착할 수 있으며, 또한 커다란 축삭으로 피질의 넓은 부
위로 신호를 빠르게 전달할 수 있다.

　VEN 신경세포는 일반지능신경망(general intelligence network, g
network)을 구성한다.* 일반지능신경망은 대뇌에 'g'자 모양으로 분
포하고 있는 뇌활성 탐지망으로 배쪽 및 등쪽주의신경망을 포함한
다. 따라서 일반지능신경망 전체가 의근으로 간주된다. 대뇌피질에
'g'자 모양으로 분포하고 있으면서 뇌의 각 부위에서 일어나는 뇌
활성을 탐지하여 전전두엽으로 보낸다.

---

*　Oliver J. Bruton, Is there a "g-neuron"? Establishing a systematic link
between general intelligence (g) and the von Economo neuron. Intelli-
gence 86, 2021, 101540, ISSN 0160 - 2896, https://doi.org/10.1016/j.intell.
2021.101540

4. 뇌섬엽(insula)

1) 뇌섬엽의 위치

뇌섬엽은 피질의 가쪽 가운데에 위치하는데, 전두엽, 두정엽 및 측두엽에 가려 겉에서는 보이지 않는다. 뇌섬엽을 덮는 피질 부위를 덮개(operculum, lid)라 한다. 뇌섬엽의 위쪽 부위는 앞쪽으로부터 안와덮개, 전두덮개 및 두정덮개가 덮으며, 아래쪽은 측두덮개가 뇌섬엽을 덮는다.

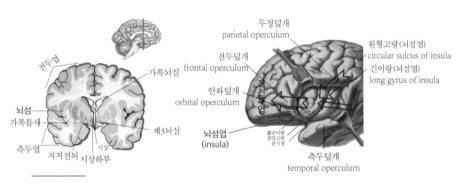

뇌섬엽

뇌섬엽은 피질이지만 밖에서는 보이지 않는다. 뇌섬엽은 피질하구조나 다른 피질에서 정보를 받으며, 처리한 정보를 전전두엽으로 전달하는 고위기능의 뇌 부위이다.

2) 뇌섬엽의 기능

뇌섬엽은 전전두엽과 함께 고위기능을 하는 대뇌피질이다. 고위기능이라 함은 여러 단계에 걸쳐 처리된 결과를 받아 종합하는 기능으로, 뇌섬엽은 상행 정보를 받아서 처리한 후, 더 고위의 전전두엽에 전달한다(위 그림 화살표).

(1) 돌출자극탐지망: 배쪽주의신경망(VAN)을 형성한다

뇌섬엽은 전두두정피질, 앞대상피질과 함께 돌출자극탐지망(SN)을 이루어 돌출자극을 탐지하는 의근 역할을 한다. 돌출자극탐지망을 배쪽주의신경망(VAN)이라 한다. 주의(attention)란 특별히 돌출된 자극에 관심을 보내는 것이다. '돌출'은 주변의 것들과 다름(에러error)이다. 그 '다름'은 자극 자체가 매우 클 수도 있고, 작지만 나의 의도가 키울 수도 있다. 일반적으로 말할 때 돌출자극은 나도 모르게 툭 튀어나오는 인식대상을 뜻한다. 무엇을 열심히 찾고 있는데 갑자기 시야에 무엇이 나타나던가, 소리가 펑! 하고 들리는 자극들이다. 이러한 돌출자극은 오른쪽 반구 뇌섬엽의 앞부분인 앞뇌섬엽과 등쪽앞대상피질(이 두 피질을 합하여 오른쪽 전두 - 앞뇌섬피질〔right fronto - insular cortex, rFIC〕이라 한다.)에 있는 신경망에 의

돌출자극 탐지와 전달

오른쪽 전두 - 앞뇌섬피질(rFIC)은 돌출자극에 제일 먼저 반응하는 뇌 부위이다. rFIC는 탐지한 자극을 등쪽앞대상피질(dACC)로 보내고, 등쪽앞대상피질은 이를 다양한 다른 대뇌 부위로 전달하여 자극에 대한 반응을 일으킨다. rFIC와 dACC에는 거대방추체신경세포(VEN)가 존재한다. 앞뇌섬엽(특히 rFIC)과 dACC는 돌출자극탐지망을 형성하기에 법경을 포섭하는 의근으로 간주된다.

하여 탐지되어 다른 신경망으로 전파된다. 따라서 rFIC는 뇌활성(法境)을 포섭하는 의근意根을 이루는 중요한 뇌 부위라고 할 수 있다. 왼쪽 뇌에도 left FIC(lFIC)가 있다. 하지만 rFIC보다 반응이 조금 느리고 크기도 작다. 아마도 왼쪽 뇌에는 언어중추가 크게 자리를 잡고 있어서 이러한 외부자극에 대한 탐지기능은 조금 덜 특화된 것 같다. 물론 lFIC도 의근이다.

(2) 느낌 생성 기능

뇌섬엽은 편도체에서 시작한 감정반응을 중계하여 전전두엽으로 보내 '느낌(feeling)'을 생성한다.

앞뇌섬엽은 모성애, 로맨스, 화, 겁, 슬픔, 행복, 불쾌감, 불평등, 분개, 사회적 배제, 신뢰, 공감 등과 같은 감정적 느낌에 관여한다.

일반적으로 편도체가 감정중추라고 하지만 뇌섬엽은 편도체보다 더 높은 차원에서 감정을 조절한다. 생리적 몸의 반응인 감정은 편도체가 중심이 되어 촉발된다. 뇌섬엽은 촉발된 몸의 반응을 전전두엽으로 전달하여 '느낌'이라는 의식이 생성되게 한다. 앞뇌섬엽 자체도 전전두엽에 포함된다.

(3) 감정이입 기능

뇌섬엽은 나 자신이 스스로 느끼는 느낌뿐 아니라 타인의 감정도 느낀다. 뇌섬엽에는 감정거울신경(affection mirror neuron)들이 있어 남의 감정을 비추는 감정이입이 가능하기 때문이다.

다른 사람이 고통을 느낄 때 나도 함께 고통을 느끼는 것은 상대

의 고통받는 모습이 시각계통을 통하여 나의 뇌섬엽에 있는 감정
거울신경을 자극하기 때문이다.

5. 시상(thalamus)

시상視床은 대뇌로 가는 신호를 분류하고 중계하는 커다란 물류센
터이다. 뇌줄기로부터 상행활성 신호를 받아 뇌 전체에 전달함으
로써 뇌의 각성 정도를 결정하기도 하고, 피질의 특정한 부위로 특
정 정보를 전달하기도 한다. 전자는 의식의 상태, 후자는 의식의 내
용을 만든다.

1) 시상의 모양과 위치

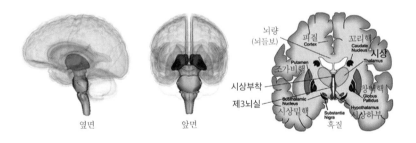

옆면 　　　 앞면

시상의 위치

왼쪽 및 중앙은 옆과 앞에서 본 시상의 위치와 모양을 보여준다. 오른쪽은
시상과 주변의 구조들을 보여준다. 앞에서 본 그림이다. 시상은 뇌의 가장
한가운 데에 위치하며 좌우 시상의 중앙은 시상부착(thalamic adhesion)으
로 서로 연결되어 있다. 양쪽 시상 사이의 공간이 제3뇌실이다.

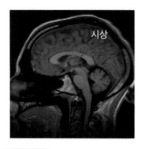

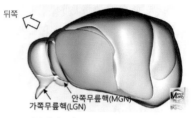

뒤쪽

안쪽무릎핵(MGN)

가쪽무릎핵(LGN)

시상의 앞쪽가쪽 모습(anterolateral view)

시상의 위치와 대략적 구조

사람 뇌 정중면 MRI 뇌영상에서 시상을 화살표로 표시하였다. 오른쪽 그림
은 시상의 모식도이다. 오른쪽이 앞쪽이다. 뒤쪽바깥쪽에서 꼬리 모양으로
튀어나온 부분이 시각을 중계하는 가쪽무릎핵이다. 가쪽무릎핵 옆에 있는
뒤쪽안쪽으로 튀어나온 핵은 청각을 중계하는 안쪽무릎핵이다.

    시상은 대뇌의 한가운데에 위치한다. 시상은 눈의 높이에 있다는
뜻이다. 시상은 뇌의 중앙에 있기에 대뇌반구를 앞에서 보면 제일
안쪽(가운데)에 위치한다. 좌우 반구에 하나씩 있는 두 개의 시상이
뇌의 제일 안쪽에서 서로 만나고 있다. 두 시상이 만나는 사이 공간
에는 제3뇌실이 있다.

    사람의 시상은 사이뇌에 속하며, 길이는 약 30mm, 높이 약
20mm, 너비 약 20mm이며, 약 1천만 개의 신경세포가 그룹을 지
어 30여 개의 핵을 만들고 있다.

2) 시상은 대뇌피질로 연결하는 중계센터이다

(1) 특수 시상 – 피질 전달: 의식의 내용을 생성

시상은 감각정보뿐 아니라 운동, 감정, 연합정보 등을 각각의 연관
된 대뇌피질로 중계한다. 운동중계핵은 소뇌나 기저핵에서 오는

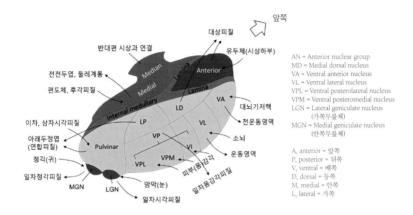

앞쪽

대상피질

유두체(시상하부)

반대편 시상과 연결

Median

Anterior

전전두엽, 둘레계통

Lamina

편도체, 후각피질

Medial

Lamina

LD

VA

대뇌기저핵

이차, 삼차시각피질

Internal medullary

LP

VL

전운동영역

아래두정엽
(연합피질)

VP

소뇌

Pulvinar

VI

운동영역

청각(귀)

VPM

VPL

피부(몸)감각

일차청각피질

MGN

LGN

망막(눈)

일차몸감각피질

일차시각피질

AN = Anterior nuclear group
MD = Medial dorsal nucleus
VA = Ventral anterior nucleus
VL = Ventral lateral nucleus
VPL = Ventral posterolateral nucleus
VPM = Ventral posteromedial nucleus
LGN = Lateral geniculate nucleus
　　　(가쪽무릎체)
MGN = Medial geniculate nucleus
　　　(안쪽무릎체)

A, anterior = 앞쪽
P, posterior = 뒤쪽
V, ventral = 배쪽
D, dorsal = 등쪽
M, medial = 안쪽
L, lateral = 가쪽

시상의 핵들과 정보중계

표시한 핵들은 특수 중계핵들이다. 안쪽수질판은 위에서 내려다보면 Y자
형태이다. 수질판내핵군은 뇌줄기의 그물형성체로부터 정보를 받아 뇌의
전체 부위로 전달하는 비특수 중계핵들이다. 이 중계는 대뇌를 각성시킨다.

정보를 운동피질로, 감정중계핵은 둘레계통에서 오는 정보를 둘레
계통 전전두엽으로, 연합피질중계핵은 연합피질에서 오는 정보를
다른 연합피질로 중계한다. 특수전달은 의식의 내용을 제공한다.

(2) 비특수 시상 – 피질 전달: 의식의 수준을 설정

시상의 주요 백색질인 안쪽수질판은 위에서 내려다보면 Y자 형태
이다. 이 백색질은 아래로 내려가면서 두꺼워지는데 그 속에 핵이
형성되어 있다. 이들을 수질판내핵군(ILN)이라 한다. 이들은 뇌줄
기의 그물형성체로부터 정보를 받아 뇌의 전체 부위로 전달하는
비특수 중계핵들이다. 이 중계는 상행그물활성계를 이루어 대뇌를
각성시킨다. 따라서 이 신호는 의식의 상태(각성 수준)를 결정한다.

196

3) '시상 ⇄ 피질 ⇄ 다른 피질' 사이의 재진입계는 의식 생성에 중요하다

시상은 거의 대부분의 대뇌피질과 서로 주고받는 재진입(reentrant) 방식으로 연결되어 있다. 시상 ⇄ 감각피질뿐 아니라 '피질 ⇄ 다른 피질' 사이에도 서로 주고받는 연결이 되어 있다. 시상 ⇄ 감각피질 ⇄ 다른 피질 사이의 재진입계통은 시상에서 들어온 정보를 다양한 피질 부위에 저장된 정보와 비교·분석하고 그 가치를 결정하는 역할을 한다. 따라서 이러한 재진입 연결은 의식의 생성에 중요한 역할을 하는 것으로 추정된다. 1972년 노벨 생리의학상 수상자 에델만(Gerald Maurice Edelman, 1929~2014)의 주장이다.

에델만은 "재진입식 신호전달은 동물의 뇌에서만 일어나는 독특한 현상으로 보이며, 살아있는 한 경험·학습을 통하여 재진입 연

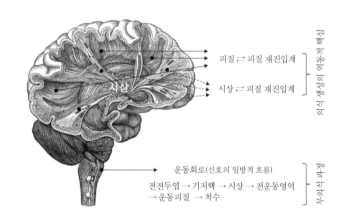

의식 생성의 역동 핵심구조

시상은 대부분의 대뇌피질과 서로 주고받는 재진입 방식으로 연결되어 있다. 예로서 시상의 감각전달 부위와 대뇌의 일차감각피질 부위들이 1:1로 재진입 방식으로 연결되어 있다. 한편 대뇌피질의 각 부위들은 다른 대뇌 피질들과도 1:1 재진입 방식으로 연결되어 다양한 정보를 서로 교환한다.

결은 계속된다."라고 하였다. 그는 의식은 재진입계를 통한 역동적 정보교환일 것으로 주장한다.

4) 운동계통은 무의식에서 일어난다

이와 대조적으로 운동회로는 재진입 연결이 아니다. 운동은 대뇌 → 대뇌기저핵 → 시상 → 운동피질 → 척수 → 근육으로 흐르는 일방적 신호전달 방식으로 연결되어 있다. 이 신호전달은 하나의 운동을 위하여 매우 짧은 순간만 작동한다. 순식간에 일방적으로 흐르는 신호전달은 그 내용을 의식에 머무르게 할 수 없다.

대상을 주시하는 '의식적' 상황과 비교해 보라. 예로서 나비를 주시하는 상황은 나비의 모습이나 움직임 등이 시각경로를 통하여 계속 뇌로 들어오고 그 정보를 파악하는 과정이 연속된다. 이는 의식적인 과정이다. 반면에 운동은 그 과정이 의식에 머물지 않는다. 예로서 공을 던지는 운동은 한순간에 일어난다. 몸통의, 팔의 어떤 근육들을 어느 정도 세기로 얼마나 오랜 시간 동안 수축 혹은 이완했는지 우리는 알지 못한다. 무의식적 과정을 통하여 일어났기 때문이다. 단지 결과인 '공을 던졌다'는 사실만 의식한다. 그것은 보고 느낄 수 있는 의식적 사실이기 때문이다. 운동신경계통은 재진입 방식이 아니기에 무의식적 과정이다.

6. 해마형성체(hippocampal formation)

1) 해마의 위치와 구조

해마는 측두엽에서 피질이 안쪽으로 말려 들어간 부분이기 때문에 밖에서는 보이지 않는 대뇌피질이다. 바다생물인 해마(sea horse) 와 닮았기 때문에 해마라는 이름이 붙여졌다.

　해마의 정확한 해부학적 용어는 해마형성체(hippocampal forma-tion)이다. 측두엽 아랫면에서 해마곁이랑(parahippocampal gyrus)이 안쪽으로 말려 들어가면서 차례로 생기는 해마이행부(subiculum), 고유해마(hippocampus proper) 및 치아이랑(dentate gyrus)으로 이루어진다.

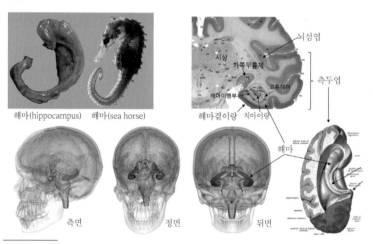

해마형성체의 위치

측두엽 아랫면에서 해마형성체는 해마곁이랑이 안쪽으로 말려 들어가면서 차례로 생기는 해마이행부, 고유해마 및 치아이랑으로 이루어진다(위 오른쪽 단면도). 해마는 앞쪽 아래쪽이 굵고, 뒤쪽 위쪽으로 올라오면서 가늘어진다(아래 맨 오른쪽 그림).

2) 해마와 정보의 결합문제

(1) 의식에서 결합문제란?

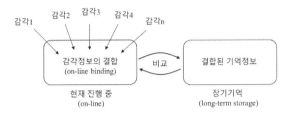

의식에서 정보의 결합

여러 가지 정보들이 함께 존재하며, 이들은 서로 유기적으로 연결되어야
의미를 갖는 의식이 된다. 의식하고 있는 동안에는 현재 입력되고 있는 정
보들이 기억된 정보들과 연관되어 분석된다. 의식의 내용은 서로 결합된
상태로 장기기억이 된다.

대뇌피질은 동시에 여러 가지 정보를 처리한다. 감각계통만 보더
라도 오감이 동시에 피질에 생성된다. 오감에 이어서 수온(느낌)·
상온(인식)·행온(욕구, 의지)·식온(의식, 마음)이 일어난다. 이런 다
양한 감각과 느낌, 생각들은 통합(결합)되어 의미를 갖는 마음(의
식)이 된다.

시간적으로는 두 가지 측면에서 결합을 생각할 수 있다. 첫째, 지
금 현재의 의식에서 서로 유기적으로 결합되어야 한다. 여러 가지
뇌활성들은 서로 적절히 연결되어야 전체적으로 의미를 갖는다.
둘째, 여러 가지 뇌활성들이 장기기억으로 전환될 때 서로 결합되
어 하나의 큰 단위로 저장되어야 한다. 장기기억에서 결합은 피질
의 다양한 부위에 있는 신경세포들이 서로 물리적으로 연결됨을
의미한다.

200

(2) 결합과정에서 감마진동과 해마의 역할에 대한 가설

① 40Hz 진동에 의한 정보의 일시적 결합

일시적 결합은 작업기억 동안에 인식하고 있는 다양한 내용이 하나로 통합되어 의식됨을 의미한다. 실험에 의하면 의식이 있거나 꿈을 꿀 때 시상과 피질에 40Hz 감마뇌파진동이 일어난다. 감마뇌파는 가장 빠른 진동의 뇌파인데, 프랜시스 크릭(Francis Crick)과 크리스토프 코흐(Christof Koch)는 동시에 감마뇌파를 발생하는 정보들은 서로 결합된다고 주장한다.* 즉 이들은 결합되어 통합된 의미(의식의 내용)를 생성한다는 것이다.

② 감마뇌파들의 공조

뇌의 다양한 부위는 각각 다른 내용을 처리한다. 감각만 보더라도 시각, 청각, 후각 등이 각기 다른 뇌 부위에서 분석된다. 하지만 하나의 대상에서 발생하는 감각정보들은 40Hz로 공조(synchronization)한다. 예로서 상대방의 모습과 목소리는 동시에 감각되어 나의 뇌의 시각피질과 청각피질에 뇌활성을 일으키며, 그 뇌활성들은 40Hz로 공조한다. 40Hz로 공조된 뇌파는 의식으로 들어와 하나로 통합된다.

* Crick, F., Koch, C.(2003). "Framework for consciousness". Nature Neuroscience. 6 (2): 119 - 26.

③장기적 결합문제

시각, 청각 등 작업기억(working memory)에서 일시적으로 결합된 의식 내용들은 회상될 때도 하나의 결합된 내용으로 회상된다. 동일한 대상에 대한 정보들이 서로 결합되어 저장되었다는 의미이다. 어떻게 지형적으로 멀리 떨어져 있는 뇌신경회로들이 서로 연결되어 저장될까?

우리는 장기기억의 형성에는 해마가 필요함을 알고 있다. 따라서 해마가 다양한 의식의 내용들을 하나로 연결할 것으로 본다. 해마가 이런 역할을 할 수 있는 이유는 해마를 통한 신경회로의 연결에서 찾아볼 수 있다. 대뇌피질의 다양한 부위에서 시작한 정보들은 모두 해마로 전달된다고 하여도 과언이 아니다. 따라서 해마는 대

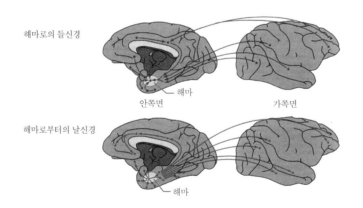

해마 - 대뇌피질 연결

대뇌피질의 모든 부위에서 시작된 정보는 들신경을 통하여 해마로 들어가고, 동일한 피질 부위로 해마의 날신경이 연결되어 있다. 해마는 정보의 집결장소이다. 관련된 정보들은 감마진동으로 공조하기 때문에 이들은 해마를 통하여 연결된다.

뇌의 모든 부분과 연결되어 있다. 모든 뇌활성이 궁극적으로는 해마로 모이기 때문에 해마는 대뇌피질의 어느 곳에 감마파가 일어나는지를 알 수 있다. 해마는 서로 공조하는 감마파를 일으키는 회로들에게 서로 연결하라고 명령할 것으로 추정된다. 이 연결이 일어나는 과정이 장기기억이 생성되는 기간이다. 리허설을 하면 이 과정이 촉진된다. 일단 장기기억이 생성되면 해마의 역할은 더 이상 필요 없게 된다.

3) 해마는 단기기억을 장기기억으로 바꾼다

해마는 측두엽 아랫면에서 안쪽으로 말려 들어가서 밖에서는 보이지 않는다. 따라서 해마는 대뇌피질이기는 하지만 대뇌피질 아래에 위치하는 것처럼 보여 피질하구조로 분류되기도 한다. 해마는 기억과 공간항해, 즉 네비게이션에 관여한다.

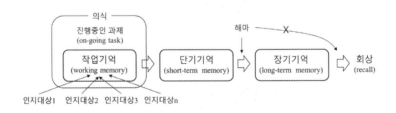

기억의 단계와 해마의 역할
작업기억 가운데 일부 대상들은 단기기억으로 전환되고, 단기기억 가운데 일부는 장기기억이 된다. 단기기억에서 장기기억으로 전환될 때 해마가 필요하다. 일단 장기기억이 형성되면 회상하는 데는 해마가 필요 없다.

(1) 작업기억

어떤 과제를 수행하기 위해서는 몇 가지 정보(인지대상)들을 의식
속으로 불러들여 기억하여야 한다. 이 정보들은 잠시 기억되었다
가 사라지고 다시 다른 사안들이 기억공간으로 떠올라온다. 이러
한 기억을 작업기억이라 한다. 보통 4~5가지 사안들만 동시에 작
업기억에 떠올릴 수 있고, 10~15초 동안 유지된다. 몇 가지를 동시
에 기억할 수 있는지는 '매직넘버 7±2'로 알려져 있다. 1956년 밀
러(Miller, G. A.)의 연구*에 따르면 작업기억의 한계는 7±2, 즉 5개
에서 9개까지라는 것이다. 모르는 사람의 전화번호를 잠시 기억하
면서 전화기의 다이얼을 누르는 상황을 생각해 보라. 전화번호가 8
자리 숫자라면 대부분의 사람들은 전화번호를 전해 듣고 바로 전
화할 수 없다. 작업기억의 한계를 넘기 때문이다. 전화번호를 7자
리 숫자로 한정하는 이유이다.

(2) 단기기억: 인산화의 역할

작업기억 가운데 일부는 단기기억(short‑term memory)으로 전환
된다. 단기기억은 보통 20분 이내로 기억하는 것을 말한다. 작업기
억도 일종의 단기기억이지만 분리하였다. 기억이 신경회로에 존재
하기에, 관련 신경회로가 단기간이지만 신경세포들끼리의 '연결이

---

*   Miller, G. A.(1956). The magical number seven, plus or minus two: Some
limits on our capacity for processing information. Psychological Review. 63
(2): 81‑97.

강화된 상태'로 남아 있어야 한다는 뜻이다. 단기기억은 연접단백질들에 인산화가 일어나 단기간 연결이 강화된 상태의 신경회로를 유지한다. 연접의 구조가 변화된 것은 아니다.

　인산화는 일시적인 변화이며, 20분 정도 후에는 탈인산화되어 연접강화 효과가 사라진다. 이처럼 인산화는 단기기억이 생성되는 기전이다.

(3) 장기기억: 해마의 역할

해마는 단기기억을 장기기억으로 전환한다. 연접 수준에서 말하면, 단기기억에서 장기기억으로 전환되기 위해서는 연접의 구조적 변화가 일어나야 한다. 연접 연결이 물리적으로 더 강하게 되어야 한다는 뜻이다. 더 강한 연접을 만들어야 그 회로가 허물어지지 않고 오래 지속되어 장기기억이 된다. 쉽게 생각하면 연접이 더 커진다. 커지다가 더 이상 커질 수 없으면 두 개로 갈라지고 갈라진 연접이 각각 더 커진다. 연접은 변할 수 있는 성질, 즉 가소성(plasticity)이 있기 때문이다. 가소성은 기능적 측면을 강조하는 말이지만 기능적 변화는 항상 구조적 변화를 동반한다.

　하지만 일단 장기기억으로 전환되면 더 이상 해마의 역할이 필요 없다. 술에 취한 경우가 이를 잘 증명한다. 어느 정도 술에 취하게 되면 해마의 기능이 먼저 마비된다. 그래도 대뇌의 기능은 마비되지 않기 때문에 술이 취한 상태에서도 대화는 가능하다. 대화는 상대방의 말을 잠시 기억하고 그에 대한 자신의 생각을 말한다는 것이다. 작업기억 및 단기기억기능이 살아있다는 뜻이다. 작업기억 및 단기기억기능이 마비되면 그것은 인사불성 상태이다.

만취가 되어도 집은 잘 찾아간다. 하지만 아침에 깨어나면 전날 밤 대화 내용은 물론 어떻게 집에 왔는지조차 기억나지 않는다. 술(알코올)에 의하여 해마가 마취되어 전날 술자리에서의 대화 내용은 기억나지 않지만(장기기억으로 전환되지 않았지만), 이미 장기기억으로 저장되어 있는 '집을 찾아오는 길'을 회상하는 데 문제가 없었던 것이다.

장기기억을 형성하는 데는 해마가 필요하지만 장기기억이 형성되고 나면 해마가 필요 없다는 것은 무엇을 의미할까? 기억 형성은 신경회로의 생성이다. 기억이 형성되는 동안 해마는 대뇌피질 신경세포들 사이의 연결을 촉진시킨다. 특히 서로 멀리 떨어져 있는 신경세포들(신경회로)끼리는 해마를 통하여 서로 연결된다. 처음에는 해마를 통하여 연결되었지만 시간이 경과하면서 대뇌피질 신경세포(신경회로)들 사이에 직접 연결이 일어난다. 그 과정을 해마가 촉진한다고 보면 된다. 일단 대뇌피질 신경세포들 사이에 연결이 일어나 장기기억이 생성되면 더 이상 해마는 필요 없게 된다.

4) 환자 H.M.과 R.B. 뇌와 장기기억 형성 기전의 발견

뇌의 어떤 구조가 무슨 기능을 하는지에 대한 이해는 대부분 뇌손상 환자를 통해서 알 수 있다. 장기기억의 형성에 관여하는 뇌 구조는 헨리 몰래슨(Henry Molaison, H.M.)이라는 환자의 경우에서 처음 알려지게 되었다. H.M.은 1926년 미국 코네티컷주 맨체스터에서 태어났다. 7살 때 자전거를 타다가 넘어져 머리에 큰 충격을 입었다. 이 때문인지 그는 수년간 약한 간질을 앓다가, 16살부터는 간질이 심하게 되어 27살에는 직장 일을 할 수 없게 되었다.

27살이던 1953년 그는 콘네티컷 하트포드병원의 신경외과의사 스코빌(William Beecher Scoville)을 찾는다. 스코빌은 H.M.의 왼쪽 및 오른쪽 뇌의 안쪽측두엽에 간질이 있음을 확인하고, 그해 9월 안쪽측두엽을 제거하는 수술을 한다. 이때 양측 안쪽측두엽에 접근하기 위하여 전두엽을 들어 올리고 해마를 비롯한 편도체의 대부분, 그리고 감각정보가 해마로 들어가는 부분인 속후각피질(entorhinal cortex)도 제거하였다. 세월이 지나면서 2cm 정도 남겨두었던 나머지 해마 부분도 완전히 퇴화한 것이 사후 부검에서 밝혀졌다.

수술은 성공적인 것처럼 보였다. 간질이 없어졌기 때문이다. 하지만 그는 심각한 전향기억상실증(anterograde amnesia)을 나타냈다. 어떤 사건 이후, 즉 앞으로 일어나는 일에 대한 기억을 못하기 때문에 '전향'이라는 용어를 쓴다. 그는 수술 후의 새로운 사실들

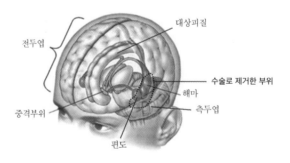

H.M.의 측두엽 절제수술
하트포드병원의 외과의사 스코빌은 H.M.의 간질을 치료하기 위하여 왼쪽 및 오른쪽 측두엽의 안쪽 부위(점선)를 제거하였다.

을 전혀 기억하지 못하였다. 그는 말년까지 크로스워드 퍼즐을 할
수 있었으며 수술 이전의 기억들은 온전하였다. 퍼즐을 할 수 있
었다는 것은 단기기억은 손상을 받지 않았음을 의미한다. 그리고

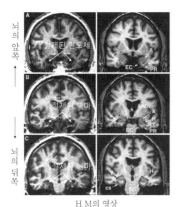
H.M의 영상

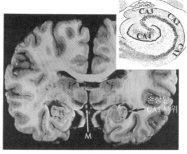
R.B 뇌 절편

H.M 및 R.B의 손상된 뇌 부위
왼쪽 뇌영상의 오른쪽 사진은 정상인, 왼쪽 사진들이 H.M.의 뇌영상이다.
해마가 절제되었음을 보여준다. 오른쪽 R.B의 뇌절편에서 해마의 CA1 부
위가 손상되어 신경세포들이 거의 없음을 보여준다. 해마의 각 부위와 정
상적인 신경세포들의 분포를 위 작은 그림이 보여준다. (그림 출처) H.M 뇌
영상* 및 R.B 뇌영상**에서 수정.

*   Suzanne Corkin, David G. Amaral, R. Gilberto González, Keith A.
    Johnson and Bradley T. Hyman. Journal of Neuroscience 15 May
    1997, 17(10) 3964 - 3979; DOI: https://doi.org/10.1523/JNEUROSCI.17 -
    10 - 03964.1997.

** Zola - Morgan S, Squire LR, Amaral DG.(1986). Human amnesia and the
    medial temporal region: enduring memory impairment following a bilateral
    lesion limited to field CA1 of the hippocampus. J Neurosci. 6(10): 2950 - 67.

작업기억과 절차기억(운동기억) 또한 손상을 받지 않았다. 이와 같
은 현상들은 해마가 장기기억의 형성에 관여하며 일단 장기기억이
만들어지면 이를 회상하는 데는 필요 없음을 의미한다. 스코빌은
H.M.에 대한 임상증례를 1957년에 보고하였다.[*]

훗날 환자 R.B.의 경우에서 해마가 장기기억 형성에 중요하다는
결정적 증거가 나왔다. R.B.는 뇌졸중을 앓았는데, H.M.과 유사한
형태의 기억손상을 나타냈다. 사후 R.B.의 뇌를 조사한 결과 해마
의 CA1 부위에 손상을 입은 것으로 밝혀졌다.[**] CA1은 해마의 신
경회로를 구성하는 중요한 부위이다.

7. 붓다의 가르침과 현대 신경과학이 보는 의식의 생성 기전

붓다는 법경法境이 마노(mano, 意根)에 포섭되면 마노의 알음알이
(意識)가 된다고 하였다. 의식은 인식대상이 주의신경망(의근)에 포
섭되어 글로벌 작업공간으로 들어오면 인지조절신경망이 처리하
여 운동계통을 통하여 표현되는 과정이다. 처리과정에서 장기기억

---

[*]　William Beecher Scoville and Brenda Milner(1957). Loss of recent memory after bilateral hippocampal lesions. Journal of Neurology, Neurosurgery, and Psychiatry. 20(1): 11 - 21.

[**]　Zola - Morgan S, Squire LR, Amaral DG.(1986). Human amnesia and the medial temporal region: enduring memory impairment following a bilateral lesion limited to field CA1 of the hippocampus. J Neurosci. 6(10): 2950 - 67.

과 가치 계통이 개입한다. 작업공간에 들어온 정보들은 40Hz 감마
뇌파로 공조되어 진동한다. 여기에 관여하는 뇌신경회로들 사이에
는 재진입계통으로 연결되어 있다. 의식에 대한 여러 가지 주장들
가운데 글로벌 작업공간 이론과 재진입 이론을 바탕으로 붓다의
가르침을 첨가하여 구성해 본 저자의 주관적인 해석이다.

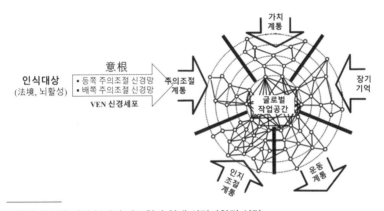

의식의 생성에 대한 붓다의 가르침과 현대 신경과학적 설명

〔요약〕

• 의식은 두 가지 측면(의식의 수준과 의식의 내용)이 있다.

• 전전두엽, 뇌섬엽, 시상, 해마형성체는 의식의 생성에 중요한 역
  할을 한다.

• 전두엽의 주요 기능망은 다음과 같다.

  - 중앙관리망(CEN): 외부인지대상을 처리한다.

  - 기본모드신경망(DMN): 외부대상에 반응하지 않을 때 활성화
    되며, 나에 대한 생각을 한다.

- 주의신경망(attention network): 인식대상을 탐지하는 기능이다.

• 주의신경망은 의근意根으로 간주되며 두 가지가 있다.

- 배쪽주위신경망(VAN): 돌출자극(salience)을 탐지한다.

- 등쪽주위신경망(DAN): 찾고자 의도하는 대상을 탐지하는 신경망이다.

• 주의신경망에는 거대방추체신경세포(VEN)가 존재한다.

• 뇌섬엽은 돌출자극탐지, 몸의 항상성 조절, 기분 조절, 느낌 생성, 감정이입 기능을 한다.

• 시상은 대뇌피질로 연결하는 중계센터이다.

- 후각을 제외한 모든 감각정보는 시상을 거쳐서 대뇌의 일차감각피질로 전달된다.

- 의식의 내용은 특수 시상 - 피질 전달이 중계한다.

- 의식의 수준은 비특수 시상 - 피질 전달이 결정한다.

- '시상 ⇌ 피질 ⇌ 다른 피질' 사이의 재진입계는 의식 생성에 중요하다.

제8장 말나식(제7식)의 뇌
- 기본모드신경망

불교에서는 마음은 심(心, citta)·의(意, manas)·식(識, vijñāna) 세 가지 측면이 있다고 설명한다. 초기불교에서는 이들을 모두 마음이라고 하는 동일한 실체의 서로 다른 표현양상이라고 보았다. 훗날 유식불교에서는 이들을 각기 다른 실체로 보았다. 의식하는 마음을 식(제6식), 생각하는 측면의 마음을 의(제7식), 근저에 쌓여 있는 근본 바탕을 이루는 마음을 심(제8식)이라 하였다. 이 가운데 제7식 말나식(末那識, manas)은 생각하고 헤아리는 마음, 즉 사량思量하는 측면의 마음을 의미한다. 축적된 경험과 기억을 토대로 현재의 인식대상을 그 자체로, 즉 '있는 그대로' 인식하지 아니하고 이모저모로 생각하고 헤아리는 마음이 제7식 말나식이다.

　전오식과 제6식 의식은 겉으로 드러나는 현상식이다. 반면에 제7식과 8식은 심층식이다. 심층식은 스스로 독립되어 나타나지 않는다. 다만 의식에 영향을 미치는 숨은 마음이다. 말나식은 인식 대상을 자기중심적으로 바라보게 하여 아치我痴·아견我見·아만我慢·아애我愛의 4가지의 근본번뇌를 일으킨다. 이는 자아(ego)의 뇌와 밀접하게 연관되어 있다. 자아의 신경근거인 기본모드신경망이 말나식을 나타낸다.

1. 말나식(末那識, manas)이란?

마나스(manas)는 '생각한다'는 어근 √man에서 파생한 말이다. 생각하는 측면의 마음이 말나식이다. 말나식의 특징은 다음과 같다.

1) 사량식思量識이다. 말나식은 생각하고 헤아리는 마음이다.

2) 분별식分別識이다. 감각기관을 통해 감각대상을 받아들일 때 '있는 그대로' 인식하지 아니하고 자신의 경험과 기준으로 분별하여 어리석음, 착각, 교만, 애착 등을 일으킨다.

3) 말나식은 의식이 의지하는 곳이면서, 자신은 아뢰야식에 의지해 활동한다.

4) 나에 대한 집착과 법에 대한 집착 등의 근본번뇌를 일으킨다.

5) 분별하기 때문에 선과 악의 마음작용을 끊임없이 일으키고 많은 업을 짓도록 해서 윤회의 원동력이 된다.

6) '나는 나다'라는 자기의식, 자아의식과 이기심의 근원이다.

7) 서양심리학에서 말하는 자아본능이며, 심층의 무의식이다.

8) 한편으로 내가 나를 잃어버리지 않고 나를 유지하며 살아갈 수 있도록 하는 생존본능의식이다.

1) 유식학에서 말나식은 제7식이다

말나식은 유식학파를 비롯한 대승불교에서 마음을 8가지로 분류할 때 제7식이다. 말나末那는 산스크리트어 마나스(manas: 문자를 따라 의역하면 意) 또는 마나스 비즈냐나(manas - vijñāna: 문자를 따라 의역하면 意識)를 음역한 것으로 의意라고도 의역된다. 하지만 제6식인 의식(mano - vijñāna)과 구별하기 위해서 음역을 사용하여 '말나'라고 한다.

2) 말나식은 의식이 의지하는 곳이면서, 자신은 아뢰야식에 의지해 활동한다

말나식은 사량식이다. 끊임없이 생각하고 헤아리는 마음이다. 외부대상을 인식할 때 말나식이 관여하여 '대상을 있는 그대로' 인식하는 것이 아니라 나의 주관이 들어간 채로 인식한다. 외부의 인식대상을 나의 기준과 편견으로 인식한다는 뜻이다.

말나식은 제8식 아뢰야식阿賴耶識에 저장된 마음의 씨앗(種子)을 끌어내어 의식으로 드러나게 한다. 저장된 아뢰야식을 현재의 의식으로 현행現行시키고 생각이 끊임없이 일어나게 하는 역할을 한다. 이는 망상·배회하는 마음을 의미한다. 종자는 저장된 기억이다. 말나식은 과거의 기억을 들춰내어 제6식 의식으로 불러내는 역할을 한다. 말하자면 말나식은 심층의식이 드러날 때는 아뢰야식과 의식 사이에서 매개 역할을 하고, 현재의 외부대상을 인식할 때는 주관적으로 보게 한다. 그렇게 하여 주관으로 왜곡된 종자가 아뢰야식에 쌓이게 되고, 왜곡된 종자를 말나식이 끌어내어 현재의 의식에 첨가함으로써 대상을 있는 그대로 보지 못하게 한다.

214

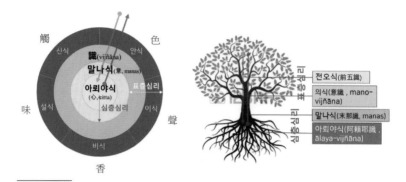

심의식의 상관관계

전오식과 의식은 마음의 표층심리이며, 말나식과 아뢰야식은 심층심리이
다. 표층심리에 말나식이 개입하고 그 결과는 아뢰야식에 저장된다. 아뢰
야식의 종자는 말나식이 끌어내어 의식으로 드러낸다.

아뢰야식은 인식한 내용이 저장된 저장식이다. 감각대상인 색·
성·향·미·촉을 감각기관인 안·이·비·설·신근根이 포섭하면 전
오식이 되고, 이들을 의근이 포섭하면 제6식인 의식이 된다. 전오
식과 의식은 표층심리이다.

전오식이 의식에 들어올 때 말나식이 개입한다. 제7식 말나식은
전오식을 '있는 그대로' 받아들이지 아니하고, 번뇌로 물들인다. 이
렇게 하여 인식대상은 번뇌로 물들여진 상태로 심층식인 제8식 아
뢰야식에 저장된다. 아뢰야식에 저장된 기억들을 종자라 한다.

한편 말나식은 아뢰야식에 저장된 정보들을 끌어내어 의식으로
드러낸다(현행시킨다). 이미 번뇌로 물들어 있는 저장된 정보(종자)
를 사용하기에 이때도 번뇌로 물들여진 의식이 된다. 이와 같이 말
나식은 아뢰야식과 의식 사이에서 매개 역할을 하여 끊임없이 생
각이 일어나게 작용하는 마음이다.

3) 말나식의 본질적인 성질은 끊임없는 사량이다

우리는 생각을 멈출 수 없다. 끊임없이 흘러가는 생각은 말나식의 작용이다. 말나식의 이러한 본질적인 성질인 사량思量은 부정적인 형태로 나타나기도 하고 긍정적인 형태로 나타나기도 한다. 번뇌로 혼탁해진 말나식은 항상 아치·아견·아만·아애의 4번뇌, 즉 4가지의 근본번뇌의 마음작용과 함께 일어난다.

4) 인간은 왜 그렇게 많은 사량을 할까?

연구에 의하면 30세 남성의 경우 1분에 6.5가지 생각을 한다. 하루 16시간 깨어 있다고 가정하면 하루에 6,240가지 생각이 오간다는 뜻이다.* 대략 10초에 한 가지씩 생각이 옮겨간다. 과연 인간은 '생각하는 갈대'이다. 마음은 특별히 어떤 외부대상을 인식하지 않으면 '기본적으로(by default)' 생각에 빠진다. 그 생각은 망상이다.

5) 사량은 번뇌로 물든 자아의 뇌기능이다

뇌는 사람 몸무게의 2% 정도로 작지만, 우리가 쓰는 에너지의 20%를 사용한다. 이를 이상하게 여긴 과학자들이 뇌가 '휴식 중(at rest, 나비를 보는 것과 같은 외부자극에 대응하지 않을 때)'일 때에도 전전두엽을 포함한 광범위한 뇌 부위에서 놀라운 수준의 뇌활동이

---

* Tseng, J., Poppenk, J. Brain meta-state transitions demarcate thoughts across task contexts exposing the mental noise of trait neuroticism. Nat Commun 11, 3480(2020). https://doi.org/10.1038/s41467-020-17255-9

있음을 알았다. 깨어 있는 한(각성된 의식이 있는 한) '휴식 중'에도 실제로는 뇌가 활발히 일하고 있다. 외부 인식대상에 반응하지 않을 때 뇌는 자신의 내면을 들여다보며 '자기 이야기'를 한다. '이야기하는 자아(narrative ego)'의 기능이다. 나의 과거, 현재, 미래에 대한 공상, 망상, 심지어 남이 나를 어떻게 생각하는지도 생각한다. 특별한 목적도 없이 그냥 생각한다.

번뇌로 혼탁해진 사량은 항상 나와 관련되어 있다. 아치·아견·아만·아애 4번뇌가 모두 나와 관련된 말나식(사량식)이다. 나와 관련되지 않은 인식대상은 4번뇌로 분별하지 않는다. 계산하는 경우를 생각해 보라. 1+1=2라는 생각에 번뇌가 끼어들지 않는다. '저것은 작은 나무다'라고 인식하는데 번뇌로 분별하지 않는다. 하지만 '저것은 내가 심은 작은 나무'인 경우에는 번뇌의 분별심이 끼어든다. 나와 관련되어 있기 때문이다. 내가 심은 나무인데 왜 빨리 자라지 않을까, 왜 시들까 등등의 분별사량이 개입한다.

사실 우리의 뇌가 생각(思量)으로 과부하가 걸려 있는 것은 그렇게 진화되었기 때문이다. 요모조모를 생각하는 것은 과거 원시시대를 거치는 동안에 생존을 위한 유용한 적응 도구였다. 그렇지 않았으면 우리는 굶어 죽었거나 포식자들로부터 살아남지 못하였을 것이다. 많은 생각은 한편으로는 창의적인 뇌를 만들어 과학기술을 발전시켰다. 하지만 우리는 더 이상 비우호적인 야생에서 살지 않는다. 한때 우리를 포식자들로부터 살아남게 하였고, 새로운 기술의 창조에 기여하였던 다양한 사량은 현대를 사는 우리에게는 불행한 마음을 만드는 장치로 전락하고 말았다.

사량은 대부분 과거의 기억을 떠올리는 것이다. 왜 인간은 기본적으로 과거 생각에 빠질까? 왜 과거의 기억을 떠올리는 것이 생존에 유리하게 작용할까? 뇌의 진화를 생각하기 위하여 저 먼 태고의 원시시대로 돌아가 보자. 협조적이지 못한 자연환경에서 살아남아야 할 당시에는 지난 일을 회상하여 기억을 공고히 해야 할 필요가 있었다. 어느 산 능선에 가면 맛 나는 먹거리가 있으며, 어느 계곡에 가면 무서운 포식자 우글대는지 기억하는 자가 살아남는 데 유리하지 않았을까. 그렇게 기억기능이 탁월한 자가 살아남아 현대 인류가 되었다.

경험하고 학습한 내용을 잘 기억하는 인간이 결국 지구를 지배하게 되었다. 그 탁월한 기억능력으로 나의 과거에 대한 기억은 나의 뇌에 차곡차곡 쌓이고, 그 기억들은 연결되어 '나의 이야기'를 만든다. 나의 이야기는 현재 일어나고 있는 인식과정에 개입하여, 현재의 인식대상을 분별한다. 나와 관련된 경험이 쌓이는 곳이 뇌의 기본모드신경망(DMN)이다. 이는 '이야기하는 자아(narrative ego)'가 된다.

6) 자아는 성장하고 말나식은 자아의 뇌에 똬리를 튼다

살아가면서 쌓아가는 지식은 나의 자아(ego)를 형성한다. 갓 태어났을 때 나의 자아는 미미했다. 경험과 지식이 미미했기 때문이다. 하지만 세상을 살아가면서 나의 자아는 성장하고 강고해진다. 나이가 들수록 그 자아는 강해지고 고집불통이 된다. 나와 관련된 지식이 많아지기에 자아는 강해지고, 나이가 들면 뇌신경세포는 가소성이 떨어져 잘 변하지 않기 때문에 고집불통이 된다. 지식은 대뇌 전체에 흩어져 생성되고 저장되지만, 그 가운데 자아를 생성하는 뇌신경회로는 특정한 곳에 집중되어 쌓인다. 자아는 '나'임에 대한 인식이다. 그것은 '나의 이야기'가 쌓인 곳이다. 자아는 기본모드신경망에 거처한다. 나의 이기심, 서운함, 편견, 선입관, 가치관 등도 여기에 쌓인다. 이들은 분별심의 근원이 된다. 이렇게 분별심(말나식)은 기본모드신경망에 스며들어 자아와 늘 함께 활동한다.

　기본모드신경망은 후방대상피질(PCC), 배쪽안쪽전전두엽(vmPFC)에 집중되지만 측두엽을 포함하여 뇌에 넓게 퍼진 일련의 거대한 뇌신경망이다. 이처럼 번뇌는 자아와 함께 기본모드신경망에 똬리를 틀고 앉아 신·구·의 삼업의 불을 지피고 있다.

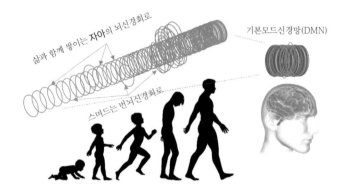

자아와 분별심의 뇌

삶의 경험과 지식은 기본모드신경망에 쌓여 자아를 형성한다. 경험과 지식은 필히 분별심으로 물들어 있다. 이처럼 분별심(말나식)은 자아의 뇌에 똬리를 틀고 있다. (그림 출처) 법보신문 연재, 「문일수의 붓다와 뇌과학」 7. 어리석음의 뇌신경회로(2022.04.04.)*

---

*　http://www.beopbo.com/news/articleView.html?idxno=308227

2. 자아의 뇌

1) 자아(自我, ego)란 무엇인가

인간은 자신이 세상 안에서 '나' 밖의 세상과 분리된 하나의 개체로서 존재한다는 자각을 한다. 세월이 흐르면서 육체도 마음도 바뀐다. 그럼에도 '과거의 나'와 '지금의 나'를 일관되게 지속되는 동일체로 생각한다. 나의 정체성(identity)이다. 나를 구성하는 물질적·정신적 요소들이 바뀌었는데 어떻게 나의 정체성이 유지될까?

정체성에 대한 대표적인 논란은 그리스 신화에 등장하는 테세우스의 배(Ship of Theseus)이다. 고대 아테네의 전설적인 왕 테세우스가 전쟁에 사용한 배를 아테네인들은 긴 세월 동안 보존했다. 그들은 배의 판자가 썩으면 그 낡은 판자를 떼어버리고 더 튼튼한 새 판자를 그 자리에 박아 넣었다. 그런 보수는 계속되었다. 그런데 만일 "배의 모든 부분이 교체되었다면 그 배도 여전히 테세우스의 배인가?" 또한 "배의 부품을 교체하면서 원래 부품을 모두 창고에 두었다가, 모두 교체한 뒤 창고에 모인 부품으로 배를 하나 조립했다면, 이 배는 테세우스의 배인가? 어느 것이 진정한 원래 테세우스의 배인가?"

같은 질문을 인간으로 확장할 수 있다. 피부의 표피에 있는 각질세포는 죽어서 탈락한다. 탈락된 세포를 대신하기 위해서 피부 바닥에 있는 줄기세포는 일생 동안 끊임없이 분열하여 피부세포를 만든다. 이렇게 태어난 피부세포가 각질세포가 되어 탈락되는 기간은 대략 한 달이다. 매달 나의 표피는 새로 만들어진다는 것이다.

새로 만들어진 그것은 나의 표피인가? 20대 남성의 경우 하루 약 80그램의 세포가 교체된다. 소화관의 상피는 3~5일 만에 교체되며, 심장세포와 신경세포는 수 년 혹은 평생을 우리와 함께 생존한다. 이처럼 우리 몸 세포의 생존기간은 서로 다르지만 시간이 흐름에 따라 바뀐다. '테세우스의 배'와 유사하다. 지금의 '나'는 '과거의 나'와 동일한가?

　나에 대한 기억은 어리던 어느 시점에서부터 시작한다. 기억은 과거의 나와 현재의 나를 이어주는 파노라마이다. 누구에게나 그 파노라마는 주마등처럼 지나간다. 나에 대한 서사시가 만들어져 있는 것이다. 그것을 우리는 나의 '자아'라 한다. 그 자아의 내용(서사시)은 시간이 지남에 따라 끊임없이 변한다. 새로운 내용이 첨가되고 과거의 일부는 망각한다. 그런데 마치 피부세포가 매달 새롭게 만들어져도 그것은 나의 피부라고 여기듯 자아의 내용이 시시각각으로 바뀌는데도 '바뀐 자아'를 '과거의 자아'와 동일시하며 그것은 '나'라고 굳게 믿고 있다. 왜 그럴까?

2) 기본모드신경망이 자아의 정체성을 유지한다

'바뀐다'는 말에 함정이 있어서 그렇다. 우리 몸의 많은 부분의 세포는 바뀐다. 그런데 예외가 있다. 마음을 만드는 뇌신경세포는 사멸하지 않는 한 나와 일생을 같이 한다. 마음은 시시각각으로 변한다고 했다. 신경세포가 변하지 않는데 왜 마음이 변할까? 신경세포들은 그대로인데, 그들의 연결인 신경회로가 변하기 때문이다. 우리의 뇌는 상상을 초월하게 복잡한 신경회로로 되어 있다. 그 가운데 일부 신경회로가 조금씩 바뀌고 있다. 살면서 경험하고 학습하는 모든 것은 나의 뇌에 새로운 신경회로로 쌓인다. 기억이다. 쌓였던 신경회로는 허물어지기도 한다. 망각이다. 대부분의 기억은 희미해져 흔적만 남긴다. 그런 것들이 모여 무의식이 되고 나의 '마음성향'을 결정하는 밑그림을 그린다.

결국 고정불변하는 자아는 없다. 새로운 기억이 첨가되기도 하고 쌓였던 기억이 허물어지기도 하면서 끊임없이 변하는 자아가 있을 따름이다. 그런 자아가 나의 과거와 현재를 이어주는 나의 이야기, 나의 서사시를 만든다. 그 서사시는 시간이 흘러도 일관되게 '나'의 이야기를 연속시키기 때문에 나는 나의 정체성을 느낀다. 자아의 이런 측면을 서사적 자아라 한다. 그 서사시가 있는 곳이 기본모드 신경망이다.

3) 개체화된 자아와 서사적 자아

또한 자아는 현시점, 현 지점에서 '나'라는 개체가 세상의 어디에 있는지 자각한다. 세상을 격자(grid)로 나누고 지도를 그려 나위 위치를 점찍는다. 나를 '나' 밖의 세상과 분리된 하나의 개체로서의 존재임을 인식하는 것이다. 개체화된 자아(embodied ego)이다. 나는 너와 분리된 개체로 여기 이 지점에 위치하고 있기에 어디로 오라고 하면 목표지점을 찾아갈 수 있다. 시작점과 목표점을 분명히 인식하기 때문이다. 그것은 주변에서 현저히 돌출되는 대상을 탐지하여 나의 좌표를 만들 수 있기에 가능하다. 이처럼 자아는 두 가지 측면, 즉 서사적 자아와 체화된 자아가 있다.

222

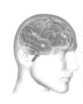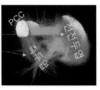

기본모드신경망

'나'의 이야기를
하는 자아

'나'를 세상과 분리된 개체로
느끼는 자아

자아의 뇌

'나'는 세상과 분리된 개체이다. 나에 대한 기억들은 기본모드신경망에 쌓여서
나의 이야기를 만든다. 나의 정체성이다. (그림 출처) 법보신문 연재, 「문일수의
붓다와 뇌과학」 8. 자아 vs 오온(2022.04.18.).*

4) 고정불변하는 나는 없다(無我): 자아에 대한 붓다의 견해

고타마 싯다르타는 어떻게 생각하였을까? 그는 '나'라는 존재는 몸
(色)에 마음(識)이 깃들어 있는 것으로 보았다. '나'는 인식대상을
만나면 느낌(受), 인식(想), 반응 의지(行)가 생기고 종국에는 그 인
식대상에 대한 마음(識)이 일어난다. '나'는 이런 다섯 가지의 요소
가 쌓인 무더기(五蘊)일 뿐이다. 정신적 요소(受·想·行·識)는 순간
순간 변한다. 원숭이가 이 나뭇가지를 잡았다 놓고 저 나뭇가지를
잡는 것과 같이 아침에 다르고 저녁에 다르다고 하였다(원숭이 마
음, 원심猿心). 나의 몸(色)도 마찬가지다. 시간이 흐르면서 몸(色)도
생로병사한다. 이렇게 고타마는 고정불변하는 나는 없다(無我)라고
통찰하였다. 그 통찰은 제법무아諸法無我로 이어지고 제행무상諸行

---

* http://www.beopbo.com/news/articleView.html?idxno=308593

無常, 일체개고一切皆苦를 더하여 삼법인三法印이 된다.

자아는 생각, 감정 등을 통해 외부와 접촉하는 의식의 주체로서의 '나 자신'을 말한다. 자아는 독일의 정신분석학자인 프로이드가 주장하는 심리구조인 본능(id), 자아(ego), 초자아(super - ego)의 하나로서, 본능의 욕구와 초자아의 이상과 규율 사이에서 현실적 조정 역할을 한다.

3. 기본모드신경망과 자아

1) 기본모드신경망이란?

(1) '기본모드(default mode)'의 의미

'기본모드' 신경망은 구조적으로 보면 전전두엽(PFC), 뒤대상피질(PCC), 아래두정엽(inferior parietal lobe, IPL), 안쪽측두엽(medial temporal lobe, MTL) 등의 넓은 뇌 부위에 걸쳐 펼쳐져 있는 커다란 신경망의 일종이다. '디폴트(default)'는 특별한 조작을 하지 않아도 '기본적으로' 혹은 '밑바탕에 흐르는'이란 뜻이다. 따라서 '기본모드' 신경망이라는 용어는 특별한 과제를 수행하지 않을 때 기본적으로 활동하는 신경망이라는 의미를 내포한다.

이러한 기본모드 뇌활성은 미국 워싱턴 의과대학의 래이클(Marcus E. Raichle) 교수 연구실에서 우연히 발견되었다. 그의 연구실에서는 우리가 외부과제에 집중할 때 뇌의 에너지 사용량을 측정하였는데, 쉬고 있을 때는 즉 기본 에너지 소모의 5%만 증가함을 알았다. 이는 매우 의외의 결과였다. 왜냐하면 뇌가 일을 할 때는 쉬고 있을 때보다 현저히 많은 에너지를 소모할 것으로 예상하였기 때문이다. 하지만 에너지 소모량의 측정 결과는 '뇌가 휴식하고 있다'고 생각하는 시간에도 과제를 수행하는 뇌에서 사용되는 것과 거의 비슷한 에너지를 사용하고 있었기 때문이다.

2001년 래이클 교수는 '휴식' 상태에서 활동하는 뇌신경망을 '기본모드(default mode)' 신경망이라고 명명하였다. 이때 '휴식'은 깨어 있지만 외부환경에 반응하여 과제를 수행하지 않을 때를 의미한다. 하지만 '휴식'할 때에도 뇌는 휴식하는 것이 아니다. 다만 기본모드신경망은 외부과제를 수행할 때는 활성 정도가 낮아질 따름이다. 비활성(inactivation)이 아니라 탈활성(deactivation)화라 한다. 탈활성화는 활성이 줄어드는 것을 의미한다. 예로서 주의신경망(attention network)이 환경에 반응하여 인지활동을 일으킬 때는 기본모드신경망의 활성이 줄어드는(탈활성화) 역상관적 활성을 보인다. 이와 같이 기본모드신경망은 당면한 과제가 없을 때, 즉 외부환경에 반응하지 않을 때 '기본적으로(by default)' 작동하기 때문에 '기본모드신경망(default mode network, DMN)'이라 한다.

(2) 기본모드신경망의 해부학적 구조

기본모드신경망은 대뇌의 7가지 거대신경망 가운데 하나이다. 이를 구성하는 신경세포들은 대뇌에 널리 퍼져 있지만 집중적으로 모여서 허브(hub) 역할을 하는 곳이 배쪽안쪽전전두엽(vmPFC), 뒤대상피질(PCC), 그리고 중간측두이랑(MTG)이다.

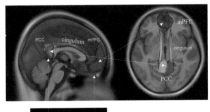
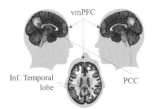

기본모드신경망

위 왼쪽 사진은 기본모드신경망의 주요 허브인 배쪽안쪽전전두엽과 뒤대
상피질의 해부학적 위치를 보여준다. 두 허브는 띠다발(cingulum)로 연결
되어 있다. 두 허브에 상응하는 위치와 연결섬유들을 아래 그림에 모식도
로 보여주고 있다. 오른쪽은 뇌가 기본모드로 활동할 때의 순간 사진으로
세 허브가 기능적으로 동시에 활성함을 보여준다.

(3) 기본모드신경망 부위의 기능적 공조

다음 그림은 기본모드신경망의 활성 부위와 상호 연결을 기능
적 및 구조적으로 보여준다. 안쪽전전두엽(mPFC), 등쪽전전두엽
(dPFC), 뒤대상피질(PCC), 뒤두정피질(PPC), 중간측두이랑(MTG)
등이 기본모드에서 강하게 활성화된다. 이 부위들은 구조적으로도
여러 가지 신경다발들에 의하여 연결되어 있다(왼쪽 및 중앙 아래 그
림들). 또한 기능적으로 공조되어 있다. 공조는 동시에 함께 활동함
을 의미한다. 왼쪽과 중앙의 위 그림들은 어느 한 순간에 찍은 뇌
활성 스냅사진이다. 붉은색은 이 순간에 서로 강하게 활성하고 있
음을 나타낸다. 공조된 것이다. 오른쪽 그림은 어느 뇌부들이 서로

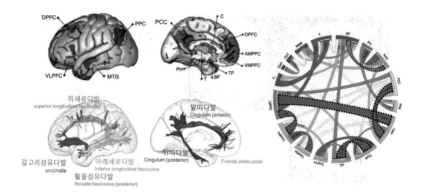

기본모드신경망의 활성과 연결

왼쪽 위 그림들은 기본모드신경망 부위들의 활성 정도(빨간색이 강한 활성)
를 나타낸다. 왼쪽은 뇌의 가쪽면, 오른쪽은 안쪽면에서 본 모습이다. 왼쪽
아래 그림들에서는 주요 부위들을 연결하는 신경다발을 보여준다. 맨 오른
쪽은 기본모드신경망에 속하는 각 부위들의 기능적 연결강도를 보여준다.
연결하는 띠가 굵고, 회색이 진할수록 기능적으로 강하게 연결되어 있음을
나타낸다. 기능적 연결강도란 함께 기능하는 정도를 의미한다. (그림 출처)
Alves et al.(2019)[*]에서 수정.

강하게 공조되는지를 보여준다. 예로서 기본모드신경망의 주요 부
위인 vmPFC를 보자(7시 방향에 표기되어 있다). vmPFC는 ⇆ amPFC
⇆ dPFC ⇆ PPC ⇆ PCC 구조들과 기능적으로 강하게 공조된다.

*   Alves, P.N., Foulon, C., Karolis, V. et al. An improved neuroanatomical
model of the default‑mode network reconciles previous neuroimaging
and neuropathological findings. Communication Biology 2, 370(2019).
https://doi.org/10.1038/s42003‑019‑0611‑3

(4) 기본모드신경망의 성장 발달

갓난아기는 자아라 할 만한 것이 없다. '나'라는 존재에 대한 개념이 없기 때문이다. 물고 있는 엄마의 젖꼭지가 나의 몸이 아니라는 것조차 모른다. 사실은 '나의 몸'이 있다는 사실도 인지하지 못한다. 그러다가 엄마가 젖꼭지를 거부하면서 '어, 이게 뭐지'라는 느낌이 들 것이다. '나의 것'과 '나의 것이 아닌 것'에 대한 개념이 생겨난다. 세상과 분리된 자아가 생성되기 시작한 것이다. 거기에 세월이 지나면서 내용이 첨가되기 시작한다. 자아의 성장이다.

세월이 흐름에 따라 나의 자아는 내용이 더 풍부해지고, 그것은 나의 이야기가 된다. '이야기하는 자아(narrative ego)'가 발달하는 것이다. 그렇게 자아의 내용이 많아질 뿐 아니라 그 내용들은 점점 더 강해진다. 뇌에서 내용이 더 풍부해진다는 것은 기억이 더 많아진다는 것이다. 기억은 신경망으로 저장되기 때문에 자아의 신경망이 더 많아진다. 신경망이 더 많아짐은 부피가 더 커지는 것으로 확인된다. 실제로 어릴 때보다 어른의 자아신경망이 상대적으로 더 널리 퍼져 있고, 부피도 더 크다.

자아의 내용이 더 강해진다는 것은 자아를 이루는 내용이 기능적으로 더 강하게 활성화된다는 것이다. 자아도 신경망의 활성이다. 신경회로를 통하여 신경세포들 사이에 활동전위라는 전기가 흐른다. 자아가 성장하면서 전기의 흐름이 더 빨라진다. 전기가 흘러가는 전선에 해당하는 축삭이 말이집(myelin sheath)으로 감싸여지면 전기 흐름의 속도가 빨라진다. 뇌가 성숙하는 과정에 말이집 생성이 일어난다.

　자아신경망을 통한 전기의 흐름이 더 빨라지면 더 분명한 자아
를 느낀다. 내용 또한 더 풍부해졌으니 아이들보다 어른이 더 고집
불통의 자아를 갖는 이유이다. 활동전위는 ~0.1V로 크기가 일정하
다. 활동전위가 더 커지거나 작아지지는 않는다. 다만 흐르는 속도
가 빨라진다.

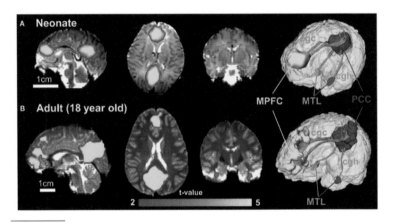

신생아와 어른(18세) 뇌의 기본모드신경망의 활성과 구조적 성숙

왼쪽 사진들은 기본모드신경망의 뒤대상피질(PCC), 가운데 전전두엽
(MPFC), 중간측두이랑(MTL, 붉은색)의 공조된 활성을 보여준다. 어른에서
더 광범위한 부위의 활성을 주목하라. 가운데 사진의 붉은색은 해마의 활
성을 나타낸다. 오른쪽 그림에는 기본모드신경망의 허브들을 연결하는 띠
다발의 띠이랑 부분(cgc)과 해마 부분(cgh)을 보여준다. 어른에서 허브들
의 크기가 더 확대되었고 연결하는 띠다발도 더 굵고 커졌음을 주목하라.
(그림 출처) *Yu et al.*(2014)*

*　Yu, Q., Peng, Y., Mishra, V., Ouyang, A., Li, H., Zhang, H., Chen, M., Liu, S.,
　& Huang, H.(2014). Microstructure, length, and connection of limbic tracts
　in normal human brain development. Frontiers in aging neuroscience, 6,
　228. https://doi.org/10.3389/fnagi.2014.00228

기본모드신경망을 이루는 뒤대상피질(PCC), 가운데 전전두엽
(MPFC), 그리고 중간측두이랑(MTL)은 크게 보면 둘레계통에 속한
다. 신생아도 어른과 마찬가지로 이 부위들이 구조적으로는 둘레
계통 신경로로 연결되어 있다. 하지만 기능적으로 어른들의 기본
모드신경망보다 덜 성숙되어 있다. 뒤대상피질, 가운데 전전두엽,
그리고 중간측두이랑을 'ㄱ'자 모양으로 잇는 둘레계통 신경로를
띠다발(cingulum)이라 한다. 기본모드신경망의 구조적 성숙에는 띠
다발의 대상이랑(cingulate gyrus) 부분과 해마 부분에 말이집을 형
성하는 것이 포함된다.

2) 자아의 해리 현상으로 보는 기본모드신경망과 자아의 관계

말나식은 분별식이고, 분별은 나와 관련된 사안들에서 일어난다.
나와 관련된 사안들은 자아의 뇌가 관할한다. 이렇게 보면 말나식
의 뇌는 자아의 뇌라는 추론이 성립된다. 그러면 말나식의 뇌는 우
리의 뇌 어디에 있을까? 이제 뇌기능에 대한 질문으로 환원되었다.
　뇌의 어느 부분이 어떤 기능을 하는지 알려면 그 부분을 손상시
키든가 아니면 활성화시켜서 어떤 현상이 나타나는가를 보면 된
다. 전형적인 연구접근 방법이다. 그렇다고 사람의 뇌를 함부로 손
상할 수도 활성화할 수도 없다. 비윤리적이기 때문이다. 그렇다면
자아에 손상이 있는 경우를 관찰할 수밖에 없다.
　깨어 있을 때, 정상적인 사람의 경우 자아는 의식에서 가장 중요
한 자리를 차지한다. 항상 '나'의 관점에서 대상을 인식하고 생각하
는 것이다. 세상은 내가 중심이기 때문이다. 모든 인식대상을 나를

중심으로 인식하고 이어지는 행위도 나의 관점이 중심이 된다. 이렇게 자아의 뇌는 끊임없이 현재의 인식에 관여한다.

뇌는 많이 사용하는 부분은 강화된다. 뇌가소성 혹은 신경가소성 때문이다. 사용하면 더 강해지고 사용하지 않으면 약해지는 변화성이 가소성이다. 삶과 더불어 우리는 많은 경험을 하게 되고 그런 경험마다 자아의 뇌가 관여하기 때문에 자아는 점점 더 강고해진다. '나에 대한 이야기', 즉 자아의 내용도 풍부해지고 '자아' 그자체도 강해진다. '나'임이 점점 더 강해진다는 뜻이다. 자아는 그렇게 성장한다. 갓 태어났을 때는 자아라 할 만한 것이 없다. '나'에 대한 내용도 미미하며 강하지도 않다. 하지만 세월을 살아가면서 자아는 성장한다. 정상적인 성장과정이다.

자아가 사라지는 경우가 있다. 세상과 분리되어 독립된 하나의 개체로 존재해야 할 '나'가 스르르 없어진다. 세상과 나와의 구분이 없어지고 나에 대한 이야기가 사라진다. 자아의 해리(ego-dissolution)이다. 물에 설탕을 넣으면 처음에는 설탕 덩어리가 따로 존재한다. 시간이 지나면서 설탕 덩어리는 사라진다. 물에 녹아버린 것이다. 공간을 차지하던 어떤 존재가 자신의 공간을 잃어버렸다. 자아의 해리는 의식에서 자신의 공간을 잃어버림을 의미한다. 이러한 자아의 해리는 급성정신병, 측두엽간질, 측두엽간질전조*

---

* 전조(aura)는 간질로 의식을 잃기 직전 짧게는 수초, 길게는 1~2분 지속된다. 측두엽 뇌전증과 연관된 전조는 상복부상승감과 같은 내장감각증상, 두려움이나 기시감(déjà vu), 미시감(jamais vu)과 같은 경험현상, 청각착각, 시각환각 등이 일어난다.

와 같은 질환이나, 영적 경험 혹은 신비적 경험을 할 때 일어난다.

자아해리 현상은 실로사이빈(psilocybin)과 같은 환각제에 의해서 유발될 수도 있다. 마법의 버섯을 먹으면 환각에 빠진다. 이 버섯에 실로사이빈이라는 향정신성 성분이 들어 있기 때문이다. 실로사이빈의 화학명은 dimethyltryptamine(DMT)이다.

DMT는 페루와 같은 남미지역 원주민들이 아야와스카(ayahuasca)라는 형태로 복용하고 있다. 아야와스카는 덩굴식물인 Banisteriopsis caapi**의 덩굴과 Psychotria viridis*** 잎 등으로 빚은 일종의 향정신성 음료(brew)이다. 아야와스카는 원주민들이 영적 세계와 소통하기 위하여 흔히 복용해왔는데, 최근에는 밀레니얼 세대들**** 자신을 발견하고자 하는 영적 노력의 여정에서 사용하기도 한다. 아야와스카를 복용한 사람들은 '딴 세상'으로 정신적 여행을 떠나는 경험을 한다고 보고한다. 깨어 있을 때와는 완전히 다른, 자아는 일시적으로 사라지고 자신과 외부세계의 경계가 허물어지고 주체와 객체의 구분이 없어진다.

** ayahuasca, caapi 또는 yage라고도 알려진 Banisteriopsis caapi는 Malpighiaceae 계통의 남미 덩굴 식물이다.

*** 케추아어로 차크루나(chacruna), 차크로나(chacrona) 또는 차크루이(chaqruy)라고도 알려진 Psychotria viridis는 커피 계열 Rubiaceae에 속하는 다년생 관목 꽃식물이다.

****밀레니얼 세대 또는 Y세대는 X세대의 뒤를 잇는 인구집단이다. 정확한 구분 기준은 없으나, 1980년대생~2000년대 초반생까지 출생한 세대를 주로 일컫는다. 대부분 베이비붐 세대의 자녀들이라 베이비붐 에코 세대(echo boomers)라고도 한다. 출처: https://ko.wikipedia.org/밀레니얼_세대

3) 자아의 해리와 관련된 뇌 구조

측두엽의 안쪽 부위인 안쪽측두피질(MTL)이 정상적으로 작동하지 않으면 자아교란 증상을 보인다. 안쪽측두피질의 가장 중요한 부위는 해마곁피질(PHC)이다. 이 피질은 신피질보다 진화적으로 일찍 출현한 구피질이다. 해마곁피질은 대뇌 신피질의 광범위한 부위로부터 정보를 받아 해마로 전달하는 길목이다.

해마곁피질의 기능에 문제가 있다는 것은 주변환경의 정보가 자아의 뇌(기본모드신경망)에 전달되지 못한다는 뜻이다. 자아는 항상 주위환경과의 상호 소통 사이에 존재한다. 소통하면서 '나'가 주변 세상과 분리되어 있음을 자각한다. 그 분리의 주체가 자아이다. 따라서 해마곁피질 – 신피질 사이의 연결이 원만하지 않으면 자신과 주변 세상에 대한 경계가 흐려진다. 이는 자신의 정체에 혼돈이 일어나게 하여 '자아해리' 증상을 보인다.

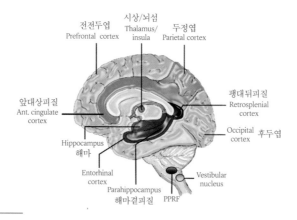

자아해리와 관련된 뇌 구조
주위환경에 대한 정보는 해마곁피질로 모여든다. 해마곁피질은 자아의 뇌와 밀접하게 연관되어 있기에 이 부위의 손상은 자아해리 증상을 보인다.

4) 기본모드신경망이 차단되면 자아가 해리된다

환각제를 복용하면 자아해리를 경험한다. 이때 뇌영상을 촬영해
보면 기본모드신경망의 활성이 현저히 낮아진다. 아래 그림에서
보면 환각제 실로사이빈을 복용하면 뒤대상피질(PCC)로 가는 혈
류가 현저히 감소하는 것을 볼 수 있다(파란색은 감소, 붉은색은 증가
를 의미한다). 혈류가 감소하였다는 것은 그 부위의 활성이 낮기에
그만큼 영양공급도 줄어든다는 의미이다. 한편 배쪽안쪽전전두엽
(vmPFC)의 활성이 크게 줄어든다. PCC와 vmPFC는 기본모드신경
망을 이루는 주된 뇌 부위이다.

한편 실로사이빈은 등쪽가쪽전전두엽(dlPFC)과 해마의 활성도
현저히 감소시킨다. 이 부위들은 인지기능에 중요하다. 주변환경에

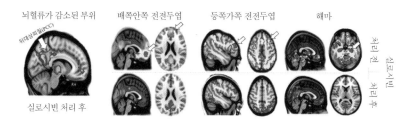

환각제 실로사이빈을 처리한 뇌영상

실로사이빈을 복용한 사람의 뇌혈류 변화(왼쪽)와 뇌활성 변화를 보여주는
뇌영상이다. 인지신경망과 기본모드신경망 부위의 활성이 현저히 감소하
는 것을 보여준다. (그림 출처) *Carhart-Harris et al.*(2014)*에서 수정.

---

* Carhart - Harris RL, Leech R, Hellyer PJ, et al. The entropic brain: a
   theory of conscious states informed by neuroimaging research with
   psychedelic drugs. Front Hum Neurosci. 2014;8:20. Published 2014 Feb 3.
   doi:10.3389/fnhum.2014.00020

있는 감각대상을 인지하는 과정에 관여하는 부위로서, 이 부위들의 뇌활성이 감소한다는 것은 인지기능이 떨어짐을 의미한다. 주위환경이 인식이 되지 않으면 뚜렷한 자아가 나타날 수 없다.

기본모드신경망 활성이 뚝 떨어지면 자아는 일시적으로 사라지고, 인지기능의 저하로 자신과 외부세계의 경계, 즉 주체와 객체의 경계가 허물어진다. 안쪽측두피질(MTL)은 기본모드신경망의 주요 일부분이다. 위에서 설명한 바와 같이 안쪽측두피질의 기능이 비정상적이 되면 자아교란 현상이 일어나는 것은 기본모드신경망의 기능이 제대로 작동하지 않기 때문이다.

기본모드신경망에는 '자아 정체성(ego - identity)' 혹은 '이야기하는 자기(narrative self)'가 거처한다. 자아가 거처하는 뇌 부위를 신경과학적인 용어로 '자아의 신경근거(neural correlate of ego)'라 한다. 실로사이빈을 복용하면 기본모드신경망으로 가는 혈류가 감소하고, 이의 기능이 저하된다. 뒤대상피질(PCC)은 기본모드신경망의 주요 허브이다. 뒤대상피질을 통하여 나와 관련된 정보들이 있는 배쪽안쪽전전두엽(vmPFC)과 안쪽측두피질(MTL)이 서로 연결된다. 실로사이빈을 복용하면 뒤대상피질 부위의 기능저하가 일어나고, 이 기능저하의 정도는 자아붕괴의 정도와 일치한다. 이러한 사실들은 실로사이빈을 복용할 경우에 나타나는 자아해리가 기본모드신경망의 기능감소와 직접적 관련이 있음을 보여준다.

(1) 해마곁이랑(PHC) – 팽대뒤피질(RSC)의 기능적 분리와 자아의 해리

영국 런던 임페리얼 칼리지(Imperial College) 환각증상 연구실의 카

하트 – 해리스(Robin Carhart - Harris) 교수는 환각제에 대한 연구를 하고 있다. 그는 리세르그산 디에틸아미드(lysergic acid diethylamide, LSD) 복용 연구를 통하여 환각제가 기본모드신경망의 활성을 변화시킴을 발견하였다. LSD는 환각제인데 환각은 기본모드신경망의 변화에 기인한다는 것이다. 즉 기본모드신경망이 '자아'를 생성하는 신경근거임을 보여주었다.

2016년 미국과학학술회지에 발표된 논문*에서 카하트 – 해리스는 20명의 건강한 자원자에게 LSD를 투여한 후 자원자들의 뇌활성을 기능성자기공명영상(fMRI) 및 뇌자도(magnetoencephalography, MEG)로 촬영하여 조사하였는데, 이들의 뇌영상에서 기본모드신경망의 활성이 약화되었음을 관찰하였다.

보다 구체적으로, LSD는 기본모드신경망의 허브인 뒤대상피질(PCC)의 활성을 감소시켰고, 해마곁이랑(PHC)과 팽대뒤피질(retrosplenial cortex, RSC)** 사이의 기능적 연결을 분리시켰다(뇌에서 두 피질의 위치는 위 그림 [자아해리와 관련된 뇌 구조]에서 확인할 수 있다). 이들은 모두 기본모드신경망의 중요한 구조들이기 때문에 이들의 활성변화는 자아의 해리와 밀접한 관계가 있다. 왜냐하면 온전한 기본모드신경망, 해마곁피질 – 팽대뒤피질의 원활한 소통,

---

* Carhart - Harris RL et al. Neural correlates of the LSD experience revealed by multimodal neuroimaging. Proc Natl Acad Sci U S A. 2016. 113(17):4853 - 8.

** 팽대뒤피질은 뇌다리(corpus callosum)의 팽대 부위 뒤쪽에 위치하며 뒤대상피질과 해마곁피질 사이에 있다.

그리고 뒤대상피질의 정상적 활성은 '자아' 감각의 유지에 중요하기 때문이다.

(2) 기본모드신경망은 지그문트 프로이드가 말하는 '자아(ego)'의 거처이다

기본모드신경망이 가장 강하게 작동하는 경우는 '깨어 있는 휴식 상태(wakeful rest)'이다. 깨어 있으나 외부세계에 집중하지 않고 마음이 배회할 때이다. 기본모드신경망은 자신에 대한 생각(자기성찰), 과거와 미래로의 심리적 시간여행, 마음 이론(theory of mind, 타인의 마음 상태를 상상함)과 같은 여러 가지 메타인식(생각에 대한 생각)에 관여한다. 이런 경우는 어떤 외부과제를 수행하지 않을 때이다. 이와 같이 기본모드신경망은 우리의 마음이 배회하거나 어떤 생각을 반추할 때 활성화된다.

기본모드신경망은 '나'와 관련된 정보들을 주로 연결하는 신경망이다. 세월을 살아오면서 경험했던 정보들이 쌓이고 서로 연결된 신경망이 기본모드신경망이다. 따라서 이 신경망은 나 자신에 대한 생각을 할 때 활성화되는 '나' 신경망이다. 그러므로 기본모드신경망은 정신분석학자인 프로이드(Sigmund S. Freud)가 말하는 '자아(ego)'의 거처가 된다.

5) 기본모드신경망은 '오케스트라 지휘자'에 비유된다

기본모드신경망은 나의 과거를 기억할 때, 미래를 설계할 때, 백일몽(daydream), 자기성찰, 상대를 생각할 때, 주술적 사고, 나의 인간관계, 사회적 위상 등 주로 나에 대한 이야기 – 이를 자서전적 과제

(autobiographical task)라 한다 - 를 생각할 때 강하게 활성화된다. 하지만 기본모드신경망이 온전히 자서전적 과제의 수행만 하는 것은 아니다. 기본모드신경망은 외부과제를 수행할 때에도 관여한다. 나의 과거 경험이 현재의 인식에 첨가되기 때문이다. 외부환경에 반응하여 인지활동을 하든가 어떤 과제를 수행하는 뇌신경망을 '중앙관리신경망(central executive network, CEN)'이라 하는데, 기본모드신경망은 이의 활동에도 관여한다는 뜻이다. 현재의 상황을 처리할 때도 나의 과거 경험이 필히 가담하기 때문이다.

기본모드신경망은 멍하니 자서전적 생각을 할 때에도 외부에 어떤 인식대상이 나타나는지를 잘 감시하고 있다. 망상을 하고 있어도 어떤 외부자극이 생성되면 즉시 그 대상으로 주의가 가게 해야 하기 때문이다. 어떤 외부자극이 나타나는지를 항상 경계하고 보초를 서고 있다는 뜻이다. 그리고 주위의 외부대상에 인식작용을 할 때에도 기본모드신경망이 함께 작용한다. 대상의 인지과정에 나의 생각(기억)을 첨가하기 때문이다. 현재의 인식대상에 대한 판단은 나의 과거 경험을 바탕으로 이루어짐을 상기하라.

이와 같이 기본모드신경망은 외부과제가 없을 때에는 나에 대한 자서전적 생각을 하고, 외부과제를 수행할 때에는 대상의 인지과정에 나의 기억을 첨가하는 등 다양한 상황에 관여한다. 사실 기본모드신경망은 뇌기능을 통제하는 최고위 신경망이기 때문에 이 신경망을 '오케스트라 지휘자'에 비유한다. 기본모드신경망은 주어진 과제를 상황에 적합하게 수행하도록 뇌를 관리하고 지휘하는 신경망이다. 전전두엽과 달리 이 과정은 대부분 무의식적으로 일어난다.

6) 기본모드신경망은 정상적인 사회성의 유지에 필요하다

올바른 인간관계를 유지하려면 자신과 상대방 그리고 내가 속한 사회에 대한 정보들을 올바르게 인지하여야 한다. 이러한 나와 사회관계성 인지를 '사회성 인지'라 한다. 사회성 인지는 나에 대한 정보를 바탕으로 이루어지기 때문에 이에 대한 정보는 기본모드신경망과 연관되어 있다. 따라서 정상적인 사회성 인지과정에는 기본모드신경망의 정상적인 활성이 필수적이다. 알츠하이머병 및 자폐증 환자들은 비정상적인 사회성을 보인다. 기본모드신경망이 손상되어 있기 때문이다.

비정상적인 사회성의 예로서 일부 정신질환자들은 특정 유형의 행동에 사로잡힌다. 예로서 우울증 환자들은 자신에 대하여 무자비한 부정적 생각에 사로잡히며, 강박장애 환자들은 동일한 행동을 반복한다. 이는 비정상적 기본모드신경망과 관련이 있다. 기본모드신경망은 나의 내적 욕구뿐 아니라 외부자극을 감시하여 적절히 대응하도록 관리하는데, 이 신경망이 손상을 입으면 여러 가지 자극에 반응하지 못하고 한 가지 생각에 사로잡혀 탈피하지 못하기 때문이다. 결과는 우울증과 강박장애이다.

기본모드신경망이 정상적이면 나에 대한 생각을 하다가도 다른 사안이 있으면 즉각 그쪽으로 옮겨가 나에 대한 생각에서 벗어난다. 하지만 우울증 환자의 경우 나의 생각에서 벗어나지 못한다. 나에 대한 생각은 대개 부정적으로 흐른다. 부정적 생각은 우울증을 유발한다.

7) 자아의 성장: 기본모드신경망의 발달

갓난아기는 자기 생각이 거의 없다. 기본모드신경망의 형성이 미미하기 때문이다. 아이의 성장에서 보면 전형적으로는 다섯 살이 될 때까지는 기본모드신경망 활성을 갖지 않는다. 하지만 9~12살 어린이의 뇌에는 기본모드신경망이 분명히 보인다. 기본모드신경망은 성장함을 의미한다.

사람은 생존에 필수적인 최소한의 신경망이 기능하는 상태로 태어난다. 우리는 성장하면서 경험과 학습을 통하여 세상에서 내가 갖는 위치를 정립시켜 나가며, 나에 대한 이야기를 쌓아간다. 쌓은 이야기는 나의 정체성이 된다. 이러한 나의 정체성을 인식하는 것이 자아이다. 어떻게 정체성이 인식될까? 그것은 의식의 문제이며 어떻게 의식이 생성되는지는 아직은 잘 모른다.

자아의 성장은 결국 기본모드신경망의 발달에 기인한다. 구체적으로 두 가지 측면에서 발달한다. 하나는 나에 대한 이야기의 축적이다. 세월과 함께 나의 이야기는 자연히 쌓인다. 자아의 내용이 풍부해지는 것이다. 다른 하나는 기능적으로 더 강해지는 것이다. '나 – 임'에 대한 개념이 더 강해진다. 더 강한 자아가 된다는 뜻이다.

(1) 자아의 발달*

갓난아기는 엄마의 젖이 자신의 것이라고 믿을 정도로 자신과 타인을 구별하지 못한다. 또한 자신의 욕구를 조절할 수 있는 능력도

---

* 문일수, 「자아의 뇌과학」, 『사맛디』 제1호, 2021, 9 - 19에서 인용함.

없다. 이처럼 아기의 자아는 미분화된 존재이다. 하지만 자아는 흐르는 시간 속에 무엇인가를 경험하고 기억하면서 주변 세상과 구별되는 '나'를 정의하고 이러한 정의는 세월과 함께 성장한다.

발달심리학자 제인 로빙거(Jane Loevinger, 1918~2008)는 자아는 내면과 외부환경 사이의 역동적인 상호작용의 결과로 생성되며, 이는 평생에 걸쳐 여러 단계를 통해 성숙하고 진화한다고 보았다. 로빙거는 자아를 사물(thing)이 아닌 과정(process)으로 묘사한다. 내 몸에 자아에 해당하는 사물이 있는 것이 아니라, 내면과 외부환경 사이의 역동적인 상호작용 과정 그 자체가 자아를 형성한다는 뜻이다. 물질적 근거가 있어야 작용이 있다. 로빙거는 단지 자아의 물질적 근거보다는 자아의 의식에 더 초점을 맞추어 설명한다.

내면과 외부환경 사이의 역동적인 상호작용 과정은 자신의 세계를 구성하고 해석하는, 세계를 보는 렌즈의 틀(frame)이며, 이는 곧 자아의식을 만드는 기준이 된다. 이 틀, 즉 자아의식은 성장하면서 순차적으로 9계층 단계(nine hierarchical stages)*로 개발되며, 각 계층단계가 진행함에 따라 외부세계와 자신을 점점 더 복잡한 방식으로 인식한다.

각 단계들의 틀은 각자의 삶에서 경험하는 내용을 주관적으로 정의하는 데 사용하는 참조 프레임이 된다. 동일한 상황이라도 각자는 서로 다른 주관적 경험을 한다. 이는 각자가 서로 다른 틀을 가

---

* Loevinger J. Ego development: Conceptions and theories. San Francisco: Jossey-Bass; 1976.

지고 있기 때문이다. 중요한 점은 각각의 새로운 자아 단계 또는 참
조 프레임의 발달은 이전 단계를 기반으로 구축되기 때문에 아무
도 단계를 건너뛸 수 없다고 본다. 로빙거는 충동의 조절과 도덕성
의 발달에 따라 9단계의 자아발달을 한다고 보았다.

(2) 로빙거의 자아발달 9단계

1단계: 유아기(Infancy, 전사회기, Pre‑Social). 아기는 자신이 주관적
으로 할 수 있는 것이 없으며 모든 것은 주변환경의 처분에 맡겨져
있다. 이렇다 할 실제적 자아가 없다.

2단계: 충동기(Impulsive). 아이는 세상을 오로지 자신에게 어떤 영
향을 미치는지의 관점에서 본다. 아이의 필요를 충족하면 '좋은 것
(nice to me)'으로, 자신의 필요를 충족시키지 못하면 '나쁜 것(mean
to me)'으로 간주된다.

3단계: 자기 보호(Self‑Protective). 이 단계의 아이는 일부 초보적인
자기 조절을 개발하기 시작한다. 아이는 세상을 벌칙(punishment)
과 보상(reward)의 관점에서 인지한다.

4단계: 순응기(Conformist). 학령기 전후의 대부분의 아이들은 순응
기로 발전한다. 좋은 행동은 자신이 속한 그룹의 규칙에 순응하는

** ibid.

것이다.

5단계: 자기 인식(Self-Aware). 이 단계에서 우리는 자기를 비판적 시각에서 보기 시작하며, 삶의 사건에서 내가 취할 수 있는 다양한 가능성을 상상할 수 있는 능력을 얻는다. 로빙거는 성인이 되어야 이 단계에 들어간다고 믿었다.

6단계: 양심적 순응(Conscientious). 이 단계의 사람은 자신이 내리는 선택과 자신의 행동에 대한 책임의 관점에서 삶을 바라본다. 자아는 내가 규칙을 어기는 것보다 다른 사람을 해친 것에 대해 더 큰 죄책감을 느낀다. 로빙거는 대부분의 성인이 이 수준에 있다고 믿었다.

7단계: 개인주의(Individualistic). 이 단계에는 자신의 개성에 대한 존중과 타인의 개인차에 대한 관용을 갖는다. 이 단계의 사람은 자신과 타인의 자율성을 폭넓게 관용하고 존중한다. 성인의 약 10%만이 이 단계 이상의 수준에 도달한다.

8단계: 자율(Autonomous). 자기를 더 잘 수용하며, 타인의 자율성을 더 존중한다. 이 단계에서는 자기 성취감을 얻는 것이 외적 성취보다 중요하다. 공자는 70세에 이르러서는 마음 내키는 대로 해도 법도를 어기지 않았다(七十而從心所欲 不踰矩)고 하였는데, 바로 8단계 자율의 자아가 아닐까.

9단계: 통합(Integrated). 내면의 지혜가 성숙하고, 타인에 대한 깊은 공감으로 높은 수준의 자기 수용을 보여준다. 이것은 자신과 타인의 개성을 소중히 여기는 온전히 성숙한 자아의 단계이다. 로빙거는 이 단계에 도달하는 사람은 거의 없다고 말한다.

10단계: 해탈(liberation). 일부 인성발달 사상가들은 타인과 세상만사에 대한 판단을 버린 10단계가 있을 수 있다고 믿는다. 이런 삶의 스타일은 단순히 '물 흐르는 대로 따라가는 것'에 가깝다. 초월한 삶의 자아이다.

8) 기본모드신경망은 '원숭이 마음'의 원천이다

한순간도 가만히 있지 못하고 온갖 생각이 일어나는 것을 불교에서는 '원숭이 마음(심원心猿)'이라 한다. 붓다는 인간의 이러한 마음을 원숭이의 행동에 비유하여 설명하였다.

> … 그러나 마음이라고도 마노라고도 알음알이라고도 부르는 이것은 낮이건 밤이건 생길 때 다르고 소멸할 때 다르기 때문이다. 비구들이여, 예를 들면 원숭이가 숲에서 돌아다니면서 이 나뭇가지를 잡았다가는 놓아버리고 다른 나뭇가지를 잡는 것과 같다.
> 그와 같이 마음이라고도 마노라고도 알음알이라고도 부르는 이것은 낮이건 밤이건 생길 때 다르고 소멸할 때 다르다.
> _『상윳따 니까야』「배우지 못한 자 경(Assutavā‑sutta)」(S12:61)

원숭이가 숲에서 이 나뭇가지를 잡았다 놓고 다른 가지를 잡으며 빠르게 돌아다니는 것과 같이 마음(心), 마노(意), 알음알이(識)는 수시로 생겨나고 사라지며 옮겨간다는 것이다. 어떤 대상을 인식하다가(識) 자기 생각에 빠지고(意) 또한 다른 마음이 일어나는(心) 것과 같이 마음이 수시로 빠르게 변하는 것을 원숭이에 비유해서 설명하였다. 하나의 대상에 머무르지 못하고 이런저런 생각으로 옮겨가는 것은 기본모드신경망의 기능이다.

마음이 하릴없이 배회하는 것은 바람직하지 못하다. 마음이 현재에 머무를 때 가장 행복하다. 배회하는 마음은 행복하지 않은 마음을 만든다. 마음의 배회는 부정적인 측면을 하나 더 첨가한다. 배회의 내용은 대개 나의 과거 이야기이며, 거의 탐진치 삼독으로 오염되어 있는 것들이다. 신경망은 자주 사용하면 더 강고해진다. 기본모드신경망에 낀 마음오염원을 더욱 강화시킨다는 뜻이다. 배회하는 마음은 결국 현재의 마음에 더욱 강한 마음오염원을 드리운다.

9) 기본모드신경망의 해부학적 구조

기본모드신경망은 형태학적으로 분명하게 드러나는 뇌 부위들로 구성되며 서로 잘 연결되어 있다. 이 신경망은 허브(hub)와 허브에 딸린 하부계통(subsystem)으로 나눌 수 있다. 이는 마치 세계의 주요 도시를 연결하는 허브공항이 있고, 허브공항과 연결된 지역공항이 있는 것과 마찬가지다.

뒤대상피질(PCC) 및 배쪽안쪽전전두엽(vmPFC)이 주된 허브이다.

안쪽전전두엽(mPFC)   뒤대상피질(PCC)   안쪽전전두엽(mPFC)   뒤대상피질(PCC)

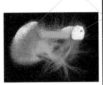 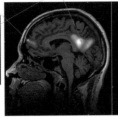 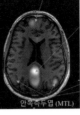 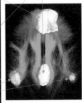

안쪽측두엽 (MTL)

기본모드신경망

기본모드신경망(DMN)은 크게 볼 때 안쪽전전두엽(mPFC), 뒤대상피질
(PCC) 및 안쪽측두엽(MTL)에 걸쳐 펼쳐져 있다. (가운데 MRI 사진).

10) 기본모드신경망의 기능

기본모드신경망은 많은 기능을 한다.

1. 자아(ego)에 대한 신경근거이다: '나'는 기본모드신경망에 존재
   한다.

2. 남에 대한 생각: 타인의 마음 읽기, 감정, 도덕적 추론, 사회성 평
   가를 한다.

3. 과거 기억과 미래 생각: 과거에 일어났던 사건을 회상하고, 미래
   에 일어날 것 같은 사건을 상상한다.

11) 번뇌의 신경상관물

말나식은 대상을 그릇되게 인식하여 근본적인 번뇌를 야기하는 번
뇌식煩惱識이다. 대상을 '있는 그대로'가 아니라 그릇되게 인식하게
하는 것은 마음 공간에 정신적 불순물이 있기 때문이다. 이 마음의
불순물들을 광범위하게 지칭하는 일반적인 용어가 번뇌(kilesa)이

다. 깨끗하지 못한 불순한 마음을 일으키는 원인들이다.

번뇌는 모두 나와 관련된 사안들에 끼어 있는 불순물들이다. 나와 관련된 정보들은 기본모드신경망에 저장되어 있다. 따라서 번뇌는 기본모드신경망에 끼어든 신경회로이다.

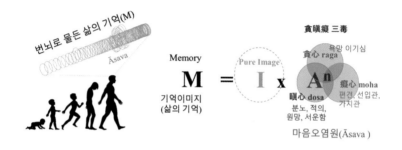

삶의 기억과 마음오염원

삶은 기억을 남기고, 그 기억은 기본모드신경망에 쌓여서 자아를 만든다. 그런데 기억 이미지(M)는 순수한 이미지(I)가 아니라 탐진치 마음오염원(āsava)으로 오염된 채로 저장된다. 말나식에 의하여 오염시킨 상태로 대상을 인식하였고, 그렇게 인식된 오염된 기억 이미지가 마음 공간에 저장되었기 때문이다. (그림 출처) *Buddhapala*(2009)*에서 수정.

* Buddhapala 저, 『BUDDHA 가르침: 불교에 관한 모든 것』, pp.765. SATI SCHOOL, 2009.

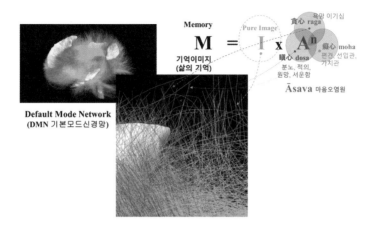

마음오염원을 보여주는 모식도

탐진치 삼독의 마음오염원(āsava)은 기본모드신경망에 끼어든 신경회로들
이다. 기본모드신경망에 저장된 삶의 흔적에 대한 기억 이미지(M)는 순수
이미지(I)로 저장된 것이 아니라 탐진치로 오염되어 있다. 기본모드신경망
을 확대하여 순수 기억 이미지는 초록, 탐진치 마음오염원은 각각의 색으
로 표시하였다.

〔요약〕

- 말나식(manas)은 사량식, 분별식이며, 유식학에서는 제7식이다.
- 아치我痴·아견我見·아만我慢·아애我愛의 4가지 근본번뇌를 일
  으키며, 선과 악의 마음작용을 끊임없이 일으키고 많은 업을 짓
  도록 해서 윤회의 원동력이 된다.
- 말나식은 자아의식과 이기심의 근원이며, 심층의 무의식이다.
- 말나식은 의식이 의지하는 곳이면서, 자신은 아뢰야식에 의지해
  활동한다.
- 삶의 흔적은 기본모드신경망(DMN)에 싸여 자아를 형성하고, 말

나식은 자아와 연관되어 기본모드신경망에, 뇌에 똬리를 튼다. 즉 기본모드신경망이 자아의 정체성을 유지하며, 번뇌도 여기에 끼어든다.

• 기본모드신경망은 '원숭이 마음'의 원천이다. 나'에 대한 생각, 남에 대한 생각, 나의 과거 및 미래 생각은 모두 여기에서 시작한다.

제9장 아뢰야식(제8식)의 뇌

초기불교와 부파불교에서는 심心·의意·식識을 구분하지 않고 하나의 마음으로 보았다(心體一說). 이에 반하여 유식불교에서는 심·의·식이 서로 다른 마음(心體別說)이라고 설명한다. 마음을 전오식(안식·이식·비식·설식·신식), 제6식(의식), 제7식(말나식), 그리고 제8식(아뢰야식)으로 구분한 것이다.

 기능은 구조에서 나오기 때문에 8가지 마음이 있다는 것은 마음을 만드는 8가지 각기 다른 뇌 구조가 있음을 암시한다. 제8식인 아뢰야식(ālaya - vijñāna)은 심(citta)에 해당하며 저장식貯藏識이다. ālaya는 저장, 축적, 보존을 의미하는 팔리(Pali)어이다. 마음의 씨앗인 종자가 저장된 식이 아뢰야식이다. 마음 깊은 곳에 있는 심층의 식인 종자가 겉으로 드러나 표층의식이 된다. 저장된 종자들은 시간이 흐르면서 변한다. 그래서 아뢰야식을 이숙식異熟識이라고도 한다. 종자가 달리 익는다는 의미이다.

종자는 기억이다. 뇌는 기억을 원래대로 변경하지 않고 오랜 시간 동안 저장하지 않는다. 시간이 가면서 뇌는 스스로 저장된 기억을 변경시킨다. 기억은 현행하는 뇌활성이 있는 바로 그 신경망에 저장된다. 뇌활성은 뇌 전체에서 일어난다. 따라서 저장식은 뇌 전체의 기능이다. 기억이 저장되는 기전, 즉 학습과 기억 기전과 기억이 변화하는 기전인 뇌의 시뮬레이션을 공부하면 제8식에 대한 이해가 높아진다.

1. 아뢰야식

1) 아뢰야식의 여러 가지 다른 이름

제8식 아뢰야식(阿賴耶識, ālaya - vijñāna)은 심(心, citta)에 해당하며 저장식이다. 빨리어 ālaya는 저장, 축적, 보존을 의미한다. 저장된 아뢰야식을 제7식 말나식이 끌어내어 제6식인 의식으로 현현顯現시킨다. 제8식은 작용하는 측면에 따라 다양한 이름이 있다.

- 저장식(貯藏識, 함장식含藏識)
- 종자식種子識
- 근본식根本識
- 이숙식異熟識
- 과보식果報識

2) 종자의 종류

- 본유종자本有種子: 선천적으로 갖는 종자들이다. 우리는 많은 종자를 가지고 태어난다. 배우지 않아도 이미 알고 있는 지식들이다. 본성(nature)들이 여기에 속한다.
- 신훈종자新熏種子: 경험과 학습으로 새로 습득하는 종자들이다. 후성적이며, 양육(nurture)된 종자들이 여기에 속한다.
- 합생종자合生種子: 본유와 신훈이 합해서 생성된 종자들이다.

3) 이숙식異熟識의 다양한 형태

- 변이이숙變異異熟: 원인이 변화하여 결과로 성숙한다는 것으로, 원인과 결과가 직접적인 관계에 있다. 인과관계적 측면에서 이숙을 설명한다. 우유가 버터나 치즈로 변하는 경우와 같다.
- 이시이숙異時異熟: 원인이 시간을 달리하여 결과로 성숙한다는 것으로, 시간 경과의 측면에서 이숙을 설명한다. 배꽃이 배가 되는 경우와 같다.
- 이류이숙異類異熟: 이전의 원인과 나중의 결과가 다르게 성숙한다는 것으로, 인과관계에서 원인과 다른 결과가 나타날 수 있음을 설명한다. 떫은 감이 시간이 지나 익으면 맛있는 홍시가 된다. 원인이 된 것은 본디 떫었는데 변하여 달콤해졌다. 뇌의 시뮬레이션 작용이 심하게 관여한 경우일 것이다.

4) 아뢰야식은 폭류와 같이 흐른다

아뢰야식의 종자는 가만히 있지 않는다. 종자는 끊임없이 활성을 갖는다. 종자는 기억의 최소단위일 것이다. 그것은 특정 기억에 해당하는 신경회로이다. 신경회로는 신경세포들의 연결이다. 신경세포는 본성적으로 항상 활성을 갖는다. 활동전위를 만들어 송출한다는 뜻이다. 그러하지 아니한 신경세포는 사멸된다. 신경세포는 신경회로에 소속되어 있으므로 신호를 받으면 반드시 합당한 결과를 다음 신경세포에 송출해야 한다. 가만히 쉬고 있는 신경세포는 없다. 얼마나 강하게 활성을 갖느냐의 문제일 따름이다. 그래서일까 유식학에서 아뢰야식을 폭류暴流와 같다고 한다.

아뢰야식의 뇌활성은 자발적으로 끊임없이 일어나기 때문에 무몰식(無沒識, unsinkable consciousness)이라고도 한다. 폭류와 같이 활동하는 종자를 말나식이 포섭하여 의식에 개입시킨다. 현재의 인식대상을 인식할 때 과거의 기억지식(종자)을 개입시킨다는 것이다. 그렇게 되면 대상을 '있는 그대로' 보지 아니하고 요리조리 분별한다. 그렇게 하여 번뇌의 마음이 생성된다.

여기서 '폭류'가 뜻하는 바를 좀 더 뇌과학적으로 이해하고 넘어가자. 폭류는 홍수나 강물이 힘차게 콸콸 흐름을 묘사하는 말이다. 하지만 모든 뇌활성이 언제나 강하지는 않다. '폭류'는 끊어지지 아니하고 항상 흐르는 잔잔한 흐름을 의미한다. 끊어지지 않는다는 의미에서 '폭류'라는 용어를 사용했다. 잔잔하게 흐르는 '폭류' 가운데 특별한 의미를 지닌다든가 상대적으로 큰 폭류가 말나식에 포착되어 의식으로 현현된다.

2. 종자의 생성과 활성

1) 종자와 폭류의 신경과학적 해석

(1) 종자는 기억의 실체인 엔그램이다

종자는 업에 의해 아뢰야식에 깃들여지는 습기習氣라고 설명한다. 습기는 '깃들여진 기운' 혹은 '기氣', 즉 '세력 또는 힘의 한 형태로 훈습薰習에 의해서 성립된 세력 또는 힘'이다. 훈습은 어떤 냄새가 몸에 배는 것을 뜻한다.

  뇌신경과학적으로 이해하면 '깃들여진 기운' 혹은 '기'는 기억의 실체인 엔그램(engram)이다. '훈습에 의해서 성립된 세력 또는 힘'이라는 것은 냄새가 몸에 배는 것 같이 학습으로 기억이 생성되는 것을 의미한다. 엔그램은 학습에 의하여 만들어진 새로운 신경회로이며, 새로운 신경회로는 새로운 연접의 생성에 의한다. 변화된 연접이 어울려 새로 생성된 신경회로가 엔그램이며, 이는 곧 기억의 실체이고 제8식의 종자이다.

(2) 연관된 종자는 서로 가까이 위치한다

종자 하나하나는 독립된 신경회로이다. 신경회로는 신경세포들의 모임(회합)으로 이루어진다. 뇌에서 유사한 종자들은 가까이 어울린다. 예로서 여러 종류의 사과가 있는데 각각의 사과에 대한 종자는 서로 인접하여 연결된다. 더 유사할수록 더 가까이 연결된다. 배는 사과와 조금 다르기에 조금 더 떨어져 연결될 것이고, 바나나는 더 떨어진 곳에서 종자를 만들 것이다.

254

　종자를 어디에 만들 것인가를 결정하는 단계가 부호화(encoding) 단계이다. 만들 종자에 코드(code)를 붙인다는 의미이다. 마치 도서관에 책을 저장할 때 유사한 분야의 책끼리 유사한 바코드를 붙여서 인접한 장소에 꽂아놓는 것과 같다. 기억은 부호화, 저장, 인출 단계를 포함한다. 뇌 전체를 보면 이러한 수많은 종자들이 유기적으로 결합체를 이루고 있다. 아뢰야식의 신경근거라 할 수 있다.

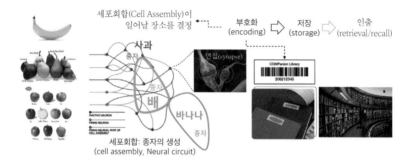

종자 생성의 신경과학

종자의 생성은 기억의 생성과정이다. 기억은 부호화를 거쳐 저장되고, 인출된다. 유사할수록 서로 연관되어 저장된다. 이러한 과정은 도서관에 책을 분류하여 보관하는 것에 비유된다.

(3) 종자의 폭류는 신경회로의 끊임없는 활성이다

신경세포들은 따로 홀로 존재하지 않는다. 다른 신경세포들과 그룹을 지어 신경회로를 만들고 있다. 신호를 전달해 주는 신경세포가 활성을 가지면 받은 세포는 필히 반응을 보여야 한다. 신경회로들끼리도 연결되어 있다. 뇌는 서로 연결된 커다란 연결체(connectome)이다. 종자, 즉 신경회로는 끊임없이 활동한다. 이를

'폭류'라고 하였다.

　야간에 대도시 공항에 착륙하는 비행기에서 도시의 불빛을 본 기억이 있을 것이다. 광활하게 펼쳐진 도시 위에 수많은 불빛이 명멸한다. 뇌활성도 이와 비슷할 것이다. 이를 모사한 동영상이 '인공뇌 시뮬레이션: 시상 – 대뇌피질계'이다. 아래 동영상에서는 100만 개의 신경세포가 이루는 140억 개 연접의 활성을 가상적으로 보여준다. 시상에서 대뇌피질로 전달되는 신호에 의하여 피질에 있는 종자들의 활성이라 볼 수 있다.

종자들의 폭류

종자들은 끊임없이 활성을 갖는다. 그 폭류의 모습은 대도시 공항에 착륙하는 비행기에서 내려다본 도시 야경의 불빛에 비유된다. 대뇌피질 신경세포의 활성을 모사한 동영상 '인공뇌 시뮬레이션: 시상 – 대뇌피질계'*가 종자의 폭류를 잘 대변한다.

---

*　Artificial Brain Simulation - Thalamocortical System, 8 Million Neurons - 1.4 Billion Synapses. https://www.youtube.com/watch?v=u28ijlP6L6M

256

2) 종자의 생성 기전

종자는 특정 인식대상에 상응하는 엔그램(기억의 실체), 즉 신경회
로이다. 신경회로는 신경세포들이 서로 연결되어 만들어진다. 연결
은 연접에서 일어나기 때문에 신경회로(종자, 엔그램)는 '새로운' 연
접의 생성으로 만들어진다. '새로운'이라는 의미는 반드시 없던 연
접이 새로 생기는 것만을 의미하는 것이 아니다. 기존의 연접이 더
강화될 수도 있고, 약화될 수도 있다. 이 모든 것은 '새로운' 연접이
다. 새로운 연접은 필히 새로운 신경망(신경회로)을 창출한다. 그것
이 종자이고 엔그램이다.

(1) 뇌의 신호전달은 병렬신호처리이다

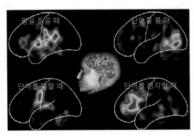
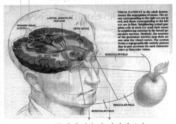

뇌신경세포의 동시 다발적 활성

시상의 넓은 영역에 상이 맺히기 때문에 복수의 망막신경세포가 활성을 시
작하고, 그 신호는 시신경을 따라 시상으로 전해진다. 시상에서도 복수의
시상세포가 신호를 받았기 때문에 복수의 신호가 일차시각피질로 가서 복
수의 피질신경세포들이 활성화된다. 이러한 병렬적 처리는 계속 이어진다.
왼쪽 뇌영상 사진은 말을 들을 때, 단어를 볼 때, 단어를 말할 때, 단어를 생
각할 때 뇌활성을 보여준다. 모두의 경우 광범위한 뇌 부위가 활성화된다.
수많은 신경세포가 동시에 활성을 갖는다는 의미이다.

뇌신경회로는 시작점이 하나가 아니라 다수인 병렬연결이다. 예로서 시각신호전달을 보자. 어떤 물체에 대한 상이 망막에 맺힐 경우 반드시 망막의 넓은 영역에 상이 맺힌다. 따라서 망막의 넓은 지역에서 신호가 동시다발적으로 시작된다. 그렇게 시작된 신호들은 시상을 거쳐 시각피질에 도달하며, 마찬가지로 많은 신경세포들을 동시에 활성화시킨다. 이러한 병렬신호전달은 시각신호처리가 끝나는 지점까지 계속된다. 다만 신호처리가 진행되면서 관여하는 신경세포들의 수가 줄어들 따름이다.

(2) '함께 격발하면 함께 어울린다(Fire together, wire together)'

신경세포가 활성을 갖는 것을 격발(fire)한다고 한다. 'wire'는 '회로를 만들다'라는 뜻이다. 뇌의 모든 정보처리에는 복수의 신경세포가 관여한다. 이 신경세포들은 동시에 활성을 갖는다. 동시에 활성을 갖는 신경세포들끼리는 서로 연결되어 종자가 된다.

(3) 연접가소성은 새로운 종자를 만들게 한다

연접의 연결강도가 변화하는 성질을 연접가소성(synaptic plasticity)이라 한다. 연접의 연결강도는 자주 사용하면 강해지고 사용하지 않으면 약해진다. 연접은 살아있는 생명체이기 때문이다. 이는 변하지 않는 실리콘 회로와 가장 크게 다른 점이다. 연접은 변화될 수 있으므로 새로운 회로가 생길 수도 있고, 없어질 수도 있다. 우리가 학습이 가능한 이유가 여기에 있다. 신경회로는 우리의 행동과 마음을 일으키는 근본이다. 신경회로가 변하지 않는다는 것은 행동과 마음에 변화가 없다는 뜻이다. 우리는 그렇지 않다. 연접이 변하기 때문이다.

(4) LTP vs LTD

연접의 연결강도가 강해지는 것을 연접강화(synaptic potentiation), 그 반대를 연접저하(synaptic depression)라고 한다. 그렇게 변화된 강화 혹은 저하가 사라지지 않고 장기간 남아 있으면 각각 연접장기강화(long-term potentiation, LTP), 연접장기저하(long-term depression, LTD)라 한다. 연접을 많이 사용하면 강화가 일어나고, 사용하지 않으면 저하가 일어난다. 종자의 생성 기전이다.

한글은 아무리 길고 복잡하더라도 14개의 자음과 10개의 모음으로 만들어진다. 뇌신경회로는 신경세포를 재료로 하여 LTP와 LTD로 그려진다. 그 복잡한 뇌 회로를 단 두 가지 도구로 그린다니 가능한 일인가? 사람 뇌에는 대략 1천억 개(보다 정확하게는 860억 개, 대뇌피질에는 140~160억 개)의 신경세포가 있고, 각각은 1만 개의 다른 신경세포와 연결되어 있다고 보면, 사람 뇌에는 1천조 개의 연접이 신경세포들을 11차원으로 연결하고 있다. 1천조 개의 연접들이 서로 어울려 회로를 만들 수 있는 경우의 수는 얼마나 될까? 무한하다. LTP와 LTD로 무한한 수의 신경회로를 만들 뿐 아니라 신경회로의 강약까지 조절할 수 있다.

1천조 개나 되는 연접들의 연결강도가 마음 씀씀이에 따라 역동적으로 변하고 있는 상황을 상상해 보라. 어두운 밤에 LA나 뉴욕 공항에 착륙하는 비행기 안에서 끝없이 펼쳐진 대도시의 명멸하는 불빛을 떠올려 보라. 우리 뇌 속의 신경연접들은 그렇게 깜빡이고 명멸하면서 신경회로를 역동적으로 바꾸고 있다. 참고로 사람 뇌에 있는 축삭을 다 이으면 15만~17만 km가 된다. 지구 적도의 둘레가 40,000km라 하니 적도를 4바퀴나 감을 수 있다.

3) 아뢰야식과 말나식의 관계

말나식은 의식과 아뢰야식을 대상으로 활동한다. 현재의 대상을 인식할 때 말나식은 의식이 의지하는 곳이다. 말나식이 의식을 사량·분별하고 아뢰야식에 저장한다는 뜻이다. 한편 말나식은 아뢰야식에 의지해 활동한다. 아뢰야식에 심층의식으로 저장된 종자를 포섭하여 의식으로 현현시키는 과정이다.

　말나식은 기본모드신경망이고 아뢰야식은 뇌 전체에 퍼져 있다. 뇌 전체에 퍼져서 존재하고 활동하는 종자들을 어떻게 말나식이 포섭할까? 아래 모식도에 허점이 있어 그렇다. 통상 배쪽안쪽전전두엽(vmPFC), 뒤대상피질(PCC), 중간측두이랑(MTL)이 말나식의 허브(hub)라 하여 그 부위들만 강조해서 그린다. 하지만 그 부위들은 말 그대로 허브일 따름이다. 그 부위들에 말나식에 관여하는 신경세포들이 집중적으로 모여 있지만, 말나식의 신경회로도 뇌 전체에 퍼져 있다고 보아야 한다. 반면에 아뢰야식은 허브가 없이 뇌 전체에 흩어져 있다. 종자는 뇌의 어느 부위에도 골고루 분포하고 있다는 의미이다. 그렇게 상상하고 아뢰야식과 말나식의 뇌를 중첩시켜보면 뇌의 모든 부위에서 서로 잘 중첩됨을 알 수 있다. 그래야 종자의 활성을 말나식이 포착할 수 있을 것이다.

260

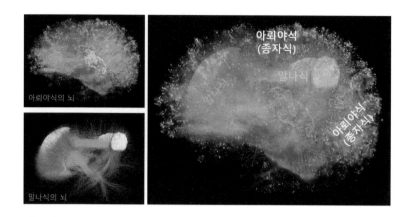

아뢰야식 뇌와 말나식 뇌를 중첩한 상상도

아뢰야식의 종자들은 뇌 전체에 퍼져 존재한다. 말나식은 허브 부위들을
강조해서 그렸다. 언뜻 두 뇌 부위들이 공간적으로 구분되어 위치하는 것
같다. 하지만 말나식의 뇌도 뇌 전체에 퍼져 분포한다. 허브에는 말나식 신
경세포가 집중되어 위치할 따름이다. 이렇게 상상하고 두 뇌 부위를 중첩
시켜보면 서로 잘 중복됨을 알 수 있다.

3. 종자의 변이: 뇌의 시뮬레이션 기능

저장된 종자는 가만히 있지 않고 시간이 지나면서 변형된다. 다르
게 숙성되기 때문에 이숙식이라 한다. 아뢰야식을 지칭하는 다른
말이다. 이숙식에는 원인이 변화하여 결과로 성숙한다는 변이이숙
變異異熟, 원인이 시간을 달리하여 결과로 성숙한다는 이시이숙異時
異熟, 이전의 원인과 나중의 결과가 다르게 성숙한다는 이류이숙異
類異熟 등이 있다.

　각각의 이숙식을 뇌과학적으로 분명하게 설명하는 것은 어렵다.
하지만 어느 이숙식이든 후성유전과 뇌의 시뮬레이션 기능이 관여

하는 것은 분명한 것 같다.

1) 후성유전과 이시이숙

(1) 후성유전이란

유전은 유전자가 후대에 물리는 현상이다. 유전자가 생명체의 특질을 결정하기 때문에 자손은 부모로부터 물려받은 유전자에 의해서 부모를 닮는다. 그런 유전을 연구하는 학문이 유전학(genetics)이다. 유전자(gene)는 DNA로 만들어진다. 유전자, 즉 DNA에 변이가 일어나 형질이 바뀌면 돌연변이(mutation)이라 한다. 돌연변이는 세세손손 유전된다.

　유전이 태어나면서 결정되는 것인 반면, 후성유전後成遺傳은 태어나 살아가면서 획득한 형질이 유전되는 현상을 말한다. 멘델(Gregor Johann Mendel, 1822~1884)을 태두로 하는 고전 유전학에서는 획득형질은 유전되지 않는다고 하였다. 학문은 발전한다. 발전은 학설을 뒤집는 것도 포함한다. 최근의 연구는 획득형질도 유전된다고 한다. 후성유전이다. 다만 세세손손 유전되는 것이 아니라, 현재까지의 연구는 3세대까지 유전되는 것으로 알려져 있다.

　후성유전을 연구하는 학문을 후성유전학(後成遺傳學, epigenetics)이라 한다. epi‑는 above, over, on, in addition to의 의미를 갖는 접두사이다. epigenetics는 gene '위'의 유전학 혹은 '유전자 밖의 유전학'이라는 뜻이다. 이런 유전적 특성을 태어나서 획득하는 것이기 때문에 '후성'이라는 표현을 썼다. 따라서 '후성유전'은 의미를 강조하여 번역한 용어이다.

(2) 후성유전의 분자 기전

유전자인 DNA 염기서열 밖에 일어나는 변화에 의한 유전이 후성
유전이다. DNA는 A(아데닌), G(구아닌), C(사이토신), T(티민)로 되
어 있다. 후성유전은 A, T, G, C에는 변화가 없는 유전 현상이다. 어
떤 변이들이 있을까? 후성유전을 매개하는 기전이 분자적 수준에
서 완벽하게 이해되지 않고 있지만, 일반적으로 3가지 방식에 의하
여 획득형질이 얻어진다고 설명한다. 3가지 모두 유전자 표현을 셧
다운한다.

첫째는 시토신(C)에 메틸화 수식(methylation)되는 것이다.

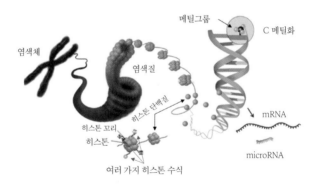

후성유전의 기전

후성유전은 유전자 밖에 변화가 일어나 생긴 형질이 후대에 전달되는 유전
이다. 이는 DNA를 만드는 C의 메틸화, 히스톤 단백질의 수식에 의한 염색
질 구조의 변화, 그리고 microRNA에 의한 mRNA의 단백질 합성능력 변화
에 기인한다. (그림 출처) *MEDI: Gate New* '환경이 DNA를 바꾼다: 후성유
전학'*에서 수정함.

---

* https://m.medigatenews.com/news/3261360825

둘째는 히스톤 단백질이 수식되어 염색질(染色質, chromatin)의 구조에 변화가 일어나 유전자 표현이 달라진다.

셋째는 small non - coding RNA(microRNA)의 표현 변화에 기인한다.

후성유전 현상이 일어나게 하는 원인은 무엇일까? 한마디로 후성유전에 영향을 미치지 않는 것은 없다. 삶의 모든 것이 영향을 미친다. 환경, 생활습관은 물론 정신 상태까지 후성유전에 영향을 미친다.

(3) 후성유전은 이시이숙異時異熟을 설명한다

어느 세대까지 후성유전이 될까? 임신한 암컷 쥐에 니코틴을 노출시키면 새끼는 태아기에서 니코틴에 노출된다. 이때 수컷 태아의 경우 천식(asthma) 표현형이 F1, F2 및 F3 세대로 전달됨이 밝혀졌다. 증손(great - grandchild)까지 전달된 것이다. 또한 생쥐의 배아 발달 동안 환경 입자에 노출되면 자손의 F1, F2 및 F3 세대에서 천식 유사 표현형이 증가했다. 어떻게 천식이 세대를 넘어 유전되었는지 그 기전은 아직 모른다. 특히 세대를 초월한, 즉 F3 세대는 어머니 뱃속에 없던 세대인데 어떻게 후성유전이 되는지 알지 못한다.

비만의 경우, 아직 F3 세대까지 표현형을 조사한 연구는 없지만, 고지방식에 노출된 생쥐의 경우 증가된 신체 크기 및 관련 표현형이 2세대까지 지속되는 것으로 나타났다. 또한 생쥐에서 출생 후 초기의 스트레스는 3세대(F1, F2, F3)까지 우울증과 유사한 행동이 전달되었다.

후성유전은 나의 삶의 습관과 환경이 나 자신의 몸을 변화시키기도 하지만 세월을 관통하여 후손에 그 결과가 나타남을 보여준다. 내가 지은 업(karma)이 후대에 전달된 것이다. 이 현상은 내가 심은 종자(원인)가 변화하여 결과로 성숙한다는 변이이숙과 원인이 시간을 달리하여 결과로 성숙한다는 이시이숙을 설명하는 것이 아닐까.

2) 뇌의 시뮬레이션 기능과 이류이숙

아뢰야식에 저장된 종자는 폭류와 같이 흐른다. 폭류는 종자의 활성을 의미한다. 종자, 즉 신경회로의 활성은 필시 회로를 변형시킨다. 변형은 무작위적이기도 하고, 말나식이 개입하여 내가 생각하는 대로, 내가 원하는 대로 변형시키기도 한다.

뇌는 자동 시뮬레이션 장치이다. 이 시뮬레이션 장치는 저절로, 스스로, 매 순간, 우리의 꿈속에서까지도 신경구조를 변형하고, 새로운 구조를 형성한다. 보지도 않았던 장면이 본 것 같은 '기시감(旣視感, 데자뷰Déjà vu)', 보았는데도 본 것 같지 않은 '미시감(未視感, 자메뷰Jamais vu)'이 생기는 이유이다.

이처럼 시간이 흘러가면서 원래의 신경회로(기억의 실체)가 변형된다. 기억의 세세한 부분은 소실(망각)되고, 가상의 정보를 가미한다. 약속 장소를 서로 잘못 기억하고 엉뚱한 곳에서 기다리다가 약속 시간이 한참 지나서야 서로 연락해 보면 각자 다른 장소에서 기다리고 있음을 안다. 회의 후 일정 시간이 지나면 회의 내용을 서로 달리 기억한다. 전부 뇌의 시뮬레이션 기능 때문이다.

뇌는 내가 원하는 대로 정보를 조작한다. 처음에는 의식하면서도 조작하고 무의식적으로도 조작된다. 결과는 동일하다. 어떤 과정이든 마지막으로 만들어진 회로만이 현실이 된다. 그것만이 뇌에 남기 때문이다. 중간의 과정은 흘러 지나간다. 원인과는 다른 엉뚱한 결과로 성숙한다는 이류이숙異類異熟은 이런 것을 두고 하는 말이 아닐까.

뇌의 시뮬레이션은 데이터를 입력할 때도 일어난다. 뇌는 사실을 있는 그대로 받아들이는 기계가 아니다. 뇌는 항상 기대치 혹은 선입관을 가지고 사실을 대한다. 제7식 말나식이 있기 때문에 그럴 것이다. 카메라로 찍은 사진을 보면 실제로 본 광경보다 색상이 더 선명하게 대조를 이룸을 흔히 경험한다. 카메라 화면에 밝기가 크게 다른 대상이 있을 경우 카메라나 비디오 촬영기는 두 대상을 적당한 밝기로 잡지 못한다. 어느 한쪽에 밝기를 맞추면 다른 대상은 너무 밝거나 너무 어둡게 나온다. 있는 그대로 정보를 획득하기 때

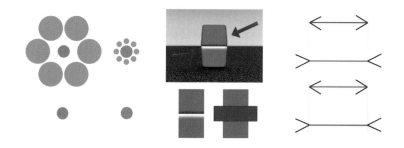

시각왜곡

왼쪽 그림에서 가운데 주황색 원은 오른쪽이 더 크게 보인다. 가운데 사진에서는 아래 사각형이 위 사각형에 비하여 매우 밝아 보인다. 오른쪽 그림에서는 아래 빨간 선이 더 길어 보인다. 전부 왜곡된 시각이다.

문이다. 역광으로 사진을 찍을 때 이러한 현상이 현저함을 우리는 안다. 하지만 사람의 시각은 그렇지 않다. 적당히 타협하여 두 물체가 잘 보이도록 조절한다. 뇌의 시뮬레이션 기능이다.

위 그림은 시각왜곡을 잘 보여준다. 뇌는 '그럴 것이다'라고 가정하고 대상을 보기 때문에 대상을 '그럴 것'에 맞추어버린다. 이러한 뇌의 시뮬레이션도 이류이숙이 일어나는 뇌 기전이다.

〔요약〕

- 제8식 아뢰야식은 저장식, 함장식, 종자식, 근본식, 이숙식, 과보식으로도 불린다.
- 종자에는 본유종자, 신훈종자, 합생종자가 있다.
- 종자는 기억의 실체인 엔그램이다.
- 연접가소성(LTP, LTD)은 새로운 종자를 만들게 한다.
- 신경세포들은 '함께 격발하면 함께 어울린다(Fire together, wire together).'
- 이숙식은 변이이숙, 이시이숙, 이류이숙 형태가 있다.
- 종자의 변이는 뇌의 시뮬레이션 기능에 기인한다.
- 후성유전은 이시이숙과 이류이숙을 설명할 수 있다.

제10장 싸띠 수행의 뇌과학

싸띠(sati)는 지금의 마음에 주의를 기울인다(noting)는 뜻이다. 한자로는 염念, 즉 지금(今)의 마음(心)이며, 흔히 알아차림으로 알려져 있다.

싸띠 수행은 '지금·여기(here & now)'에서 일어나는 현상에 대한 알아차림 능력을 강화하는 인지훈련이다. 이 훈련으로 수행자는 '지금·여기'에서 일어나는 인지 목표에 더 잘 주의를 기울일 수 있는 잠재력을 키운다. 주의력을 담당하는 뇌영역은 전두두정신경망(frontoparietal network, FPN)이다. FPN은 몸 감각, 소리, 빛, 망상과 같은 외부 및 내부 자극을 인식한다. 싸띠 수행은 FPN을 반복적으로 활성화하여 시냅스를 강하게 함으로써 이 신경망을 강화한다.

'지금·여기'에 주목하는 한 망상이 일어나지 않는다. 망상은 기본모드신경망의 활성이다. 기본모드신경망에는 나에 대한 이야기가 쌓여 있으며 그 이야기는 탐진치 번뇌로 오염되어 있다. 마음오염원은 순수한 기억 이미지와 연관되어 기본모드신경망에 저장되어 있다. 수행자는 싸띠 수행 중에 '지금·여기'에 주의를 기울이고, 과거나 미래의 생각으로 배회·망상하지 않는다. 마음오염원은 과거의 기억과 연관되어 있기에 싸띠 수행은 마음오염신경망을 덜 활성화한다. 자주 사용하지 않는 신경망은 약화된다. 수행이 깊어지면 마음오염원은 제거될 것이다. 반면에 '지금·여기'에 주의를 기울이는 FPN은 강화되어 싸띠 힘을 증가시켜 더욱더 '지금·여기'에 머무르는 마음을 만든다. 마음오염원이 개입하는 것을 즉각 알아차리고 존재를 '있는 그대로' 받아들이게 한다.

1. 왜 수행이 필요한가[*]

시간은 정지하지 않기 때문에 우리의 삶은 끊임없이 흘러간다. 우리는 항상 현재에 살고 있지만, 현재는 순간이고 그것은 곧바로 과거가 된다. 이처럼 끊임없이 현재를 맞이하고 그 현재는 곧바로 과거로 흘러가지만, 우리는 그 시간을 가로질러 연속적으로 경험하는 '나'가 있다고 느낀다. 그러한 '나'는 시간이 흘러감에도 불구하고 일정하게 유지되는 주체의 주인공이라고 생각한다. 그 주체의식이 '자아(Ego)'이다. 그 자아는 시간을 관통하여 살아온 나의 이

---

[*] 법보신문(http://www.beopbo.com) 1636호(2022.06.13.), 「문일수의 붓다와 뇌과학」 11. 싸띠 수행이 주는 효과에서 발췌 수정하였음.

야기로 엮인 나의 서사시이며, 그 서사시는 각자의 뇌에 기록된 기억이다.

1) 삶은 각자의 서사시를 만든다

삶은 간단없이 흘러간다. 항상 새로운 현실을 맞이하고 그때마다 우리는 현실에 가장 적합한 결정을 한다. 이처럼 삶은 결정·선택의 연속이다. 일어나서 일상을 시작하면서부터 결정·선택은 시작된다. 어떤 옷을 입을지, 출근은 대중교통을 이용할지 자가용을 이용할지 선택한다. 어떤 결정이나 선택을 할 때는 지식이 동원된다. 그 지식은 나의 경험이 기록된 나의 역사에서 나온다. 나의 역사에 기록된 지식을 토대로 현재 상황의 선택지를 결정한다. 관련된 지식이 순간적으로 통합하고 적용하는 능력을 지혜라고 한다. 지혜롭게 선택지를 올바로 결정하면 나의 삶은 안온하고 향기롭다. 이처럼 우리는 항상 현재를 살아가지만 동시에 과거가 개입된다. 그 과거를 바탕으로 현재의 선택지를 결정하기 때문이다.

나의 역사는 내가 살아온 서사시를 만든다. 그 서사시는 전전두엽에 기록되어 있다. 전전두엽 가운데에서도 바깥쪽이 아니라 안쪽 아래 부분, 즉 배쪽안쪽전전두엽(vmPFC)에 나의 서사시가 기록된다. 현재 상황의 선택지를 결정하는 과정에 vmPFC에 기록되어 있는 나의 경험치, 즉 서사시가 개입한다는 뜻이다. 이러한 vmPFC의 개입은 인류의 진화과정에서 매우 이른 시기에 진화되었다. 그것은 생존에 필수적이기 때문이었으리라. 쉬운 예를 들어보자. 어떤 원시 인간이 아침에 수렵을 나간다. 어디를 갈지 결정해야 한다.

과거의 경험으로 어느 골짜기 어디에 가니 먹음직한 열매가 많더라는 기억이 나의 서사시에서부터 떠올라야 한다. 사나운 포식자가 나타나면 어디로 피해야 안전한지를 순간적으로 떠올려 현명한 선택을 해야 살아남는다. 현재 상황을 대처하는 데 과거의 경험, 즉 나의 서사시가 개입되어야 하는 필요성이다. 그 필요성은 인류의 생존에 매우 중요하였기에 오래전에 진화하였다.

2) 나의 이야기는 망상·배회하는 마음을 만든다

나의 서사시에는 나의 삶과 직접 관련된 정보들이 강하게 기록된다. 그것들은 주로 나의 마음 행복을 결정하는 요소들이다. 거기에는 나 자신에 관련된 사안들뿐 아니라 나와 관련된 사회관계, 즉 친구들, 직장동료들의 특성, 그들과의 일화, 그리고 나와 그들의 미래에 대한 전망 등이 속한다. 이에 대한 나의 이야기들은 워낙 강력하여 현재 어떤 상황을 경험하고 있는 순간에도 순식간에 붉어져 나와 나의 마음을 과거나 미래, 혹은 나와 관련된 사회관계망에 대한 망상으로 끌고 간다.

현재 상황을 판단·선택할 때는 그 상황에 관련된 과거의 경험치만 회상되어 개입하여야 한다. 그것이 현재에 머무르는 마음이다. 하지만 마음의 방황은 우리의 의식 속에서 워낙 강하게 도도하게 흐르기 때문에 우리는 흔히 자동적으로 방황하는 마음, 즉 망상으로 빠지게 된다. 그만큼 현재에 머무르는 것은 어렵다.

3) 싸띠 수행은 마음이 현재에 머물게 한다

왜 마음이 방황하는 경향이 그렇게 강한지 설명하였다. 문제는 방황·망상하는 마음은 불행한 마음이 된다는 데 있다. 어떻게 마음을 현재에 머무르게 할 수 있을까? 수행이 답이다.

4) 싸띠 수행은 마음근육 강화훈련이다

붓다가 창안한 오리지널 명상인 싸띠 수행은 '마음근육'의 탄력성을 강화시킨다. 마음근육은 스트레스에 대항하는 마음이다. 마음근육이 강화되면 스트레스나 불안 등 삶의 고통에 구속되지 않고 자유로울 수 있다. 싸띠 수행은 현재 상황에 대한 알아차림 능력, 즉 싸띠(염念, '지금[今]의 마음[心]')를 강화하는 훈련이다. 이는 마치 나의 마음과 행위를 지켜보는 드론과 같다. '나'의 밖에서 '나'를 지켜보고 있는 드론이 싸띠이다.

　결론적으로 마음근육은 알아차림 기능이고 이는 곧 싸띠를 지칭한다. 알아차림 능력(sati power)이 커지면 지금 이 순간에 접하는 존재나 대상을 있는 그대로(here & now) 볼 수 있게 된다. 그러면 편견에 구속되지 않고 마음은 가벼워지며, 삶이 보다 자유롭고 행복해질 수 있다.

2. 명상과 수행*

불교에서의 싸띠 수행은 깨달음(成道, 涅槃)을 목표로 하는 도 닦음
이다. 반면에 명상은 싸띠 수행의 일부를 적용하여 마음을 맑히고,
휴식을 촉진시켜 스트레스를 줄이는 마음훈련이다. 대표적인 명상
방법인 MBSR(Mindfulness - Based Stress Reduction)도 알아차림(마음
챙김)을 바탕으로 개발된 스트레스 감소 프로그램이다.

1) 명상은 정신적 스트레스를 감소시킨다

명상을 일반적으로 정의하면 '고요히 눈을 감고 마음을 차분한 상
태로 가라앉히는 것'으로, 이러한 훈련은 종종 마음을 깨끗이 하
고, 스트레스를 줄이며, 휴식을 촉진시키거나, 마음을 훈련시키는
데 사용된다. 예로서 가장 널리 알려진 명상법은 1979년 존 카밧
진(Jon Kabat - Zinn) 교수가 스트레스 완화를 위해 창안한 MBSR이
다.** MBSR은 남방불교의 가르침에 근거하여, 판단을 지양하고 지
금 이 순간에 집중하는 것을 훈련하는 정형화된 프로그램이다.

---

* 　문일수, 「싸띠 수행의 뇌과학: 싸띠 힘의 강화 및 마음오염원 제거의 신경근
거」, 『불교상담학연구』 16집, 2021, 5~33에서 발췌 수정함.

** Kabat - Zinn J.(1982) "An outpatient program in behavioral medicine for
chronic pain patients based on the practice of mindfulness meditation:
theoretical considerations and preliminary results". General Hospital
Psychiatry, 4(1), 33 - 47.

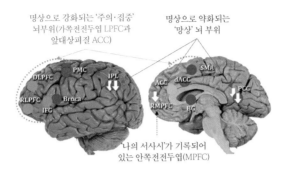

명상으로 강화되는 '주의·집중'
뇌부위(가쪽전전두엽 LPFC과
앞대상피질 ACC)

명상으로 약화되는
'망상' 뇌 부위

'나의 서사시'가 기록되어
있는 안쪽전전두엽(MPFC)

명상훈련으로 변화되는 뇌 부위들

명상으로 강화되는 부분과 약화되는 부분을 표시하였다. 색깔은 각기 다른
종류의 명상방법을 나타낸다. (그림 출처) *Fox KC et al.*(2016)[***]에서 수정.

 마음챙김 명상은 현재 순간의 인식대상에 판단·분별하지 아니
하고 단지 주의만 기울이는 뇌 휴식 훈련이다. 현재에 주의를 기울
이기에 망상에서 벗어나게 하며, 휴식을 취하기에 부교감신경을
활성화한다. 8주간 MBSR 프로그램에 참가한 사람들의 뇌를 fMRI
로 조사해 보면 mPFC 및 PCC의 활성이 줄어들고, 반면에 주의·집
중하는 뇌 부위(가쪽전전두엽[lateral PFC, lPFC], 앞쪽대상피질[ACC])들
의 활성은 향상된다. 망상은 줄어들고 현재에 집중하여 머무르는
능력이 향상되었다는 뜻이다.

[***] Fox KC, Dixon ML, Nijeboer S, Girn M, Floman JL, Lifshitz M, Ellamil M,
Sedlmeier P, Christoff K(2016) Functional neuroanatomy of meditation: A
review and meta-analysis of 78 functional neuroimaging investigations.
Neurosci Biobehav Rev. 65:208-28.

2) 수행은 깨달음을 목표로 하는 도 닦음이다

한편, 불교의 수행이란 깨달음과 지혜를 얻기 위하여 불도佛道를
닦는 마음수련이다. 불교수행의 특별한 점은 깨달음의 추구이다.
이는 세간의 명상 목적과 다르다. 세간의 명상과 불교의 수행은 마
음의 닦음이라는 측면에서는 동일하지만, 추구하는 궁극적인 목표
의 수준은 다르다고 볼 수 있다. 마음은 뇌기능의 영역에 있다. 명
상으로 관리하고자 하는 마음의 스트레스나 휴식도 뇌의 작용영역
이며, 수행으로 추구하는 깨달음에 이르는 길도 뇌의 기능이다.

　불교수행의 궁극적인 목표는 깨달음, 즉 열반(nibbāna)이다. 깨달
음이나 열반의 구체적인 내용이 무엇인가 하는 문제는 간단하지
않지만, 수행을 통하여 욕망의 불꽃을 끄고 자성自性, 곧 청정한 우
리의 본래면목을 찾는 것임에는 이론의 여지가 없을 것이다. 열반
은 일체의 탐욕(貪), 분노(嗔), 어리석음(痴)이라는 삼독三毒의 번뇌
가 소멸한 상태이다. 즉 깨달음을 얻은 열반의 마음은 번뇌의 마음
오염이 제거된 청정한 마음이며, 이는 불교수행으로 실천이 가능
하다.

　깨달음에 이르는 길은 다양하지만 거기에 도달한 이들(아라한)은
열반이라는 동일한 인격성을 갖는다. 여러 가지 불교수행법이 있
지만 공통점은 '현재의 과제'에 주의·집중한다는 것이고 그런 수
행을 하면 번뇌·마음오염원이 제거된다는 것이다. 여기에서는 부
처님이 사용한 수행기술인 싸띠 수행에 의한 번뇌·마음오염 신경
회로를 제거하는 신경 기전에 대하여 설명하고자 한다.

3. 싸띠 수행*

1) 싸띠 수행이란?

싸띠(sati)는 부처님께서 행하신 수행방법으로, '염(念 sati), 관(觀 vipassana), 통찰명상, 마음 밝힘, 알아차림, 늘 깨어 있는 마음, 잊지 않음(守意), 정념(正念) 등 여러 가지로 번역된다.** 현재의 어떤 대상에 대해 분별심이나 판단 없는 깨어 있음을 뜻한다. 싸띠는 마음이 지금 여기에 현존하는 것이며, 인지대상을 알아차리는 것을 말한다. 인지대상을 알아차림 하려면 인식하고 있는 대상에 가장 가까운 기존의 기억을 떠올리는 것이 최우선적으로 필요하다. 따라서 싸띠는 '기억 이미지를 떠올려 현재 이 순간에 인식하고 있는 대상'을 '지금·여기에서의 분명히 앎'이라는 의미이다. 영어로는 주의를 기울임(noting)이 가장 가까운 번역이다.***

(1) 붓다의 싸띠 수행법

지금까지 싸띠의 의미에 대하여 알아보았다. 그러면 싸띠 수행은 어떠한 수행방법인가? 싸띠 수행은 붓다가 창안한 수행방법이다. 고타마 싯다르타는 이 방법으로 깨달음을 성취하였다. 초기경전에 나타나는 대표적인 싸띠 수행에 대한 가르침으로『맛지마 니까야』

---

* 문일수,「싸띠 수행의 뇌과학: 싸띠 힘의 강화 및 마음오염원 제거의 신경근거」,『불교상담학연구』16집, 2021, 5~33에서 발췌 수정함.

** 『한－영 불교용어사전』.

*** Buddhaphala Bhante. Sati School. 경남 김해시 대동면.

276

「호흡새김의 경(Ānāpānasati Sutta)」(M118)이 있다.

가부좌를 틀고 몸을 바로 세우고 얼굴 앞으로 새김을 확립하여
깊이 새겨 숨을 들이쉬고 깊이 새겨 숨을 내쉰다.

그는 길게/짧게 숨을 들이쉴 때는 나는 길게/짧게 숨을 들이쉰
다고 분명히 알고, 길게/짧게 숨을 내쉴 때는 나는 길게/짧게 숨
을 내쉰다고 분명히 안다.

이와 같이 호흡의 관찰을 통하여 고타마 싯다르타는 깨달음을 얻
어 부처(Buddha)가 되었다. 그는 현재 일어나고 있는 인식대상인
호흡을 단지 싸띠하여 깨달음을 얻고 열반을 성취하였다.

2) 싸띠 수행의 신경과학

싸띠 수행과정에서 일어나는 중요한 뇌의 변화는 첫째, 싸띠 힘이
커진다는 것이고, 둘째, 번뇌의 신경근거가 소멸된다는 것이다. 번
뇌·마음오염의 신경근거는 「제8장 말나식(제7식)의 뇌」에서 자세
하게 설명하였다. 여기에서는 싸띠 수행은 신경과학적으로 어떤
과정을 의미하며, 이러한 수행과정을 통하여 어떻게 싸띠 힘이 커
지고, 번뇌·마음오염 신경회로는 제거되는지에 대한 신경과학적
원리를 중심으로 설명하고자 한다.

(1) 싸띠 수행의 특징: 주의 기울이기(noting)

초기경전에 나타나는 대표적인 싸띠 수행에 대한 가르침인「호흡
새김의 경(아나빠나사띠 경(Ānāpānasati Sutta)」(M118)을 근거로 다양
한 싸띠, 사마타, 위빠사나 수행이 보급되어 있는데, 김성철 등은
그 창시자에 따른 특징을 다음과 같이 설명한다.

> 마하시(Mahasi)의 경우는 호흡할 때 일어나는 아랫배의 움직임
> 을 주시하고, 고엔카(Goenka)는 코끝이나 인중 부근의 들숨과
> 날숨이 접촉하는 부위의 감각을 관찰하면서 집중의 힘을 기르
> 며, 파욱(Pa Auk)의 경우 윗입술이나 콧구멍 주변을 접촉하는 가
> 장 분명한 장소에서 숨을 지켜보게 한다. 이런 수행 이후에는 대
> 개 행선行禪을 하게 되는데 발바닥이 땅에 닿는 느낌, 걸어갈 때
> 다리를 올렸다가 내리거나 몸을 좌우로 돌리면서 몸에서 일어
> 나는 느낌 등에 주의를 기울이게 한다.*

위에서 보는 바와 같이 이들 명상수행의 공통점은 현재 일어나
고 있는 체성감각(somesthetic sensation; 호흡 촉각이나 걸을 때 발바닥
이나 다리에 느껴지는 촉각)에 주의를 기울이는 것이다. 위 김성철 등
의 설명에 따르면 파욱(Pa - Auk) 계통은 수행의 시작단계에서만 호
흡 촉각에 주의를 기울이게 하지만,** 마하시 계통은 좌선과 행선

---

* 　김성철, 김진석, 사공정규, 안양규, 강남옥, 김지명,「명상수련자의 촉각 주의
　　력에 대한 실험적 연구」,『한국불교학』제81권, 2017, pp.95~129.

** 　Moneyya(2006).『Teaching & Training, Pa - Auk Forest Monastry』 2nd ed.,

278

은 물론이고 깨어 있을 때는 항상 자신의 행동을 알아차림 하는 싸
띠 수행을 하여야 한다고 가르친다.* 그러기에 동아시아의 한자권
에서는 '싸띠'를 '염念'으로 번역한다. 염念을 파자하면 금(今, 지금)
과 심(心, 마음) 즉 지금의 마음인데, 염은 현재의 인식대상에 깊이
주의를 기울여(대상을 잊지 않고 포착하여) 망상을 통해 일어나는 번
뇌의 침입을 막고 마음을 보호하고 확립하는 것이라 할 수 있다.**
이를 통하여 대상을 '있는 그대로' 보는(如實知見)의 통찰을 얻자는
것이 싸띠 수행의 목적이다. 현재의 마음을 알아차림 하기 위해서
는 인식대상에 주의를 기울여야 한다.

싸띠는 주의(attention)로 번역되기도 한다. 싸띠는 수행대상에
주의를 기울여 집중하는 것이며, 싸띠 수행은 현재 인식하고 있
는 대상에 주의를 보다 더 강하게 밀착시키는 훈련이다. 이러
한 의미에서 싸띠는 주의기울임(noting)이 더 정확할 것으로 본
다.***

WAVE Publications: Kuala Lumpur.

* Sayadaw, Mahasi(1991). 『Practical Vipassana Exercises』, Buddha Dharma Education Association Inc.

** 장진영·김세정, 「사띠(Sati), 마인드풀니스(mindfulness), 그리고 염念의 수행상 의미 변천」,『철학연구』제138권, 2016, pp.251~282.

*** Buddhaphala Bhante. Sati School. 경남 김해시 대동면.

(2) 싸띠 수행방법의 예: 호흡 알아차리기

싸띠 수행은 싸띠 힘을 키우고, 동시에 기억 이미지와 결합한 마음 오염원을 제거한다. 마하시(Mahasi) 계통의 수행방법은 기준점(출발점)을 미리 정해놓고 대상의 이름을 붙이고 알아차림 하는 것이 효과적이라고 보았다.[****] 기준점은 자신의 몸에 정하는 것을 선호하는데, 앉아 수행할 때는 배나 호흡 움직임, 걸으며 수행할 때는 발 무게감에 초점을 두고 알아차림 한다. 그러다가 방해현상(보임, 들림, 통증, 망상 등)이 나타나면 방해현상을 알아차림 한 후 즉시 기준점으로 돌아온다. 이와 같이 몸의 특정한 곳에 정한 기준점(출발점)을 계속 알아차림 하고, 가끔씩 일어나는 방해현상을 알아차림 하고 즉각 기준점으로 돌아가는 훈련을 반복하면 싸띠 기능이 강화되고 사마디 힘이 좋아진다.[*****]

싸띠 수행의 기준점과 알아차림

마하시 계통의 싸띠 수행에서는 알아차림 하는 기준점을 정하고 그 기준점을 집중하여 알아차림 한다. 방해현상이 나타나면 그 방해현상을 알아차림 한 후 즉시 기준점으로 돌아온다. 보통 호흡을 기준으로 하는데 코끝에 느껴지는 들숨 날숨을 알아차림 하든가 배의 일어남 살아짐을 알아차림 한다. (참고 그림) *Buddhapala*(2009)[******]에서 수정.

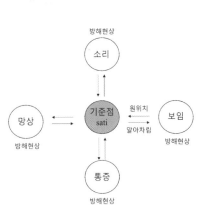

[****] ibid.

[*****] ibid.

[******] Buddhapala, 『BUDDHA 가르침: 불교에 관한 모든 것』, 도서출판 무량수,

(3) 마음 공간과 싸띠 수행

이와 같은 싸띠 수행을 뇌에서 일어나는 과정으로 그려 보면 아래
와 같다. 마음챙김 명상을 하면 각성감각이 높아지고 깊은 집중능
력이 향상된다. 이는 마음챙김 명상이 인지주의 능력이 향상됨을
의미한다.[*]

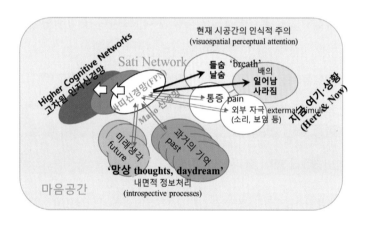

호흡수행에서 싸띠 신경망의 역할

싸띠는 주의(attention) 기능인 전두두정신경망(FPN) 신경망의 역할이다.
싸띠 신경망은 지금 현재 상황에 일어나고 있는 들숨 날숨, 배의 일어남과
사라짐에 주의를 기울여 알아차림 한다. 그러다가 가끔씩 떠오르는 미래
생각 혹은 과거 기억과 같은 내면적 정보를 알아차림 한다. 한편 싸띠 신경
망의 활성은 더 높은 차원의 인지신경망으로 전달된다.

2009.

[*] Chiesa, A., Calati, R., and Serretti, A.(2011), "Does mindfulness training
     improve cognitive abilities? A systematic review of neuropsychological
     findings". Clinical Psychology Review, 31, pp.449~464.

(4) 싸띠 수행에 의한 주의신경망인 전두두정신경망의 강화

① 싸띠 신경망은 전두두정신경망(FPN)이다

뇌신경과학적 측면에서 볼 때 싸띠 수행은 주의와 연관된 관리기능을 발달시킨다.** 사람의 대뇌피질은 대략적으로 7개의 거대기능적 신경망으로 구성되어 있으며, 보다 세분하면 17개로 나눌 수 있다.*** 이 가운데 전두두정신경망(FPN)은 싸띠 신경망에 해당한다. 이 신경망은 흔히 중앙관리망(CEN)으로 알려져 있으며, 마루속고랑(IPS) 주변의 등쪽가쪽전전두엽(dlPFC) 및 뒤마루피질(posterior parietal cortex)에 걸쳐 있다.

　이 신경망은 지속적인 주의, 복잡한 문제의 해결 및 작업기억에 관여하며, 보다 구체적으로는 내면적 정보처리 및 시공간의 인식적 주의를 처리하는 부분으로 이루어진다.****

②신경망의 강화 기전: 연접장기강화(LTP)

싸띠 수행을 하면 어떻게 '지금·여기'에 대한 알아차림이 기능인 싸띠 힘이 커질까? 호흡에 의한 몸 감각의 관찰은 지금·여기를 알

** ibid.

*** Yeo, B. et al.(2011) The organization of the human cerebral cortex estimated by intrinsic functional connectivity. Journal of Neurophysiology, 106(3), 1125‐1165.

****Dixon, M.L. et al.(2018) Heterogeneity within the frontoparietal control network and its relationship to the default and dorsal attention networks. PNAS 115(7):E1598‐E1607.

282

아차림 하는 것이다. 수행은 장기간 반복적으로 지속되어야 깨달음을 얻게 된다.

지금·여기를 알아차림 하는 것을 뇌과학적 측면에서 생각하면 싸띠 신경망인 전두두정신경망(FPN)을 지속적으로 사용한다는 의미가 된다. 뇌는 신경세포들이 입체적으로 연결된 매우 복잡한 신경망으로 이루어져 있으며, 신경망은 뇌기능의 기본단위이다. 신경망의 강하기는 신경세포들끼리 연결된 접점인 연접의 연결강도가 결정한다. 그런데 연접의 연결강도는 사용빈도에 따라 결정된다.

연접의 연결강도가 변화하는 성질을 연접가소성(synaptic plasticity)*이라 하는데, 사용빈도가 높으면 그 연접의 연결강도는 강화(potentiation)된다. 그렇게 강화된 연결강도가 오랫동안 지속되는 현상을 장기연접강화(LTP)라 한다. D.O. Hebb에 의하여 가정된 연접가소성 현상은 1973년 T.V. Bliss, T. Lomo** 및 A.R. Gardner -Medwin***에 의하여 실험적으로 증명되었다. 싸띠 수행을 오래동안 지속적으로 계속하면 LTP에 의하여 싸띠 신경망, 즉 주의조절

---

* Hebb, D. O.(1949), 『The Organization of Behavior』, New York: Wiley & Sons.

** Bliss, T. V. Lomo, T.(1973) Long-lasting potentiation of synaptic transmission in the dentate area of the anaesthetized rabbit following stimulation of the perforant path. Jouranl of Physiology, 232, 331-356.

*** Bliss, T. V., Gardner-Medwin, A. R.(1973) Long-lasting potentiation of synaptic transmission in the dentate area of the unanaestetized rabbit following stimulation of the perforant path. Jouranl of Physiology, 232, 357-374.

신경망인 전두두정신경망(FPN)의 강화가 일어나며, 이는 곧 싸띠 힘의 강화이다.

4. 싸띠 수행에 의한 마음오염원의 제거****

1) 기억 이미지에 결합한 마음오염원

수행의 목적은 마음 공간에 존재하는 마음오염원(āsava)을 제거하는 것이다. 안이비설신 육근六根은 색성향미촉법 육경六境을 수용하여 마음 공간에 여섯 가지 알음알이(六識)를 생성한다. 이들은 우

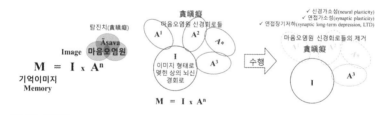

마음 공간의 기억 이미지와 수행에 의한 마음오염원 제거의 신경 기전

기억(M)은 순수 이미지(I)에 마음오염원(A)들이 결합하여 마음 공간에 저장되어 있다. 기억은 순수 이미지 신경회로에 마음오염원 신경회로가 결합되어 있는데, 이 오염신경회로들은 수행을 통하여 제거된다. 신경회로의 제거는 뇌의 신경가소성, 연접의 연접가소성, 특히 연접장기저하 기전들에 근거한다. (그림 출처) *Buddhapala*(2009)*****에서 수정.

**** 문일수, 「싸띠 수행의 뇌과학: 싸띠 힘의 강화 및 마음오염원 제거의 신경근거」, 『불교상담학연구』16집, 2021, 5~33에서 발췌 수정함.

***** Buddhapala, 『BUDDHA 가르침: 불교에 관한 모든 것』, 도서출판 무량수, 2009.

리의 마음 공간에 생성된 인식대상에 대한 이미지(像, 識)이다. 이
이미지들을 싸띠가 인식하는데, 이때 그 이미지에 해당하는 기억
이미지를 불러내어 그 인식대상이 무엇이라고 알아차린다.

기억된 정보(기억 이미지)를 불러오는 것이 인식과정의 첫 번째
필수적인 단계이기 때문에 싸띠는 기억이라는 의미를 갖는다. 그
런데 우리의 기억 이미지는 있는 그대로의 순수한 이미지가 아니
라 탐진치가 묻은 오염된 이미지, 즉 Memory=Image × asava이
다. 오염으로 물든 기억 이미지로 인식대상을 알아차림 하기 때문
에 우리는 대상을 '있는 그대로'의 실상을 보지 못한다. 싸띠 수행
은 기억 이미지와 결합된 마음오염원을 제거하는 프로그램이다.
그 제거 도구가 알아차림 기능인 싸띠이며, 그 결과 인식대상을 '있
는 그대로' 보는 기능이 빤냐(paññā, 般若, 智慧)이다.*

2) 싸띠 수행에 의한 마음오염원 제거 기전: 연접장기저하(LTD)

마음오염원은 번뇌의 근원이 된다. 번뇌는 탐·진·치이며, 이들도
마음이기 때문에 번뇌는 뇌의 신경회로들이다. 구체적으로는 자아
(ego)의 뇌를 만드는 기본모드신경망에 끼어든 탐욕·분노·어리석
음의 신경회로가 번뇌의 신경근거라고 본서 「제8장 말나식(제7식)
의 뇌」에서 설명하였다.

신경회로의 제거는 신경연접의 연결강도의 약화 또는 완전
한 소실에 근거한다. 연접의 연결강도가 약화되는 현상을 저하

---

*   ibid.

(depression), 그러한 저하 현상이 오래 지속되면 연접장기저하(long-term depression, LTD)라 하며, 기억을 지우는 데 중요한 역할을 한다.[**][***] 따라서 싸띠 수행은 마음 공간에 저장된 기억 이미지와

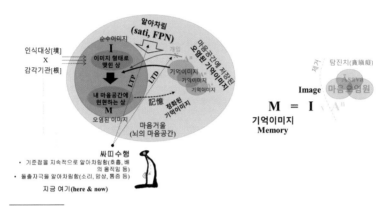

싸띠 수행에 의한 마음오염원의 제거 기전

감각기관이 인식대상을 만나 순수 이미지를 마음 공간에 맺지만 이를 인식하는 과정에서 오염된 기억 이미지가 개입하여 나의 마음 공간에는 오염된 이미지가 현현하고, 이렇게 오염된 이미지가 다시 마음 공간에 기억 이미지로 저장된다. 싸띠 수행은 마음오염원을 개입하지 않고 '지금·여기' 마음 공간에 맺힌 순수 이미지를 '있는 그대로' 알아차림 하는 훈련으로, 이 기능에 관련된 FPN 신경망은 장기연접강화(LTP) 기전에 의하여 강화되고, 반면에 마음오염원 신경망(An)은 장기연접저하(LTD) 기전에 의하여 제거된다. 이러한 싸띠 수행은 궁극적으로는 순수 이미지에 결합하고 있는 마음오염원을 제거할 것이다. (그림 출처) *Buddhapala*(2009)[****]에서 수정.

[**] Nicholls, R.E., et al.(2008), "Transgenic mice lacking NMDAR-dependent LTD exhibit deficits in behavioral flexibility". Neuron 58(1), pp.104~117.

[***] Malleret, G. et al.(2010), "Bidirectional regulation of hippocampal long-term synaptic plasticity and its influence on opposing forms of memory". Journal of Neuroscience, 30(10), pp.3813~3825.

[****]Buddhapala, 『BUDDHA 가르침: 불교에 관한 모든 것』, 도서출판 무량수,

결합하고 있는 마음오염원 신경회로를 LTD 현상으로 제거하는 것으로 이해된다.

3) 마음 운동

유산소 운동은 심폐기능 향상, 비만 해소 및 근력 증강을 유발시켜 육체적 건강을 증진시킨다. 유산소 운동을 통하여 각각의 기능에 관여하는 몸의 구조에 변화를 가져오기 때문이다. 수행은 마음 휘트니스 운동(neurobics)이다. 마음은 뇌의 작용이기 때문에 수행은 곧 뇌 운동 혹은 신경 운동이다.

유산소 운동과 마음 운동

유산소 운동은 심폐기능과 근육의 기능을 향상시킨다. 뇌기능을 향상시키기 위해서는 뇌의 신경망을 적절히 사용해야 한다. 뇌기능 가운데 마음 기능을 향상시키는 운동이 마음 운동이다.

뇌는 몸 근육의 움직임과 행동, 신체의 항상성 유지, 대상의 인지, 감정, 학습과 기억 등 다양한 기능을 한다. 이러한 기능으로 나

2009.

타나는 현상의 이면에는 뇌 속에 각 기능을 담당하는 뇌신경센터가 있다. 싸띠 수행은 '지금·여기'에 일어나는 자극에 대한 인지훈련이다. 이러한 훈련으로 현재 여기의 인식대상에 보다 더 집중할수 있다. 일종의 주의력 향상훈련이다. 이 기능을 담당하는 뇌 부위는 전전두엽 대뇌피질의 전두두정신경망(FPN)이다. FPN은 대뇌피질의 거대한 신경망인데 외부자극에 대한 주의기능과 자신에 대한 내면적 자각을 조절한다. 싸띠 수행은 FPN의 반복적으로 자극함으로써, 즉 FPN을 반복적으로 사용함으로써 이 신경망을 강화시켜 '지금·여기'에 더 잘 머무르게 한다.

한편 '지금·여기'에 집중하는 동안에는 과거나 미래 생각에 대한 망상이 줄어든다. 기능적 자기공명영상(fMRI) 연구에 의하면 현재에 집중하도록 훈련하는 마음챙김 명상에 참여한 사람들은 그렇지 않은 대조군에 비하여 현재 순간의 경험, 즉 경험적 집중('experiential' focus) 능력은 증가하고, 시간을 거슬러 이런저런 생각에 끌려가는 서사적 집중('narrative' focus)은 감소된다(Norman et al., 2007).

서사적 기억에 끌려다니는 것은 과거의 기억을 회상함을 의미한다. 이는 번뇌의 관점에서 매우 중요하다. 번뇌가 뇌의 어느 부위에 존재하는지는 설명하기 어렵지만, 번뇌 즉 마음오염은 과거의 기억과 결합되어 있음은 분명하다. 따라서 현재 순간의 경험에 집중하면 마음오염과 결합하고 있는 과거의 기억을 떠올리지 않는다. 마음오염 신경망을 활성화하지 않는다는 것이다. 활성화되지 않는 신경망은 연접저하 기전에 의하여 신경망의 연결강도가 약화되며,

궁극적으로는 소멸한다. 이러한 방법으로 마음오염원을 해체할 수 있다.

4) 싸띠 수행과 자아, 그리고 기본모드신경망

망상은 번뇌를 키운다. 망상은 대부분 과거의 기억을 떠올리는 것이며, 그것은 분별심의 원천이 된다. 왜 인간은 과거 생각에 빠질까? 모든 생명체는 살아남기에 최적합하도록 진화하였다는 사실에 근거하여 생각하면, 과거 생각을 많이 하는 것이 살아남는 데 유리하였다는 뜻이다.

왜 과거의 기억을 망상하는 것이 생존에 유리하게 작용할까? 뇌의 진화를 생각하기 위해서는 저 먼 태고의 원시시대로 돌아가 보아야 한다. 초기 인류가 출연하면서 우호적이지 못한 자연환경에서 살아남아야 할 당시에는 지난 일을 회상하여 기억을 공고히 해야 할 필요가 있었다. 어느 계곡에 가면 맛 나는 먹거리가 있으며, 어느 산 능선에 가면 무서운 포식자가 우글대는지를 기억하는 자가 살아남는 데 유리하지 않았을까. 그렇게 기억기능이 탁월한 자가 살아남아 현대인류를 낳았다. 경험하고 학습한 내용을 잘 기억하는 인간이 결국 지구를 지배하게 되었다. 그 탁월한 기억능력으로 나의 뇌에 과거에 대한 기억은 차곡차곡 쌓이고, 그 기억들이 연결되어 '나의 이야기'를 만든다. 그것이 나의 '이야기하는 자아'이며, 기본모드신경망의 기능이다.

또한 '나'가 있는 위치를 중심으로 지도를 그릴 수 있어야 저 밖의 세상 어디에는 무서운 포식자가 있으며, 어디에는 맛있는 먹거리가 있는지가 매핑(mapping)된다. 그래야지 해가 밝으면 포식자를 피하여 맛있는 먹거리가 있는 곳으로 다시 내비게이션 할 수 있다. 나를 체화함으로 지금 여기 이 위치에 있음을 자각하는 '체화된 자아(embodied ego)'이다. 이것도 기본모드신경망의 기능이다.

외부대상을 인지하고 있지 않을 때, 체화된 나는 나의 이야기로 망상한다. 모두 기본모드신경망의 기능이라고 하였다. 망상을 하다가 외부환경에 무언가 불쑥 나타나면 우리의 마음은 즉각 그 대상으로 간다. 망상하고 있던 기본모드신경망이 외부 인지대상이 나타났음을 어떻게 알까? 외부대상을 처리하는 뇌는 중앙관리망(CEN)이다.

나른한 봄날, 망상을 하고 있는데 갑자기 쿵! 하고 큰 소리가 났다고 하자. 아니면 앞에 나비가 날아든다고 하자. 그러면 망상은 일순간에 정지되고 마음은 쿵! 소리나 나비와 같은 외부대상으로 향한다. 무엇이 보이는(안식), 무엇이 들리는(이식) 것과 같은 전오식은 자동이며, 수동적이다. 우리가 눈을 뜨고 있는데 보지 않을 수 없으며, 귀가 열려 있는데 듣지 않을 수 없다. 자동적, 수동적으로 보이고 들린다. 뇌의 입장에서 보면 시각 혹은 청각 신호는 감각기관(안근, 이근)에서 자동적으로 뇌로 들어옴을 의미한다. 그렇게 뇌로 들어오는 신호를 감지할 수 있어야 망상을 그만둘 수 있다.

망상하는 기본모드신경망은 중앙관리망이 일을 하는지 아니하는지 감시하는 보초를 두고 있다. 보초가 중앙관리망의 활동(예: 쿵! 소리를 들음, 혹은 나비를 봄)이 시작되었음을 보고하면 기본모드신경망은 즉각 망상을 멈추고, 외부대상에 대한 정보를 처리하는

290

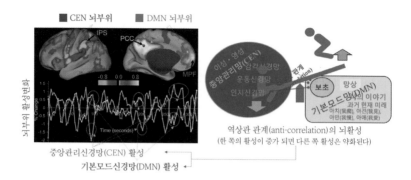

중앙관리망과 기본모드신경망의 기능적 역상관관계

왼쪽 그림은 중앙관리망(CEN)이 활동할 때 기본모드신경망(DMN)은 활성이 줄어듦을 보여준다. 오른쪽 그림은 중앙관리망과 기본모드신경망의 활성이 역상관관계에 있음을 시소(see-saw)에 비유하였다. 기본모드신경망의 등쪽뒤대상피질은 중앙관리망과 기능적으로 역상관관계로 연결되어 있기 때문에 중앙관리망이 활동하면 이 부위의 활성은 억제된다. (그림 출처) 왼쪽 그림은 *Fox et al.*(2005)*에서 수정.

중앙관리망이 뇌활동의 주인공이 되도록 한다. 이처럼 기본모드신경망과 중앙관리망의 활성은 역상관관계(anti-correlation)에 있다. 한쪽이 강하게 활성하면 다른 쪽은 활성을 멈춘다. '지금·여기'를 주목하는 중앙관리망이 활성하면 기본모드신경망은 활동을 멈추어 망상하지 않는다.

물질적으로 풍요로운 현대사회에서는 포식자나 먹거리가 있는

* Michael D. Fox, Abraham Z. Snyder, Justin L. Vincent, Maurizio Corbetta, David C. Van Essen, and Marcus E. Raichle(2005). The human brain is intrinsically organized into dynamic, anticorrelated functional networks. PNAS 102(27), 9673-9678.

장소에 대한 과거 기억을 회상·망상하는 것은 불필요하다. 과거를 기억하는 것은 번뇌가 될 뿐이다. 지금·여기를 인지하는 마음이 행복한 마음이다. 싸띠 수행은 그런 마음 운동이다.

〔요약〕

• 싸띠(sati)는 지금의 마음에 주의를 기울인다(noting)는 뜻이다. 한자로는 염念, 즉 지금(今)의 마음(心)이다. 알아차림으로 번역된다.

• 싸띠 수행은 '지금·여기'에서 일어나는 현상에 대한 알아차림 능력을 강화하는 인지훈련이다.

• 전두두정신경망(FPN)이 싸띠 신경망에 해당한다. 싸띠 수행은 FPN을 반복적으로 활성화하여 시냅스를 강하게 함으로써 이 신경망을 강화한다.

• 망상은 기본모드신경망의 활성이다. 기본모드신경망에는 나에 대한 이야기가 쌓여 있으며 그 이야기는 탐·진·치 번뇌로 오염되어 있다.

• 싸띠 수행 중에는 망상이 줄어든다. 그러면 마음오염신경망을 덜 활성화시키고 마음오염원은 제거된다.

• 싸띠 수행은 '지금·여기'에 머무르고, 존재를 '있는 그대로' 받아들이는 마음을 만든다.

제11장 신경축과 가치 계통

사람의 뇌는 매우 복잡하다. 그 복잡성은 진화의 산물이다. 진화과 정에서 뇌의 복잡성이 확장된 축을 신경축(neuroaxis)이라 한다. 그 것은 아래에서 위로, 안에서 밖으로 형성되어 있다. 척수 위에 먼저 뇌줄기가 진화했고, 그 위에 둘레계통, 맨 위에 신피질이 가장 나중 에 출현했다. 또한 뇌는 가운데에서 바깥쪽으로 팽창하였다. 그래 서 뇌는 하나의 공 모양을 이룬다.

맨 나중에 출현한 신피질이 하위구조를 지배하는 것이 일반적이 다. 하지만 하위구조도 상위구조를 조절한다. 대뇌의 기능을 효율 적으로 하기 위해서이다. 인지대상에 대한 입력정보는 먼저 뇌줄 기에 들어온다. 뇌줄기는 그 대상의 가치를 판단하여 대뇌가 거기 에 합당한 대응을 하게 조절한다. 뇌줄기가 인식대상의 가치를 판 단하여 대뇌가 이에 효율적으로 대처하도록 준비하게 하는 것이다. 이 신경계통을 가치체계(value system)라 한다. 하위구조인 뇌줄기가 신경축을 따라 대뇌의 기능을 조절한다.

1. 신경계통의 진화

1) 뇌의 신경축

척수 위에 먼저 뇌줄기가 생겨났고, 그 위에 둘레계통, 맨 위에 신피질이 가장 나중에 출현했다. 또한 뇌는 가운데에서 바깥쪽으로 팽창하였다. 그래서 뇌는 하나의 공 모양을 이룬다. 뇌는 아래에서 위로, 안쪽에서 바깥쪽으로 신경축(neuroaxis)을 이룬다고 할 수 있다.

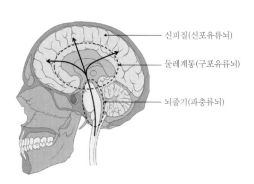

신피질(신포유류뇌)

둘레계통(구포유류뇌)

뇌줄기(파충류뇌)

_____

뇌의 진화축

뇌는 아래에서 위로, 안쪽에서 바깥쪽으로 신경축을 이룬다. (그림 출처)

    사람 뇌는 신경축에 따라 아래에서 위로, 속에서 밖으로 진화하면서, 크게 보면 4단계의 구조물들(뇌줄기, 둘레계통, 사이뇌, 대뇌피질)을 생성했다.* 4단계의 뇌 구조물은 우리 생활의 모든 면들을 조

_____

* 릭 핸슨·리처드 멘디우스 저, 장주영·장현갑 역, 『붓다 브레인: 행복 사랑 지

294

절한다. 그 가운데 마음과 관련된 조절을 보면 아래에서 위로 올라
갈수록 고등기능을 한다.

2. 뇌의 가치 계통

우리의 뇌는 너무 많은 입력정보에 노출되어 있기에 정보의 가치
를 평가하여 취사선택한다. 뇌에 있는 가치 계통(value system)의 기
능이다. 가치 계통은 대뇌와 뇌줄기의 공조로 이루어지며, 여러 가
지가 있다. 특별한 환경(즉 특별한 가치가 있는 상황)에서 뇌의 활동을
가속시킬 수 있는 체계를 제럴드 에델만(Gerald M. Edelman)*은 가
치체계라 했다. 가치체계의 신경세포체들은 뇌줄기에 위치하며, 일
종의 그물형성체들이다. 이 신경세포들은 매우 크며, 거대한 축삭
을 뇌의 넓은 부위로 뻗는다. 이들이 분비하는 신경전달물질을 신
경조절자(neuromodulator)라고 한다. 목표신경세포들의 활성을 조
절하기 때문이다. 가치체계의 신경전달조절자들은 표적 대뇌신경
세포들의 활성을 증가시킨다. 대뇌의 기능을 가속하는 일종의 '가
속페달'이다.

　가치체계는 뇌의 각성과 다른 개념이다. 각성은 시상 – 피질 비특

　혜를 계발하는 뇌과학』, 불광출판사, 2018.
* 　제럴드 에델만(Gerald Maurice Edelman, 1929~2014)은 1972년 로드니 로버
　트 포터와 더불어 면역계에 대한 공로로 노벨 생리의학상을 받았다. 생의 후
　반에는 의식에 대한 연구를 수행했다. A Universe of Consciousness(2001,
　Giulio Tononi와 공저), Wider than the Sky(2004) 등을 저술했다.

수전달이 뇌 전체를 자극하여 활성을 조절하는 것이다. 반면에 가치체계는 뇌의 넓은 부위의 뇌활성을 증가시키기는 하지만 영향을 받는 피질의 범위가 각각의 가치체계마다 특이하고, 한정된다.

 뇌줄기에 있는 가치체계 신경세포들에서 나오는 거대한 축삭은 뇌의 넓은 부위에 퍼진다. 따라서 가치체계는 뇌의 광범위한 부위에 있는 수많은 신경세포들의 기능을 조절한다. 자동차에 비유하면 가치체계는 가속페달에 해당한다. 시동이 걸린 자동차는 기본 속도로 달리지만 가속을 하면 빨리 달린다. 뇌도 평상시에는 기본 성능으로 작동하고 있다가, 가치체계가 작동하면 활성이 높아진다.

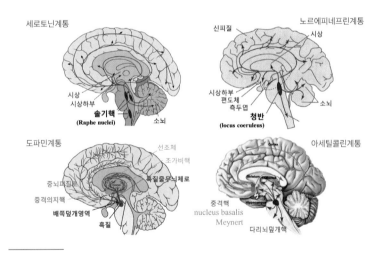

뇌의 가치 계통

가치체계의 신경핵은 뇌줄기나 대뇌기저부에 있으며, 이들의 축삭은 뇌의 넓은 부위로 퍼져 나간다. 세로토닌 계통은 기분을 좋게 하고, 노르아드레날린 계통은 주의를 환기시키고, 도파민 계통은 보상체계를 이루며, 아세틸콜린 계통은 학습을 증진시킨다.

4가지 가치체계가 있다. 가치체계의 신경세포들은 뇌줄기의 그물형성체와 전뇌기저부에 있다. 그물형성체와 상행그물활성계(ARAS)는 「제6장 본능의 뇌」에서 자세히 설명하였다.

1) 세로토닌 계통(serotonergic system) − 기분 조절

기쁠 때(기쁨은 특별한 가치이다)는 기쁨을 잘 느껴야 행복하다. 기뻐야 할 상황에서 뇌줄기에 있는 세로토닌이 분비되어 기쁨을 더 잘 느끼게 한다. 이 체계에 이상이 있으면 기뻐할 상황에서도 기쁨을 잘 느끼지 못한다. 삶에 기쁜 경우가 그리 흔하지 않다. 기뻐해야 할 때 기쁨을 느끼지 못하면 그 결과는 우울이다.

뇌줄기의 정중앙에 있는 그물형성체를 솔기핵(raphe nuclei)이라 한다. 여기에서 나온 축삭은 뇌의 거의 모든 부분에 세로토닌을 분비한다. 대부분의 항우울제는 세로토닌의 효과를 높이는 것이다. 기분 이외에도 세로토닌은 수면, 체온 조절, 학습 및 기억, 통증, 사회적 행동, 성행위, 섭식, 운동, 활동, 생물학적 리듬 등 수많은 기능에 관여한다.

2) 도파민 계통(dopaminergic system) − 보상회로

도파민은 주로 중간뇌의 배쪽피개 부위(VTA)와 흑질(SN)에서 분비된다. 위 그림 아래 왼쪽에서 보면 배쪽피개 부위에서 전두엽으로 가는 회로가 도파민성 가치체계이다.

도파민성 가치체계는 보상(reward)에 관여한다. 배쪽피개 부위는 도파민을 분비하여 전전두엽 및 중격의지핵을 활성화시킨다. 중격의지핵은 전전두엽을 활성화시켜 쾌락을 느끼게 한다.

보상은 행한 행위로 인해 받는 대가이다. 뇌에서는 쾌락으로 대가가 지불받기 때문에 보상체계(reward system) 회로를 '쾌락회로'라 한다. 예로서 마약, 담배, 술을 하면 보상회로가 자극되고, 이는 쾌락을 느끼게 한다. 자꾸 반복하고자 하는 충동을 일으키며 중독으로 이어지는 이유이다.

흑질(SN)에서 선조체(striatum)로 가는 도파민 계통 회로는 운동 조절에 관여한다. 이 계통은 대뇌기저핵의 기능으로 운동시작 신호를 만드는 데 관여하며 보상체계와는 상관없음을 유의하라. 파킨슨씨병과 관련이 있다.

3) 노르에피네프린 계통(norepinephrine system) - 환기 조절

노르에피네프린(노르아드레날린)은 중간뇌의 청반(locus ceruleus)에서 뇌 전체로 분비된다. 이 가치체계는 경계와 환기에 관여한다. 뭔가 새로운(돌출된, salient) 것을 보거나 '눈에 확 띄는' 것을 접했을 때 분비된다. 새로운 것은 대부분 의미가 있는 것으로 기억해 놓을 가치가 있다. 노르에피네프린이 분비되면 학습효과가 증가되어 강한 기억을 형성한다. 특별한 경험은 단 한 번의 사건에도 오래 기억되는 이유이다.

4) 아세틸콜린 계통(cholinergic system) - 각성 조절

아세틸콜린은 대뇌기저부의 중격핵, 마이너트기저핵, 그리고 다리뇌의 다리뇌덮개핵에서 대뇌 전체로 분비된다. 아세틸콜린 계통은 각성과 학습에 관여한다. 정신을 바짝 차리고 집중할 때 분비되어 각성 상태를 높이고 학습효과를 높인다. 알츠하이머성 치매의 경우 이 계통의 마이너트기저핵 신경세포들이 먼저 사멸한다.

아세틸콜린의 결핍은 학습효율을 낮추고, 기억능력을 감소시키며, 대뇌신경세포의 사멸을 초래한다. 아세틸콜린의 결핍은 먼저 해마신경세포의 사멸을 유도한다. 이어서 대뇌 전반에 걸쳐 신경세포사가 일어난다. 결과는 치매이다.

현재 치매치료제로 사용되고 있는 약제는 대부분 아세틸콜린분해효소 억제제이다. 분비된 아세틸콜린이 분해되지 않고 뇌에 머물러 있게 하는 기능을 한다. 이는 일시적으로 학습능력을 유지시키며, 치매 진행을 늦출 수 있다. 하지만 아세틸콜린 계통 신경세포들의 사멸을 근원적으로 막지는 못한다. 치매로의 진행을 완전히 막을 수 없다는 뜻이다.

〔요약〕

• 진화과정에서 뇌의 복잡성이 확장된 축을 신경축이라 하며, 아래에서 위로, 안에서 밖으로 형성되어 있다.

• 척수 위에 뇌줄기, 사이뇌, 대뇌 순서로 신경계통이 진화하였다.

• 숨뇌, 다리뇌, 중간뇌를 뇌줄기라 하며, 생명의 유지에 필수적이다.

• 시상, 시상하부, 시상밑부, 시상상부를 사이뇌라 한다.

• 마음의 '상향'동기 & '하향'동기가 있다. 뇌줄기, 사이뇌, 둘레계통, 대뇌피질은 협력하여 행위의 상향동기를 유발하고, 상위구

조들은 하위구조들의 활동을 하향 억제 조절한다.

• 알아차림 명상은 상행 동기를 약화시키고, 하행 동기를 강화시
  킨다.

• 뇌의 가치 계통은 입력되는 정보의 가치를 부여하여 선택적 정
  보처리를 한다.

  – 세로토닌 계통은 기분을 조절한다.

  – 도파민 계통은 보상회로를 이룬다.

  – 노르에피네프린(노르아드레날린) 계통은 환기시킨다.

  – 아세틸콜린 계통은 각성 조절에 관여한다.

제12장 신경전달물질과 신경조절자

신경전달물질과 신경조절자는 화학적 구별이 아니라 기능적 구분
이다. 같은 화학물질이 신경전달물질 혹은 신경조절자라 불릴 수
있다.

신호가 흐르는 주된 신경회로의 연접에 사용되는 화학물질은 신
경전달물질이라 한다. 반면에 그 연접의 활성을 조절하는 부가적
인 연접에 사용되는 화학물질은 신경조절자라 불린다. 이러한 조
절 연접은 연접후 부위에서는 가지돌기가시의 목에 형성되며, 축
삭에서는 축삭말단의 주변 부위에 형성된다.

신경전달물질은 신호를 주는 세포와 받는 세포가 1:1로 연결되
어 빠르고 정확하게 신호를 전달하지만, 신경조절자의 경우 하나
의 세포가 많은 표적 신경세포를 조절하며 효과가 느리지만 오래
지속된다. 대표적으로 가치 계통을 이루는 뇌줄기의 그물형성체

세포들이 신경조절자를 이용하여 대뇌기능을 조절한다.

1. 신경전달물질과 신경조절자

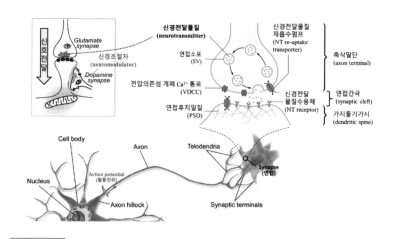

신경전달물질과 신경조절자

위 왼쪽은 연접의 가지돌기가시의 목에 또 하나의 연접이 부가적으로 생성
된 것을 보여주는데, 이 연접은 본 연접의 신호전달을 조절하는 역할을 한
다. 이와 같이 본 연접의 신호전달을 조절하는 연접에 사용된 신호전달물
질을 신경조절자라 한다. 반면에 본 연접에 사용된 신호전달물질을 신경전
달물질이라 한다. 두 물질 사이에 화학적인 차이가 있는 것은 아니며 어떤
기능으로 사용되느냐에 따라 달리 분류된다.

　위 그림은 화학연접을 통한 신호전달을 보여준다. 두 신경세포가
연결된 연접을 확대하여 위 오른쪽에 나타냈다. 축삭말단의 연접
소포에 신경전달물질이 들어 있다. 신경전달물질이라는 화학물질
을 통하여 연접 사이에 신호가 전달되기 때문에 이러한 연접을 화
학연접이라 한다.

신경조절자(neuromodulator)는 신경전달물질과 동일한 역할을 하지만 연접이 형성된 위치 때문에 주 연접의 신호전달을 조절하는 역할을 한다. 위 왼쪽 박스의 도파민 시냅스(dopamine synapse)는 글루타메이트 시냅스(glutamate synapse)의 신호전달을 조절한다. 이때 사용한 도파민이 신경조절자이다. 도파민 시냅스가 주된 신호전달 경로에 쓰이면 그때 도파민은 신호전달물질이라 한다.

뇌의 가치체계에서 하나의 신경세포가 많은 수의 표적 신경세포에 신경조절자를 사용하여 연접의 활성을 조절한다. 일반적으로 효과가 느리지만 오래 지속된다.

1) 주요 신경전달물질(neurotransmitter)

신경전달물질이라고 판정하는 4가지 기준은 다음과 같다:

1. 반드시 신경세포에서 합성되거나 신경세포 내에 있어야 한다.

2. 신경세포가 활성을 가질 때, 반드시 분비되고 표적에서 반응을 유발하여야 한다.

3. 실험적으로 그 화학물질을 처리하였을 때 동일한 반응이 표적물에서 나와야 한다.

4. 활성화가 끝나면 그 화학물질을 제거하는 기전이 반드시 있어야 한다.

쉽게 말하면 신경전달물질은 신경세포가 분비하여 표적세포에 반응을 일으키고, 반응이 끝나면 제거되는 화학물질이다. 현재까지 약 200여 가지의 신경전달물질이 알려졌다.

신호를 전달하는 신경세포를 연접전신경세포, 신호를 받는 신경세포를 연접후신경세포라 한다. 신경전달물질은 연접전신경세포의 축삭말단에 있는 연접소포에 들어 있다.

연접은 두 신경세포의 세포막이 만난 장소이다. 만난 사이 공간을 연접간극이라 한다. 기차 레일과 같이 20~30nm의 일정한 간격을 이루고 있다. 활동전위가 축삭말단에 도달하면 연접소포가 연접전세포막에 융합하고, 그 속에 들어 있는 신경전달물질이 연접간극으로 분비된다.

분비된 신경전달물질은 연접후신경세포막에 있는 신경전달물질수용체에 결합한다. 신경전달물질과 수용체의 결합은 신호를 받는 신경세포의 막전위를 변화시키며, 신경전달물질의 성질에 따라 이 세포를 흥분시키든가 억제시킨다. 이렇게 신경전달물질은 두 신경세포 사이의 연접전달에 사용된다. 주요 신경전달물질은 다음과 같다.

※ 흥분성 신경전달물질 – 전달받는 신경세포를 흥분시킨다.
• 글루탐산(glutamate): 흥분성 연접의 90% 이상이 글루탐산 분비성 연접(glutamatergic synapse)이다.
• 아스파르탐산(aspartic acid): 아스파르탐산도 주요 흥분성 신경전달물질이다.

※ 억제성 신경전달물질: 전달받는 신경세포를 억제시킨다.
• GABA: 억제성 연접의 90% 이상이 GABA 분비성 연접(GAB-Aergic synapse)이다.

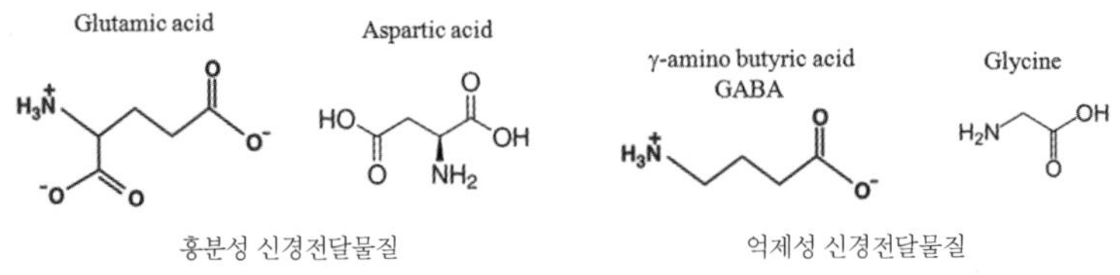

흥분성 신경전달물질, 억제성 신경전달물질

- glycine: 그리신도 주요 억제성 신경전달물질이다.

2) 신경조절자(neuromodulator)

앞에서 설명하였듯이 신경전달물질과 화학적으로 구분한 것이 아니다. 다만 주 연접전달을 조절한다. 위 그림의 도파민성 연접과 같이 주 신호전달연접을 조절할 경우 신경조절자라 한다.

2. 신경전달물질과 신경조절자가 이용되는 양상

1) 신경전달물질의 이용

신경전달물질은 단 두 개의 신경세포 사이, 즉 1:1 신호전달에 사용되고 속도가 빠르며 정확하다. 물론 축삭이 곁가지를 친 경우 목표 연접은 여러 개가 될 수 있다.

2) 신경조절자의 이용

신경조절자는 하나의 신경세포가 수많은 다른 신경세포에 신호를 전달하는 데 사용된다. 하나의 신경세포가 광범위하게 분포된 많은 신경세포에 영향을 미친다는 뜻이다. 그리고 그 효과도 천천히 나타난다. 신경조절자들은 뇌줄기의 가치 계통 신경세포들이 뇌의 광범위한 부위에 영향을 미칠 때 사용된다.

신경조절자의 효과가 느리게 나타나는 이유는 수용체의 성격 때문이다. 신경전달물질의 수용체는 대개 이온통로이기 때문에 이 통로가 열리면 곧바로 이온이 통과되어 세포막 전위를 변화시키는 효과가 나타나지만, 조절자의 수용체는 G-단백질을 통하여 세포 대사의 변화를 유발한다. 대사는 여러 단계의 신호전달을 거치기 때문에 효과가 느리게 나타난다.

중추신경계에서 주요 신경조절자로는 도파민, 세로토닌, 아세틸 콜린, 히스타민, 노르에피네프린이 있다. 신경조절자들은 표적 신 경세포들의 격발율을 조절하든가, 활동전위의 모양 및 생성 양상 을 바꾸어 특정 상황에 잘 대처하게 한다. 이들은 가치체계를 형성 하는데, 가치체계는 「제11장 신경축과 가치체계」에서 설명하였다.

아래에 일부 다른 신경조절자들을 소개한다.

- 신경펩티드(neuropeptide): 이 신경조절자들은 아미노산들이 연 결된 펩티드로 만들어진다. 현재 약 100여 가지의 신경펩티드 가 알려져 있다. 이들은 일반적으로 대사향상성(metabotropic) 혹 은 G-단백질 연관 수용체에 작용한다. 신경펩티드는 표적 세포 에 다양한 효과를 나타낸다. 예로서 유전자 표현, 국소 혈류 조 절, 연접발생, 신경아교세포의 변화 등을 유발한다. 신경펩티드 의 효과는 느리지만 지속적이며 행동에 큰 영향을 미친다.

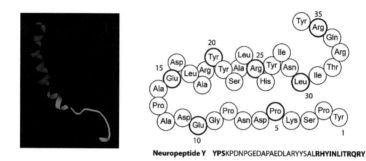

Neuropeptide Y   YPSKPDNPGEDAPAEDLARYYSAL**RHYINLITRQRY**

---

neuropeptide Y (NY)

NY는 36개의 아미노산이 연결된 펩티드 신경조절자이다. 왼쪽은 입체 모양으로 그린 NY의 모습이다.

Tyr-Gly-Gly-Phe-Met-Thr-Ser-Glu-Lys-Ser-Gln-Thr-Pro-Leu-Val-Thr

---

α - endorphin의 구조

엔돌핀은 아미노산이 연결된 펩티트이다.

• 아편유사체(opioid): 스트레스를 완화하고, 통증을 완화시키며 기쁨을 유발한다. 엔돌핀이 여기에 속한다.(예: 달리기 할 때의 쾌감을 생성하는 엔돌핀.)

• 옥시토신(oxytocin): 여성의 사회성, 성, 수유 등 자식양육행동과 짝의 유대관계를 촉진한다. 깊은 친밀감과 사랑을 하게 한다. 여성이 남성보다 더 많은 옥시토신을 갖고 있다. 이는 아마도 여성

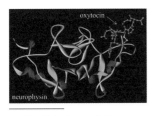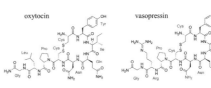

옥시토신과 바소프레신

옥시토신과 바소프레신의 화학구조를 아미노산과 함께 오른쪽에 표시하
였다. 두 물질의 구조는 매우 유사하다.

이 남성보다 더 친밀한 사회관계를 하게 하는 것으로 보인다.

• 바소프레신(vasopressin): 옥시토신과 함께 짝의 유대관계를 유지
하게 한다. 미국 대초원에 사는 프레리 들쥐(prairie vole)들은 평
생 일부일처제로 사는데 바소프레신 수용체 밀도가 매우 높은
것으로 나타났다. 반면 난교를 하는 산쥐들은 이 수용체의 밀도
가 낮다. 아마 인간의 '바람끼'와 관련이 있을 것이다. 남성의 경
우 성적 경쟁자에 대한 공격심을 불러일으키게 한다.

프레리 들쥐

프레리 들쥐들은 평생 일부일
처제를 유지한다. 연구에 의하
면 이들은 높은 바소프레신 '호
르몬'을 가지고 있다.

3) 기타 신경화학물질

이들은 신경세포뿐 아니라 몸의 다양한 세포에 작용하여 세포의
유전자 표현을 변화시킨다. 신경전달물질이나 신경조절자가 아니
지만 신경세포의 활성을 조절할 수 있기에 여기에 소개한다.

• 코티솔(cortisol, 스트레스호르몬): 스트레스에 반응하는 동안 부신
피질에서 분비된다. 편도체를 자극하여 화를 치밀게 하고, 해마
를 억제하여 화를 참지 못하게 한다. 코티솔은 글루코코르티코
이드(glucocorticoid)의 대표적인 스테로이드이다. 코티솔은 글루
코코르티코이드의 수용체(GR)에 결합한다. GR은 신체의 거의
모든 세포에서 발현되며 발달, 대사 및 면역 반응을 제어하는 유
전자를 표현시킨다.

• 에스트로젠(estrogen, 여성호르몬): 남성 및 여성의 뇌 모두 에스트
로젠 수용체를 갖는다. 성욕(libido), 기분, 기억에 영향을 미친다.
폐경 여성은 에스트로젠이 현격하게 줄어 성격이 남성화된다.
에스트로젠 수용체와 결합하여 여러 가지 유전자를 표현시킨다.

코티솔과 에스트로젠
코티솔과 에스트로젠은 스테로이드계통의 호르몬이다.

〔요약〕

• 신경전달물질과 신경조절자는 화학적 구별이 아니라 기능적 구분이다. 같은 화학물질이 신경전달물질 혹은 신경조절자라 불릴 수 있다.

• 연접의 활성을 조절하는 부가적인 연접에 사용되는 화학물질은 신경조절자라 불린다. 이러한 조절 연접은 가지돌기가시의 목, 축삭말단의 주변 부위에 형성된다.

• 신경전달물질은 신호를 주는 세포와 받는 세포가 1:1로 연결되어 빠르고 정확하게 신호를 전달하지만, 신경조절자의 경우 하나의 세포가 많은 표적 신경세포를 조절하며 효과가 느리지만 오래 지속된다.

• 대표적으로 뇌줄기의 가치 계통이 신경조절자를 이용하여 대뇌 기능을 조절한다.

• 주요 흥분성 신경전달물질은 글루탐산과 아스파르탐산이다.

• 주요 억제성 신경전달물질은 GABA와 그리신(glycine)이다.

• 주요 신경조절자는 신경펩티드, 아편유사체, 옥시토신, 바소프레신이다.

제13장 뇌의 진화

'닭이 먼저냐, 닭의 알이 먼저냐?'라는 질문에 대한 답을 두고 고민한 적이 있다. 참으로 어리석었다. 질문이 잘못되었기 때문이다. 어느 한순간 닭이 생겼거나 계란이 생긴 것이 아니다. 진화의 연속선상에 일어난 일이라 어느 것도 답이 될 수 없다. 알을 낳아 번식하는 생명체가 먼저 생겨났고, 세월이 흘러 그 가운데 하나의 진화 가닥이 닭이 되었을 것이다.

사람의 뇌도 마찬가지로 진화의 산물이다. 태초의 신경세포가 생겨났고, 그들이 이루는 원시 신경망이 있었다. 이들이 조금씩 복잡하게 얽히고 기능을 더했다. 이러한 과정이 무수한 세월을 흐르면서 조금씩 기능과 구조가 복잡하게 진화했다. 현재 생명체들은 그런 진화의 흔적들을 버리지 않고 각자의 뇌에 가지고 있다.

마음을 정의하기가 힘들다. 마음이 다양한 특질을 보이는 것은 사람 뇌가 그만큼 복잡하기 때문이다. 하등동물로 내려갈수록 마음은 단순해진다. 그런데 어디까지를 마음으로 간주할지는 간단하지 않다. 마음은 뇌로부터 창발된다. 마음의 진화를 이해하기 위해서는 뇌의 진화를 살펴볼 필요가 있다.

1. 신경그물 – 최초의 신경망

자포동물의 그물신경망

지구상의 생명은 약 35억만 년 전에 시작했다. 다세포생명체는 6억 5천만 년쯤 전에 나타났다. 가장 간단한 신경계는 자포동물의 것으로 서로 거미줄처럼 연결된 그물신경망(nerve net)이다. 이들은 몸 중앙에 위수강(胃水腔, gastrovascular system)*을 가지고 있다. 흔히 입 주변을 둘러가며 배열된 촉수들을 사용하여 먹이를 포획하고, 위수강으로 가져와 소화한 후, 다시 배출한다. 이때 우산을 접었다 펴는 것과 같은 동작이 필요하다. 그물신경망이 그런 역할을 한다.

  히드라, 해파리(jellyfish), 산호 등이 여기에 속한다. 몸은 방사대칭형으로 운동성이 떨어지기 때문에 고착 생활을 하거나 부유 생활을 한다. 그물신경망이 몸 주변에 퍼져 있는 감각기관(촉수)들과 연결되어 있다. 뇌라고 할 만한 구조는 없다.

---

* 위수강胃水腔: 자포동물의 몸 가운데에 있는 빈 곳. 먹이를 소화·흡수하는 원시 소화기관이다.

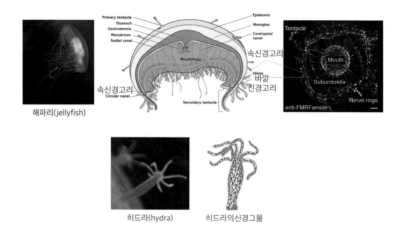

자포동물과 그물신경망

해파리의 그물신경망은 속신경고리 및 바깥신경고리를 형성한다. 그물신경계는 상피근육을 수축시켜 운동을 가능하게 한다. 아래쪽은 히드라와 그물신경망을 나타낸 그림이다.

　하지만 해파리는 수동적으로 물 위를 떠다니지 않는다. 2021년 미국 캘리포니아 공과대학 생물학부의 연구자들이 해파리의 먹이행동을 유발하는 신경그물의 작용에 대한 논문을 발표하였다.[*] 그들이 연구한 해파리는 클리티카 헤미스피리카(Clytia hemisphaerica)라는 직경 1cm 정도의 작고 투명한 해파리인데, 뇌라고 볼만한 부위는 없지만, 신경세포들이 온몸에 흩어져 그물망을 이루고, 특히 '우산'의 가장자리에는 두 줄의 신경그물망(신경고리)을 형성한다. 이 신경그물은 해파리가 먹이를 잡아먹고, 천적으로부터 도망가

* Weissbourd B. et al.(2021) A genetically tractable jellyfish model for systems and evolutionary neuroscience. Cell 184(24):5854 - 5868,e20.

고, 헤엄치고 하는 여러 가지 행동을 가능하게 한다. 예로서 먹이가 촉수에 걸리면 촉수 부위에 있는 신경세포들이 서로 협력하여 그쪽 촉수 부분을 접어서 가운데에 있는 입으로 가져온다.

　이처럼 헤미스피리카(C. hemisphaerica)는 부분 부분적으로 서로 어울리는 신경계들이 모여서 큰 신경그물을 이루며, 각 부분들은 독립적, 자율적으로 작동한다. 즉 '우산'은 촉수를 중심으로 피자같이 작은 조각으로 나눠져 있으며, 각 조각은 독립적, 자율적으로 활동한다. 그래서 어느 촉수에 먹이가 걸리면 그 부분의 신경망에 있는 신경세포들이 서로 협조하여, '피자 조각'을 접어 먹이를 입으로 가져간다.

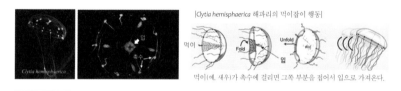

[Clytia hemisphaerica 해파리의 먹이잡이 행동]

먹이(예, 새우)가 촉수에 걸리면 그쪽 부분을 접어서 입으로 가져온다.

Clytia hemisphaerica 해파리의 '먹기' 행동

촉수에 먹이가 걸리면 그쪽 부분을 접어서 먹이를 입으로 가져온다. 접었던 부분을 펼친 후 장소를 이동한다. (그림 출처) *Weissbourd el al.*(2021)** 에서 수정.

　각 부위들을 통괄하는 신경절(ganglion; 그물고리를 이루는 신경세포들이 집중된 부위)은 있지만 아직 중추, 즉 뇌는 출현하지 않은 단계의 신경망이다.

_____

** ibid.

2. 머리신경절 - 원시형태의 뇌

보다 정교한 신경계는 편형동물(flatworm)에서 발견된다. 원시형태의 뇌가 출현한다.

편형동물의 신경계 - 머리신경절의 출현

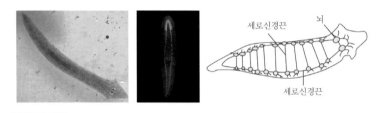

세로신경끈 뇌

세로신경끈

플라나리아의 신경계통

왼쪽은 실제 플라나리아, 가운데는 신경계통을 형광 염색한 사진이다. 오른쪽 그림은 플라나리아 신경계통의 모식도이다. 머리 부분에 있는 머리신경절이 주변신경계통을 조절하는 일종의 뇌라고 볼 수 있다.

편형동물의 신경계는 몸체에 두 개의 신경다발이 평행하게 지나가며, 여기에서 주변신경계가 몸 전체로 퍼져 나간다. 플라나리아의 경우 이들의 신경계는 좌우 동형이며, 머리 부분에는 머리신경절(cephalic ganglion)이 형성된다. 일종의 뇌라고 볼 수 있다.

머리신경절에서 뒤쪽으로 뻗어나가는 두 신경다발은 가쪽으로 가지를 내어 일종의 말초신경 역할을 한다. 후속되는 진화는 모두 편형동물의 신경계를 보다 정교하게 발전시킨 것이라 할 수 있다.

3. 절지동물의 뇌 – '본격적인' 뇌의 출현

절지동물에 오면 뇌라고 불러야 할 정도의 복잡한 머리신경절이 출현한다. 이는 감각기관의 진화와 동반한다. 뇌의 진화는 감각기관의 진화와 밀접하게 연관되어 있다. 주위환경을 지각하여 합당한 대응을 하는 것이 뇌의 주된 기능이기 때문이다.

생명체 진화의 역사를 보면, 모든 주요 감각기관(눈, 귀, 코, 미각)은 두개골이 있는 유두동물(craniates)에서 처음으로 출현하였다고 본다. 유두동물은 약 5억 4천만 년 전에 척삭동물(chordates)*에서 진화했다. 유두동물은 무두척삭동물(acraniate chordates)**이 가진 미성숙한 감각기관 전구체로부터 감각기관들을 진화시켰다. 아쉽게도 이들은 모두 멸종되었다. 따라서 현존하는 생물계에서 감각기관의 진화를 보여주는 중간단계의 뇌 구조를 갖는 생명체는 없다.

1) 절지동물의 신경계 – 반사 운동의 뇌

메뚜기, 파리와 같은 곤충들이 절지동물에 속한다. 절지동물의 신경계는 '머리신경절'이 복잡하게 발달하여 '뇌'로 진화되었다. 이와 함께 '눈'도 발달하여 이들의 뇌는 시각을 운동으로 연결하는 반사

---

* 척삭(notochord)은 동물의 몸의 축을 발생시키는 일시적 구조이다. 척주, 척수, 몸통 근육 등의 발달을 유도하여 몸의 축을 만든 후 퇴화한다.
** 척삭이 없는 동물. 척삭이 있는 유두동물보다 먼저 출현하였다.

316

신경계통의 뇌가 되었다.

절지동물은 현존하는 동물계의 70%를 차지하고 있다. 어떤 생명체가 번성한다는 것은 그만큼 살아남기 위한 유리한 점이 있다는 것이다. 그 유리한 점이 무엇일까? 그들의 뇌를 살펴보자. 이들의 머리에는 상당히 복잡하게 구성된 뇌가 있다. 이 뇌는 물론 소화, 호흡 및 생식과 같은 생명유지 기능을 조절한다.

하지만 행동적인 측면에서 볼 때 이들의 뇌는 거의 도망가기 위한 반사 운동을 위한 것이다. 어떤 움직이는 물체가 나타나면 일단 도망가는 것이 살아남는 방책이고 뇌는 이런 목적을 이루기 위한

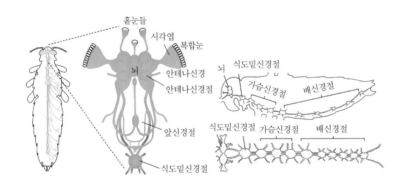

메뚜기의 신경계통
절지동물인 메뚜기는 다수의 신경절이 모여 뇌를 형성한다. 하지만 시각반사 수준의 정보처리만 할 뿐 학습과 기억과 같은 고등뇌기능은 발달하지 않았다.*

---

* (왼쪽 그림) http://cronodon.com/BioTech/insect_nervous_systems.html(오른쪽 모식도)

https://www.nationalgeographic.com/science/article/the - worm - in - your - brain

구조로 발달하였다. 이러한 뇌는 복잡한 학습이나 고도의 판단이 필요한 행동은 할 수 없다. 기능적으로 볼 때 이들의 뇌는 단순하다는 것이다.

단순한 기능들을 통제하는 신경구조를 절(ganglion)이라 한다. 플라나리아와 같은 하등동물의 뇌를 '머리신경절'이라고 하는 이유이다. 하지만 메뚜기와 같은 절지동물의 뇌는 생명유지를 위한 호흡, 소화기능 등과 먹이를 잡거나 도망가기 위한 행동을 조절하는 '뇌'이다. 뇌는 다양한 기능을 조절하는 중앙처리장치가 한 곳에 모여 있는 곳이다.

메뚜기의 신경계통을 위 그림에 나타내었다. 곤충들의 뇌는 커다란 눈과 시각반사를 중계하는 센터가 대부분을 차지한다. 시각과 운동(날갯짓 및 다리 운동)을 반사적으로 연결한다.

(1) 겹눈(compound eye)

먹이감을 잡거나 도망가기 위해서는 움직이는 물체를 빠르게 인식하여야 한다. 자세한 모양새를 아는 것은 그리 중요하지 않다. 따라서 곤충들의 눈은 겹눈이다. 겹눈은 홑눈(낱눈, 작은 눈)들이 많이 모여 하나의 눈 집단을 이룬다.

겹눈의 특징은 움직이는 물체를 잘 포착할 수 있다는 것이다. 먹이와 포식자는 움직이는 물체들이다! 어릴 때 잠자리나 나비를 손으로 잡으려 한 기억이 날 것이다. 뒤쪽에서 매우 천천히 손가락을 접근시켜도 잘 알아차리고 도망간다. 겹눈은 사방을 동시에 볼 수 있기에 어느 쪽에서 접근해도 들킨다. 겹눈의 장점이며 곤충들이

318

맨손으로 잠자리 잡기
뒤쪽에서 매우 천천히 손가락을 접
근시켜도 잠자리는 잘 알아차리고
도망간다. 겹눈은 움직이는 물체를
잘 감지하기 때문이다.

지구상에 번성하게 된 중요한 이유일 것이다.

이와 같이 곤충들의 뇌는 시각반사(특히 움직이는 물체에 대한)를
위한 것이다. 따라서 이들의 뇌 구조는 척추동물의 뇌와 매우 다르
다. 이들에게 포유동물이 갖는 마음을 기대하기는 어렵다. 아래에
연구가 많이 되고 있는 초파리의 뇌를 소개한다.

(2) 초파리(fruit fly)의 겹눈과 뇌

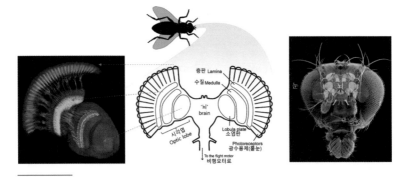

초파리의 눈과 뇌
오른쪽 사진은 초파리 머리의 주사현미경 사진에 뇌를 그려 넣었다. 가운
데는 초파리 뇌의 모식도이다. 복잡하고 크지만 초파리 '뇌'는 시각자극을
'날갯짓'하는 운동으로 전환시키는 보잘 것 없는 기능을 한다. 왼쪽은 시각
엽의 형광현미경 사진이다.

　초파리의 머리는 대부분 눈이 차지한다. 초파리의 눈은 800여 개의 홑눈이 합쳐진 겹눈이다. 이 눈의 감각을 '날갯짓'으로 연결하는 것이 초파리 뇌의 주된 기능이다. 초파리 뇌에는 시상, 둘레계통, 대뇌피질 등의 구조가 없다. 따라서 사람과 같은 여러 가지 마음이 없다. 초파리는 그들만의 특징적인 반사 운동하는 마음을 갖는다.

　하지만 초파리는 다양한 마음을 갖는다. 이를 이용하여 동물의 행동 조절 연구가 많이 이루어지고 있다. 1970년대 캘리포니아 공과대학 생물학부 교수인 세이무어 벤저(Seymour Benzer)의 연구실에서 처음으로 시도된 초파리의 기억, 성행동, 통각, 일주기성 등은 현재 주요한 행동 모델로 사용되고 있다. 초파리 모델은 유전학에 지대한 공헌을 하였을 뿐 아니라, 신경생물학, 뇌과학, 그리고 심리학에 이르기까지 인간의 행동을 이해하기 위한 동물 모델로 이용되고 있다. 초파리들이 사람과 같은 복잡하고 정교한 행동을 보이지는 않더라도 단순하고 유사한 행동을 하기 때문이다. 단순한 행동은 단순한 뇌에 기인한다. 단순한 뇌는 연구자에게는 오히려 좋은 뇌 연구 모델을 제공한다.

4. 척추동물 뇌의 진화

1) 척추동물 뇌의 기본구조는 동일하다

위 그림은 척추동물의 진화에 따른 뇌의 변화를 보여준다. 진화과정에서 뇌의 전체적인 크기와 각 부위의 크기가 서로 매우 다르게 변화하였다. 그럼에도 불구하고 각각의 부위들은 탈락되지 않고

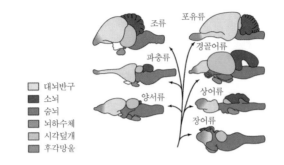

대뇌반구
소뇌
숨뇌
뇌하수체
시각덮개
후각망울

조류
포유류
파충류
경골어류
양서류
상어류
장어류

척추동물과 뇌의 진화
그림은 포유류 뇌의 계통발생과 상대적 뇌 구도를 보여준다.*

모두 유지되었다. 하등동물일수록 대뇌에 비해 후각뇌와 시각뇌가 차지하는 비중이 큰 것에 유의하라. 그만큼 시각과 후각이 행동에 큰 영향을 미치는 뇌기능이라는 뜻이다.

시각덮개(optic tectum)는 빛의 반사중추이다. 시각덮개는 포유류를 제외한 다른 동물에서는 매우 잘 발달하였다. 행동이 시각반사에 주로 의지한다는 뜻이다. 반면에 고등척추동물들은 대뇌와 소뇌가 발달했다.

호르몬 계통인 뇌하수체는 어느 동물에서나 잘 발달한 채로 유지되고 있다. 몸의 대사활동을 지배하기 때문에 중요성은 한결같다. 포유류의 경우 대뇌가 크게 발달하여 뇌하수체를 가리고 있다.

---

* R. Glenn Northcutt(2002) Understanding Vertebrate Brain Evolution. Integrative and Comparative Biology, 42(4), 743 - 756. Arseny Khakhalin이 수정한 것(http://khakhalin.blogspot.com/2012/08/brain - evolution - tree.html)을 다시 수정함.

2) 상어의 뇌는 모든 포유동물 뇌의 원형(prototype)이다

진화의 초기단계에 척추동물과 무척추동물이 갈라졌다. 다양성의 시작이라 해도 과언이 아니다. 무척추동물 가운데는 절지동물인 곤충의 뇌를 위에서 살펴보았다. 곤충의 뇌는 시각반사를 위해 진화하였다. 시각도 어떤 물체를 자세히 분석하는 눈이 아니라 포식자의 움직임을 재빨리 감지할 수 있는 겹눈을 사용하고 있다. 겹눈은 수없이 작은 눈들이 모인 것이다. 각각 아주 조그마한 렌즈를 갖는 '초소형' 눈이다. 렌즈가 작으면 좋은 상을 얻을 수 없다. 사진작가들은 큰 렌즈를 낀 카메라를 사용한다. 곤충들에게 자세한 모양새보다는 무엇인가 자기에게 다가오고 있다는 것을 감지하는 것이 더 중요하다. 그렇게 눈은 진화했고, 그에 따라 뇌도 움직임을 감지하여 달아나는 반사중추로 진화했다. 그들은 그런 마음을 가지고 있다.

척추동물에도 수없이 다양한 생물종이 있다. 각각의 개체를 보았을 때 모양새가 서로 너무 다르다. 하지만 이들의 뇌는 크게 다르지 않다. 모두 같은 조상의 뇌에서 진화하였기 때문이다. 그 공통 조상은 연골어강軟骨魚綱에 속하는 동물들이다. 뼈대 체계로 연골을 사용하는 동물들로서 이들 뇌의 원형은 상어에서 찾아볼 수 있다. 아래에 상어의 뇌와 사람의 뇌를 비교하였다.

상어의 뇌에 비하여 사람 뇌에서 대뇌와 소뇌가 상대적으로 크게 확장되었다. 반면에 후각망울은 상대적으로 축소되었다. 대뇌와 소뇌를 제외한 사이뇌, 중간뇌, 다리뇌, 숨뇌 부위는 크게 달라지지 않았다. 이 부위들은 생명의 유지에 필수적 기능을 하는 뇌이다. 반

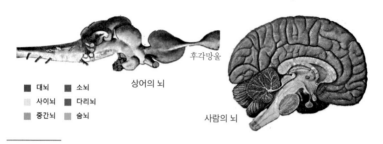

■ 대뇌 ■ 소뇌
■ 사이뇌 ■ 다리뇌
■ 중간뇌 ■ 숨뇌

후각망울

상어의 뇌

사람의 뇌

상어의 뇌와 사람 뇌의 비교

각 부위를 색깔로 표시하였다. 사람 뇌에서 대뇌와 소뇌가 상대적으로 아주 커졌고, 후각망울은 작아졌다. 나머지 부분은 상대적 크기의 변화가 거의 없다.

면에 소뇌와 대뇌는 생명과는 직접적인 상관이 없다. 소뇌와 대뇌가 없어도 생명은 유지된다. 소뇌와 대뇌는 삶의 질을 높이기 위한 뇌이다. 각각 운동과 생각의 기능을 하는 뇌이기 때문에 생명체가 진화하면서 이 부분의 뇌가 확장되었다. 삶의 질이 더 나아지고 삶의 내용이 풍부해졌다는 뜻이다.

  진화하면서 다양한 종들은 각기 특정한 뇌 부위를 발달시켰다. 사람의 뇌는 대뇌가 특히 발달하였다. 사람을 사람답게 만드는 요인이 여기에 있다. 특히 사람 뇌에는 전전두엽까지 진화하고 발달하였다. 다른 포유류의 뇌에는 없는 부분이다. 마음은 뇌에서 시작하기 때문에 생명체의 마음을 이해하고자 한다면 그들의 뇌를 보아야 한다. 사람은 매우 복잡한 뇌를 가진다.

3) 삼중뇌(Triune Brain) - 사람 뇌는 3층을 이루고 있다

진화는 기존 구조를 기반으로 더 나아간다. 진화는 어떤 형태에서 진화하여 다음 형태로 나아가더라도 이전 단계의 형태를 흔적으로 남긴다. 신경계통이 진화한 과정도 우리 자신의 뇌 속에서 찾아볼 수 있다. 그리고 과거의 진화과정은 어떤 개체가 수정란에서 성체로 발생할 때 다시 보여준다. 일종의 진화 리허설이다. 사람 발생의 초기단계 뇌의 형태는 다른 동물(예: 개구리, 쥐, 고양이, 돼지 등)의 그것과 매우 흡사하다. 이는 사람 뇌가 그런 동물들의 단계를 거쳐 진화하였음을 암시한다.

미국의 신경과학자인 폴 맥린(Paul D. MacLean)은 1990년 그의 저서 『진화에서 보는 삼중뇌(The Triune Brain in Evolution)』*에서 사람의 뇌는 삼중구조를 갖는다는 삼중뇌 모델을 제시했다. 사람의 뇌는 파충류 뇌, 구포유류 뇌, 그리고 신포유류 뇌 순서로 진화되었다는 것이다. 사람은 이 세 층의 뇌를 다 가지고 있다.

• 파충류 뇌(raptillian)는 뱀, 악어와 같은 파충류까지 발달하였으며 본능적 행동을 관할한다. 판에 박힌 똑같은 행동(streotyped behavior)만 되풀이하며 새로운 것을 학습하지 못한다. 이는 신포유류 뇌와 매우 대비되는 성질이다.

• 구포유류 뇌(paleomammalian)는 털이 난 모피동물 수준에서 나타나며 감정을 관할하고 기초적인 사회행동을 하게 한다. 가족관계를 유지하며 부모행동을 하고 동료의식을 가진다. 파충류 뇌와 구포유류 뇌가 어울려 '사회행동신경망'을 형성한다.

---

* Paul D. MacLean, The Triune Brain in Evolution, New York: Plenum Press, 1990.

324

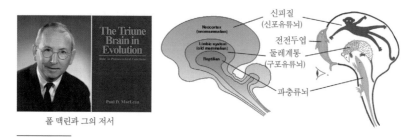

폴 맥린과 그의 저서

삼중뇌

사람 뇌는 삼중뇌로 진화했다고 폴 맥린(Paul D. MacLean)은 주장한다. 전전두엽은 신포유류 뇌에서도 가장 최근에 진화하였다. 일부 학자들은 전전두엽을 따로 분리하여 사중뇌라고 주장한다.

• 신포유류 뇌(neomammalian brain)는 가장 최근에 진화한 부분이다. 신포유류 뇌의 주된 기능은 새로운 정보의 저장이다. 따라서 학습과 기억기능이 잘 발달한 구상적(構想, 건설적)인 피질이다. 이에 더 나아가 사람은 전전두엽이 잘 발달하여 계획, 예측, 도덕적 행동 같은 고도의 뇌기능을 수행할 수 있다. 전전두엽을 따로 분리하여 사중뇌(Quadrune Brain)로 보는 학자들도 있다.

〔요약〕

• 사람의 뇌는 진화의 산물이다. 마음이 다양한 특질을 보이는 것은 사람 뇌가 그만큼 복잡하기 때문이다. 하등동물로 내려갈수록 마음은 단순해진다.
• 최초의 신경망은 자포동물의 그물신경망이다.
• 편형동물에는 원시형태의 뇌인 머리신경절이 있다.
• 본격적인 뇌는 절지동물이 가지는 반사 운동의 뇌이다.

- 척추동물 뇌의 기본구조는 동일하며 상어의 뇌가 모든 포유동물 뇌의 원형이다.
- 포유류 뇌는 삼중뇌이다.
- 사람의 뇌는 전전두엽이 잘 발달하였기에 사중뇌이다. 전전두엽은 계획, 예측과 같은 고도의 뇌기능을 수행할 수 있다.

제14장 깨달음의 마음을 만드는 뇌

고타마 싯다르타를 깨달은 자인 붓다로 만든 것은 그가 마음의 작동원리를 훤히 꿰뚫고 있었기 때문이다. 그는 마음거울에 상(像, 六識)이 맺히고 그것들이 의근意根에 포섭되면 느낌(受), 인식(想), 마음형성(行)을 거쳐 의식 즉 마음이 됨을 알았다. 또한 그 모든 과정을 지켜보고 관리하는 싸띠가 있음도 보았다. 그는 싸띠 기능을 활용하여 의근을 잘 관리하면 마음의 오염이 제거되고 번뇌가 꺼진 해탈의 경지인 열반에 이를 수 있음을 알았다. 그렇게 실천하여 붓다가 되었다. 고타마는 위대한 뇌과학자였다.

　붓다의 깨달음의 마음을 이해하기 위하여 뇌의 기본적인 작동원리에서부터 뇌의 미세구조 및 큰 구조, 전오식, 오온, 의근, 육식(의식), 칠식, 팔식의 뇌 구조와 작동방식, 그리고 마지막으로 뇌의 진화를 살펴보았다. 여기서는 지금까지의 설명을 간추려 본다.

(1) 마음의 작동원리: 뇌 – 마음 관계의 기본정보

뇌는 많은 중앙처리장치(CPU)를 갖는 컴퓨터에 비유된다. 각각의
CPU에서 서로 다른 마음이 생성된다. 마음이 단순하지 않은 것은
뇌의 많은 CPU가 감각, 감정, 생각 등 각각의 마음을 동시다발적으
로 만들기 때문이다. 뇌의 CPU는 11차원으로 연결된 매우 복잡한
신경회로이다. 그 신경회로에 활동전위가 흐르면 마음이 생성된
다. 생성된 마음은 주변신경계를 통하여 근육과 샘을 자극하여 겉
으로 표현된다.

신경회로는 신경세포들의 연결이고, 두 신경세포가 연결되는 부
위가 연접이다. 연접의 연결강도는 매우 역동적으로 변화하기에
신경회로도 역동적으로 변한다. 연접이 변화하는 성질을 연접가소
성이라 한다. 경험, 학습, 생각할 때 연접의 연결강도에 변화가 일
어나 새로운 신경회로가 만들어지며, 생성된 신경회로는 새로운
마음의 근거가 된다. 뇌신경회로가 마음을 만들지만 역으로 마음
도 뇌신경회로를 바꾼다. 이처럼 뇌는 생각하는 대로 만들어진다.

(2) 마음을 그리는 알파벳: 신경회로와 신경조직

단어들이 어울려 문장을 만들듯 신경회로들이 어울려 마음을 만든
다. 신경회로는 신경세포들의 연결이다. 그 연결점을 연접이라 한
다. 신경세포는 활동전위를 만들어 축삭을 통하여 다음 신경세포
로 전한다. 이것이 신경회로의 활성이다. 경험(학습)은 새로운 신경
회로를 생성하고, 생성된 신경회로는 기억의 실체(engram)가 된다.

신경교세포는 신경세포의 성장과 활동을 돕는다. 신경세포는 증

328

식하지 않지만, 신경교세포는 증식한다. 신경교세포들은 영양인자를 공급하고, 축삭 말이집을 만들며, 뇌에 쌓인 노폐물을 제거하고, 혈관 - 뇌장벽을 만들어 꼭 필요한 물질만 신경세포에 공급한다.

(3) 전오식의 뇌: 대뇌감각피질

전오식은 오감이며 대뇌의 일차감각피질에서 일어난다. 안식眼識은 후두엽의 새발톱고랑, 이식耳識은 측두엽 위측두이랑의 Heschl's gyrus, 비식鼻識은 후각망울, 조롱박피질, 편도주변피질 등, 설식舌識은 앞뇌섬엽 및 전두덮개, 신식身識은 중심고랑후이랑에서 일어난다.

감각을 수용하는 감각야(receptive field)에는 감각지형도가 그려져 있으며, 감각지형도는 각각의 대뇌감각피질과 1:1로 연결되어 있다. 시상은 감각야의 감각을 대응하는 감각피질에 전달한다.

대뇌피질은 고피질 → 구피질 → 이형주위피질 → 신피질 순서로 진화하였다. 신피질은 피질원주로 되어 있고, 피질원주끼리의 연결이 기능적 신경회로를 구성하고, 원주 속에서의 연결은 내부적 대화이다. 대뇌피질은 크게 전두엽, 두정엽, 후두엽, 측두엽으로 나눌 수 있고, 좌우 반구로 되어 있으며 뇌들보에 의해서 서로 연결되어 있다. 대뇌피질은 구상적·협조적이어서 학습과 기억이 잘 일어난다. 반면에 피질하구조는 변화하기 힘든 고집불통의 뇌이다.

(4) 오온의 뇌

붓다는 '나'를 색온色蘊·수온受蘊·상온想蘊·행온行蘊·식온識蘊이 합쳐진 오온五蘊으로 보았다. 색온은 4대종(四大種: 4대 원소, 地·水·火·風)과 4대종에서 파생한 물질들이다. 수온(느낌)은 마음거울(뇌)에 맺힌 표상에 대한 느낌이며, 상온(인식)은 표상이 무엇인지 과거에 경험한 기억지식과 대조하여 아는 것이다. 행온(의지적 지음, 마음형성)은 수온·상온을 바탕으로 어떤 마음이나 행동을 일으키고자 하는 의지적 심리현상으로, 업業을 짓는 주체가 된다. 식온(마음)은 수온·상온·행온을 바탕으로 대상을 알아 식별(알음알이, 분별)하는 마음이다. 수온·상온·행온·식온은 육식六識을 바탕으로 일어난다.

　육식·수온·상온·행온·식온을 마노(意根)가 빠른 속도로 포섭(감각)하여 의식 속으로 불러들이고, 이들을 유기적으로 통섭하여 이야기를 만든 것이 마음이다. 붓다는 의근이 법경을 포섭하면 그 법경은 의식의 내용이 된다고 하였다. 오온은 '나'를 몸(色蘊)에서 일어나는 인지과정(受蘊·想蘊·行蘊·識蘊)으로 분석한 것이며, 몸–마음 관계의 속성이원론을 드러낸다. 몸(뇌)은 물질적인 속성과 정신적인 속성 두 가지를 갖는다. 물질에서 마음이 창발된다는 뜻이다.

　오온은 항상 변하기에 불변하는 '나'는 없다(anātman, 無我). 세상의 모든 형성된 것은 변하기에(諸行無常), 불변하는 존재는 없으며(諸法無我), 변하는 것은 전부 괴로움(一切皆苦)이다. 이것이 삼법인三法印이다.

(5) 감정의 뇌

감정과 느낌은 편도체가 중심이 되는 둘레계통의 기능이다. 감각기관(六根)이 감각대상(六境)을 만나 알음알이(六識)가 일어난 후 이를 조건으로 느낌(受蘊) → 인식(想蘊) → 의지(行蘊) → 분별(마음, 識蘊)이 일어난다. 감정은 편도체가 중심이 되어 일어나는 몸의 생리적 반응이고, 느낌은 전전두엽에서 감지되는 정신적 현상이다.

둘레계통은 뇌실을 둘러싸고 있으며, 편도체, 해마, 후각피질, 사이뇌(시상, 시상하부, 시상상부, 시상밑부), 기저핵이 포함된다. 둘레계통은 사회행동신경망을 이루어 기본적 사회행동(소속감, 유대감, 성적 행동, 공격, 부모행동 등)을 가능하게 하며, 진화적으로는 털이 난 동물에서부터 잘 발달해 있다.

뇌줄기는 본능(id)과 '판에 박힌' 행동의 신경근거이다. 뇌줄기와 둘레계통은 학습하지 못하는 고집불통의 뇌이다. 본능과 감정을 학습으로 다스리기 어려운 이유이다.

(6) 의식(제6식)의 뇌

의식은 두 가지 측면, 즉 의식의 수준과 의식의 내용이 있다. 내용이 없는 의식은 없다. 전전두엽, 뇌섬엽, 시상, 해마형성체는 의식의 생성에 중요한 역할을 한다. 전두엽의 중앙관리망(CEN)은 외부 인지대상을 처리한다. 기본모드신경망(DMN)은 외부대상에 반응하지 않을 때 기본적으로 활성화되어 나에 대한 망상을 한다. 주의신경망은 인식대상을 탐지하는 기능이다.

주의신경망은 의근으로 간주되며, 배쪽주위신경망(VAN)은 돌출자극(salience)을 탐지하고, 등쪽주위신경망(DAN)은 찾고자 의도하는 대상을 탐지하는 신경망이다. 주의신경망에는 거대방추체신경세포(VEN)가 존재한다.

(7) 말나식(제7식)의 뇌

말나식은 사량식, 분별식이며, 아치·아견·아만·아애의 4가지의 근본번뇌를 일으킨다. 또한 선과 악의 마음작용을 끊임없이 일으키고 많은 업을 짓도록 해서 윤회의 원동력이 된다. 말나식은 자아의식과 이기심의 근원이며, 심층의 무의식이다.

삶의 흔적은 기본모드신경망(DMN)에 쌓여 자아를 형성하고, 말나식은 자아와 연관되어 기본모드신경망에 똬리를 튼다. 즉 기본모드신경망이 자아의 정체성을 유지하며, 번뇌도 여기에 끼어든다. 기본모드신경망은 '원숭이 마음'의 원천이다. 나'에 대한 생각, 남에 대한 생각, 나의 과거 및 미래 생각은 모두 여기에 근거를 둔 마음이다.

(8) 아뢰야식(제8식)의 뇌

아뢰야식은 종자를 저장하는 식이다. 종자에는 본유종자, 신훈종자, 합생종자가 있다. 종자는 신경회로이며, 기억의 실체인 엔그램이다. 연접가소성은 새로운 종자를 만들게 한다. 신경세포들은 '함께 격발하면 함께 어울린다(Fire together, wire together).'

종자는 무시로 폭류같이 활동하며 변한다. 종자의 변이는 뇌의 시뮬레이션 기능에 의한 신경회로의 변경에 기인한다. 시간이 흐름에 따라 종자가 변하는 것은 후성유전으로 설명이 된다.

(9) 싸띠 수행의 뇌과학

싸띠(sati)는 지금의 마음에 주의를 기울인다(noting)는 뜻이다. 한자로는 염念, 즉 지금(今)의 마음(心)을 알아차림이다. 싸띠 수행은 '지금·여기'에서 일어나는 마음현상에 대한 알아차림 능력을 강화하는 인지훈련이다. 전두두정신경망(FPN)이 싸띠 신경망에 해당한다. 싸띠 수행은 FPN을 반복적으로 활성화하여 시냅스를 강화함으로써 이 신경망을 강화한다.

망상은 기본모드신경망의 활성이다. 기본모드신경망에는 나에 대한 이야기가 쌓여 있으며 그 이야기는 탐·진·치 번뇌로 오염되어 있다. 싸띠 수행은 망상을 줄임으로써 마음오염신경망을 덜 활성화시킨다. 그러면 마음오염원은 제거된다. 싸띠 수행은 '지금·여기'에 머무르고, 존재를 '있는 그대로' 받아들이는 마음을 만든다.

(10) 신경축과 가치 계통

진화과정에서 뇌의 복잡성이 확장된 축을 신경축이라 하며, 아래에서 위로, 안에서 밖으로 형성되어 있다. 척수 위에 뇌줄기, 사이뇌, 대뇌 순서로 신경계통이 진화하였다. 숨뇌, 다리뇌, 중간뇌를 뇌줄기라 하며, 생명의 유지에 필수적이다. 시상, 시상하부, 시상밑부, 시상상부를 사이뇌라 한다.

뇌줄기, 사이뇌, 둘레계통, 대뇌피질은 협력하여 행위의 상향 충동동기를 유발하고, 전전두엽 및 앞대상피질 등 상위구조들은 하위구조들의 활동을 하향 억제 조절한다. 알아차림 명상은 상행 동기를 약화시키고, 하향동기를 강화시킨다.

뇌줄기의 가치 계통은 입력되는 정보의 가치를 판단하여 대뇌가 선택적 정보처리를 하게 한다. 세로토닌 계통은 기분을 조절한다. 도파민 계통은 보상회로를 이룬다. 노르에피네프린(노르아드레날린) 계통은 기분을 환기시킨다. 아세틸콜린 계통은 각성 조절에 관여한다.

(11) 신경전달물질과 신경조절자

신경전달물질과 신경조절자는 화학 구조적 구별이 아니라 기능적 구분이다. 같은 화학물질이 신경전달물질 혹은 신경조절자 역할을 할 수 있다. 신경전달물질은 신호를 주는 세포와 받는 세포가 1:1로 연결되어 빠르고 정확하게 신호를 전달하지만, 신경조절자의 경우 하나의 세포가 많은 표적 신경세포를 조절하며 효과가 느리지만 오래 지속된다. 대표적으로 가치 계통이 신경조절자를 이용하여 대뇌의 기능을 조절한다.

주요 흥분성 신경전달물질은 글루탐산과 아스파르탐산, 주요 억제성 신경전달물질은 GABA와 그리신(glycine)이다. 주요 신경조절자는 신경펩티드, 아편유사체, 옥시토신, 바소프레신이다.

(12) 뇌의 진화

사람의 복잡한 뇌는 진화의 산물이다. 마음이 다양한 특질을 보이는 것은 사람 뇌가 그만큼 복잡하기 때문이다. 하등동물로 내려갈수록 단순한 뇌를 가지며 그들의 마음도 단순하다.

최초의 신경망은 해파리와 같은 자포동물의 그물신경망이다. 원시형태의 뇌인 머리신경절은 플라나리와 같은 편형동물에서 보인다. 본격적인 뇌는 메뚜기와 같은 절지동물의 뇌이다. 하지만 시각을 날갯짓으로 연결하는 반사 운동의 뇌 수준이다. 척추동물 뇌의 기본구조는 동일하며 상어의 뇌가 모든 포유동물 뇌의 원형이다.

포유류 뇌는 삼중뇌(Triune Brain)이다. 파충류 뇌는 뱀, 악어와 같은 파충류까지 발달하였으며 본능적 행동을 관할한다. 생식, 식이 등 판에 박힌 행동만 되풀이하며 새로운 것을 학습하지 못한다. 구포유류 뇌는 털이 난 모피동물 수준에서 나타나며 감정을 관할하고 기초적인 사회행동을 하게 한다. 신포유류 뇌는 가장 최근에 진화한 부분이다. 신포류뇌의 주된 기능은 학습에 의한 새로운 정보의 저장이다. 따라서 학습과 기억기능이 잘 발달한 구상적·건설적인 피질이다. 다양한 행동과 생각을 위한 바탕이 되는 뇌이다.

사람의 뇌는 전전두엽이 잘 발달하였기에 사중뇌(Quadrune Brain)이다. 전전두엽은 계획, 예측, 도덕적 행동, 이성, 창조와 같은 고도의 뇌기능을 수행할 수 있게 한다. 사람을 사람답게 만드는 뇌이다.

이미지 출처

뇌신경세포와 신경회로 ― 36

(왼쪽)

https://singularityhub.com/wp-content/uploads/2021/12/google-harvard-brain-map-human-connectome-1068x601.jpeg

(오른쪽)

https://sharpbrains.com/blog/2016/10/17/understand-your-connectome-understand-yourself

뇌의 정보처리 ― 41

(왼쪽)
『의근과 의식』, 무량수(2020)

신경망 활성의 연속을 보여주는 모식도 ― 43
『의근과 의식』, 무량수(2020)

뇌신경조직의 세포들 ― 59

동영상 'Animation fly through of brain. Neurons in 3d animation'에서 발췌 및 수정 https://youtu.be/MSEcOlKwmSs

사람 대뇌피질의 신경세포 수 ― 61

Walløe S, Pakkenberg B, Fabricius K. (2014) Stereological estimation of total cell numbers in the human cerebral and cerebellar cortex. Front Hum Neurosci. 8:508

두 신경세포가 연결된 모습 ― 66

https://en.wikipedia.org/wiki/Neuron#/media/File:Blausen_0657_MultipolarNeuron.png

(BruceBlaus)

336

신경다발 — 70

(위 왼쪽 뇌해부그림 및 아래 왼쪽)

https://commons.wikimedia.org/wiki/File:Arcuate_fasciculus_dissection_and_tractography.png

Fang-Cheng Yeh, Timothy D. Verstynen, Yibao Wang, Juan C. Fernández-Miranda, Wen-Yih Isaac Tseng http://journals.plos.org/plosone/article?id=10.1371/journal.pone.0080713

(위 오른쪽 뇌전체 fiber)

https://en.wikipedia.org/wiki/White_matter#/media/File:3DSlicer-KubickiJPR2007-fig6.jpg

(Wenples)

(아래 둘째 arcuate fasciculus)

https://en.wikipedia.org/wiki/Arcuate_fasciculus#/media/File:Arcuate_Fasciculus.jpg

Yeh, F. C., Panesar, S., Fernandes, D., Meola, A., Yoshino, M., Fernandez-Miranda, J. C., ... & Verstynen, T. (2018). Population-averaged atlas of the macroscale human structural connectome and its network topology. NeuroImage, 178, 57-68. - http://brain.labsolver.org

(아래 셋째 아래전두후두다발)

https://en.wikipedia.org/wiki/Occipitofrontal_fasciculus#/media/File:Inferior_Fronto_Occipital_Fasciculus.jpg

Yeh, F. C., Panesar, S., Fernandes, D., Meola, A., Yoshino, M., Fernandez-Miranda, J. C., ... & Verstynen, T. (2018). Population-averaged atlas of the macroscale human structural connectome and its network topology. NeuroImage, 178, 57-68. - http://brain.labsolver.org/

축삭 말이집과 도약전도 — 72

https://en.wikipedia.org/wiki/Axon#/media/File:Neuron.svg

(User:Dhp1080)

연접전달 — 74

https://kids.kiddle.co/Image:Synapse_Illustration2_tweaked.svg

(Nrets)

신경조직의 모식도 — 76

https://en.wikipedia.org/wiki/Glia#/media/File:Glial_Cell_Types.png
Artwork by Holly Fischer - http://open.umich.edu/education/med/resources/
second-look-series/materials - CNS Slide 4

대뇌피질의 세포구축 — 81

(왼쪽)

https://en.wikipedia.org/wiki/Cerebral_cortex#/media/File:Brainmaps-
macaque-hippocampus.jpg
http://brainmaps.org/index.php?p=screenshots

일차시각피질 — 84

(오른쪽)

Andrews TJ, Halpern SD, Purves D. (1997) Correlated size variations in human
visual cortex, lateral geniculate nucleus, and optic tract. J Neurosci. 17(8):2859-
68.

시각신호처리 — 85

(왼쪽)

https://sharpbrains.com/blog/2015/01/26/trend-mobile-apps-to-improve-vision-
via-perceptual-learning

(오른쪽)

https://en.wikipedia.org/wiki/Visual_perception
I (Selket) made this from File:Gray728.svg

눈의 망막 — 86

Gene Vision https://gene.vision/retina/

후각피질 — 93

(왼쪽)

https://en.wikipedia.org/wiki/Parahippocampal_gyrus#/media/File:Gehirn,_
basal_-_beschriftet_lat.svg
(NEUROtiker)

대뇌피질과 피질하구조 — 101

https://i.pinimg.com/originals/d0/fd/b8/d0fdb88b208a7c5262785f4d8aa91dff.jpg

대뇌의 피질원주 — 105

(왼쪽)

https://www.flickr.com/photos/flamephoenix1991/8376271918/
(Image credit: _DJ_)

(가운데)

https://encrypted-tbn0.gstatic.com/images?q=tbn:ANd9GcT2Mlm4DQgkpNtGEk
ef-cL1RksOR6vGii9ALk4NNFhUnt0KXaksdQ

(오른쪽)

https://www.kurzweilai.net/neuroscientists-find-cortical-columns-in-brain-not-
uniform-challenging-large-scale-simulation-models
(credit: Marcel Oberlaender et al.)

대뇌엽과 주요 기능 피질 — 106

https://www.flickr.com/photos/peta-de-aztlan/2529475205/in/gallery-118577234
@N05-72157645688888399/
(@Peta_de_Aztlan)

사람 편도체 — 128

(왼쪽)

Neuroanatomy: 3D-Stereoscopic Atlas of the Human Brain
by Martin C. Hirsch, Thomas Kramer, Springer, 1999

(가운데 및 오른쪽)

Schumann CM, Amaral DG. Stereological estimation of the number of neurons
in the human amygdaloid complex. J Comp Neurol. 2005 Oct 31;491(4):320-
9. doi: 10.1002/cne.20704. Erratum in: J Comp Neurol. 2006 Feb 1;494(4):704.
PMID: 16175550; PMCID: PMC2572713.

편도체의 기능을 보여주는 동영상 — 129

https://youtu.be/FlGbznBmx8M

행동을 위한 준비뇌파전위 — 137

Nat Rev Neurosci. 2008 Dec;9(12):934-46. doi: 10.1038/nrn2497. Human volition: towards a neuroscience of will. Haggard P

대뇌의 피질하구조 — 149

(왼쪽)

https://aneskey.com/neuroanatomy-the-basics/
From Siegel A, Sapru HN. The forebrain. In: Siegel A, Sapru HN, eds. Essential Neuroscience. 3rd ed. Wolters Kluwer; 2015:197-215. Figure 12.11.

(오른쪽)

https://i.pinimg.com/originals/d0/fd/b8/d0fdb88b208a7c5262785f4d8aa91dff.jpg

뇌의 계통발생과 둘레계통 — 152

(왼쪽)

https://en.wikipedia.org/wiki/Neomammalian_brain#/media/File:Brain-layers.gif
PAFCA http://www.pafca.co.uk/glossary/neo-mammalian-brain/

(오른쪽)

https://en.wikipedia.org/wiki/Limbic_system#/media/File:Blausen_0614_LimbicSystem.png
BruceBlaus. When using this image in external sources it can be cited as: Blausen.com staff (2014). "Medical gallery of Blausen Medical 2014". WikiJournal of Medicine 1 (2). DOI:10.15347/wjm/2014.010. ISSN 2002-4436.

상행 동기와 하행 동기 — 154

https://www.hindawi.com/journals/ecam/2011/543648/fig1/

시상하부 - 뇌하수체 - 부신(HPA) 축 — 155

Papadopoulos, A. S., & Cleare, A. J. (2011). Hypothalamic-pituitary-adrenal axis dysfunction in chronic fatigue syndrome. Nature Reviews Endocrinology, 8(1), 22-32. doi:10.1038/nrendo.2011.153

340

편도체 — 156

(왼쪽)

https://en.wikipedia.org/wiki/Amygdala#/media/File:Amyg.png
(User Washington irving on en.wikipedia)

(가운데)

https://en.wikipedia.org/wiki/Amygdala#/media/File:Amigdale1.jpg

(오른쪽)

https://en.wikipedia.org/wiki/Medial_forebrain_bundle#/media/File:Medial_
Forebrain_Bundle.jpg
(Yukaizou2016)

사회행동신경망 — 160

(왼쪽)

https://www.semanticscholar.org/paper/Genes%2C-hormones%2C-and-
circuits%3A-An-integrative-to-of-O%E2%80%99Connell-Hofmann/44952ec2029c
747f290c6fec17def0fbd2780c4b/figure/3
Lauren A. O'Connell, Hans A. Hofmann (2011) Genes, hormones, and circuits:
An integrative approach to study the evolution of social behavior. Frontiers in
Neuroendocrinology 32, 320–335.

(오른쪽)

https://www.nature.com/articles/ncomms1022/figures/1

(아래)

Newman, S.W., 1999. The medial extended amygdala in male reproductive
behavior: a node in the mammalian social behavior network. Ann. N. Y. Acad.
Sci. 877, 242 –257.

보상체계 — 162

https://en.wikipedia.org/wiki/Reward_system#/media/File:Mesocorticolimbic_
Circuit.png
(GeorgeVKach)

시상하부와 뇌하수체 — 163

(왼쪽그림)

https://en.wikipedia.org/wiki/Pituitary_gland#/media/File:Hypophyse.png
Patrick J. Lynch, medical illustrator - Image:Skull and brain sagittal.svg

뇌줄기(뇌간) — 168

https://en.wikipedia.org/wiki/Pituitary_gland#/media/File:Hypophyse.png
Patrick J. Lynch, medical illustrator - Image:Skull and brain sagittal.svg

상행그물활성계 — 171

https://users.drew.edu/ctimmons/drugs/ch08-01.htm

움직임에 따른 음파의 변화 — 174

https://en.wikipedia.org/wiki/Doppler_effect#/media/File:Dopplerfrequenz.gif

의식의 상태와 내용의 통합 — 183

Aru J, Suzuki M, Rutiku R, Larkum ME, Bachmann T. (2019) Coupling the State
and Contents of Consciousness. Front Syst Neurosci. 13:43.

전전두엽의 위치와 구분 — 184

https://en.wikipedia.org/wiki/Prefrontal_cortex

시상의 위치 — 193

(왼쪽 및 중앙)

https://commons.wikimedia.org/wiki/File:Thalamus_small.gif
Anatomography, website maintained by Life Science Databases(LSDB).

(오른쪽)

https://i.pinimg.com/originals/d0/fd/b8/d0fdb88b208a7c5262785f4d8aa91dff.jpg

시상의 위치와 대략적 구조 — 194

(왼쪽)

https://en.wikipedia.org/wiki/Thalamus#/media/File:Brain_chrischan_
thalamus.jpg

(오른쪽)

https://commons.wikimedia.org/wiki/File:Thalamusanterolateral.jpg

342

(Ben Brahim Mohammed)

시상의 핵들과 정보중계 — 195

https://en.wikipedia.org/wiki/List_of_thalamic_nuclei#/media/File:Thalmus.
png
(Madhero88)

해마형성체의 위치 — 198

(하단 두개골 투시: 측면 정면 뒤면)

https://en.wiktionary.org/wiki/hippocampus#/media/File:Hippocampus.gif
(Images are generated by Life Science Databases(LSDB).)

의식의 생성에 대한 붓다의 가르침과 현대 신경과학적 설명 — 209

Ehret G and Romand R (2022) Awareness and consciousness in humans and
animals -neural and behavioral correlates in an evolutionary perspective.
Front. Syst. Neurosci. 16:941534.

자아와 분별심의 뇌 — 218

(오른쪽)

https://www.alz.org/asian/about/inside_the_brain.asp?nL=KO&dL=EN

기본모드신경망 — 225

(왼쪽아래 신경망 모델 및 오른쪽 모식도)

https://en.wikipedia.org/wiki/Default_mode_network#/media/File:Default_
Mode_Network_Connectivity.png
(Andreashorn)

기본모드신경망의 활성과 연결 — 226

Alves, P.N., Foulon, C., Karolis, V. et al. (2019) An improved neuroanatomical
model of the default-mode network reconciles previous neuroimaging and
neuropathological findings. Communication Biology 2, 370.

신생아와 어른(18세) 뇌의 기본모드신경망의 활성과 구조적 성숙 — 228

Yu, Q., Peng, Y., Mishra, V., Ouyang, A., Li, H., Zhang, H., Chen, M., Liu, S., &
Huang, H. (2014). Microstructure, length, and connection of limbic tracts in

normal human brain development. Frontiers in aging neuroscience, 6, 228.

자아해리와 관련된 뇌 구조 ― 232

Vann, S., Aggleton, J. & Maguire, E. (2009) What does the retrosplenial cortex do?. Nat Rev Neurosci 10, 792–802.

환각제 실로사이빈을 처리한 뇌영상 ― 233

Carhart-Harris RL, Leech R, Hellyer PJ, et al. The entropic brain: a theory of conscious states informed by neuroimaging research with psychedelic drugs. Front Hum Neurosci. 2014;8:20.

기본모드신경망 ― 245

(왼쪽 및 오른쪽 모식도)

https://en.wikipedia.org/wiki/Default_mode_network#/media/File:Default_Mode_Network_Connectivity.png
(Andreashorn)

삶의 기억과 마음오염원 ― 246

(오른쪽)

Buddhapala 저. 『BUDDHA 가르침: 불교에 관한 모든 것』, p.765. SATI SCHOOL, 2009

마음오염원을 보여주는 모식도 ― 247

(모식도)

https://en.wikipedia.org/wiki/Default_mode_network#/media/File:Default_Mode_Network_Connectivity.png
(Andreashorn)

(위 오른쪽)

Buddhapala 저, 『BUDDHA 가르침: 불교에 관한 모든 것』, p.765. SATI SCHOOL, 2009.

종자들의 폭류 ― 255

(왼쪽)

https://nextcity.org/urbanist-news/photos-cities-light-pollution-leds

(Photo by Daytrip2007)

(오른쪽 모식도)

Artificial Brain Simulation - Thalamocortical System, 8 Million Neurons - 1.4 Billion Synapses 에서 capture

https://www.youtube.com/watch?v=u28ijlP6L6M

후성유전의 기전 — 262

https://m.medigatenews.com/news/3261360825

(출처 Nutrition, Exercise and Epigenetics; Ageing Intervention, Springer 2016)

명상훈련으로 변화되는 뇌 부위들 — 273

Fox KC, Dixon ML, Nijeboer S, Girn M, Floman JL, Lifshitz M, Ellamil M, Sedlmeier P, Christoff K (2016) Functional neuroanatomy of meditation: A review and meta-analysis of 78 functional neuroimaging investigations. Neurosci Biobehav Rev. 65:208-28.

마음 공간의 기억 이미지와 수행에 의한 마음오염원 제거의 신경 기전 — 283

Buddhapala 저, 『BUDDHA 가르침: 불교에 관한 모든 것』, p.765. SATI SCHOOL, 2009.

싸띠 수행에 의한 마음오염원의 제거 기전 — 285

Buddhapala 저, 『BUDDHA 가르침: 불교에 관한 모든 것』, SATI SCHOOL, 2009.

중앙관리망과 기본모드신경망의 기능적 역상관관계 — 290

(왼쪽)

Michael D. Fox, Abraham Z. Snyder, Justin L. Vincent, Maurizio Corbetta, David C. Van Essen, and Marcus E. Raichle (2005). The human brain is intrinsically organized into dynamic, anticorrelated functional networks. PNAS July 5, 2005 102 (27) 9673-78.

뇌의 진화축 — 293

https://commons.wikimedia.org/wiki/File:Hypophyse.png

(Patrick J. Lynch, medical illustrator)

뇌의 가치 계통 ― 295

(세로토닌계통)

https://en.wikipedia.org/wiki/Serotonin_pathway#/media/File:Serotonergic_
neurons.svg
(Brain_bulbar_region.svg)

(노르에피네프린계통)

Lin H, Vartanian O. (2018) A Neuroeconomic Framework for Creative
Cognition. Perspect Psychol Sci. 13(6):655-677.

(도파민계통)

Alm PA. (2021) The Dopamine System and Automatization of Movement
Sequences: A Review With Relevance for Speech and Stuttering. Front Hum
Neurosci. 15:661880.

(아세틸콜린계통)

https://media.springernature.com/lw685/springer-static/image/
chp%3A10.1007%2F7854_2020_141/MediaObjects/474472_1_En_141_Fig1_
HTML.png

신경전달물질과 신경조절자 ― 301

(하단)

https://en.wikipedia.org/wiki/Neuron#/media/File:Blausen_0657_
MultipolarNeuron.png
(BruceBlaus)

neuropeptide Y (NY) ― 306

(오른쪽)

https://en.wikipedia.org/wiki/Neuropeptide_Y#/media/File:Neuropeptide_Y.png
(3bitcoins)

프레리 들쥐 ― 307

https://www.npr.org/2014/02/09/273811514/learning-about-love-from-the-
lifelong-bond-of-the-prairie-vole
(Todd Ahern/AP/Emory University)

346

자포동물과 그물신경망 ― 312

(상단 오른쪽: 해파리의 신경계)

Weissbourd B, Momose T, Nair A, Kennedy A, Hunt B, Anderson DJ. A genetically tractable jellyfish model for systems and evolutionary neuroscience. Cell. 2021 Nov 24;184(24):5854-5868.e20. doi: 10.1016/j.cell.2021.10.021. PMID: 34822783; PMCID: PMC8629132.

(하단 히드라)

https://en.wikipedia.org/wiki/Hydra_(genus)#/media/File:Hydras_(8).JPG
(Stephen Friedt)

(히드라의 신경계)

https://sites.google.com/site/evopsyc/home/locomotion-1/locomotion

Clytia hemisphaerica 해파리의 '먹기' 행동 ― 313

Weissbourd B, Momose T, Nair A, Kennedy A, Hunt B, Anderson DJ. (2021) A genetically tractable jellyfish model for systems and evolutionary neuroscience. Cell 184(24):5854-5868.e20.

플라나리아의 신경계통 ― 314

(가운데)

http://www.cdb.riken.jp/jp/04_news/annual_reports/2004/webhelp/fig/lab1_01fig2.jpg

(오른쪽)

https://en.wikipedia.org/wiki/Planarian#/media/File:Planaria_nervous.png
(Putaringonit)

메뚜기의 신경계통 ― 316

(왼쪽)

http://cronodon.com/images/insect_CNS.jpg

맨손으로 잠자리 잡기 ― 318

https://www.youtube.com/watch?v=28sx0RofRZM
(동영상에서 캡처)

초파리의 눈과 뇌 ― 318

(왼쪽: 형광사진)

http://jcb.rupress.org/content/189/5.cover-expansion [JCB cover]

(가운데: 모식도)

https://commons.wikimedia.org/wiki/File:Fly_Brain_Neural_Anatomy.gif
(Wett Steven)

(오른쪽: 주사현미경사진)

https://gizmodo.com/see-the-inside-of-a-fruit-fly-brain-1542553665
(Photo: Kei Ito et al.)

척추동물과 뇌의 진화 ― 320

https://www.macmillanhighered.com/BrainHoney/Resource/6716/digital_first_
content/trunk/test/hillis2e/asset/img_ch34/c34_fig25.html

삼중뇌 ― 324

(가운데)

https://en.wikipedia.org/wiki/Neomammalian_brain#/media/File:Brain-layers.
gif

PAFCA - http://www.pafca.co.uk/glossary/neo-mammalian-brain/

(오른쪽)

http://www.thegreatstory.org/charts/triune.html
(Connie Barlow)

찾아보기

354

지은이 문일수文一秀

서울대학교 자연과학대학에서 유전공학 석사, 캐나다 University of New Brunswick 대학교에서 분자생물학 박사를 받은 후, 미국 캘리포니아공과대학(CalTech) 생물학부에서 기억에 대한 뇌신경과학을 연구하였다. (사)한국생명과학회 회장을 역임하였으며, 현재는 동국대의대 신경해부학 교수로 재직하면서 뮬라상가 싸띠아라마의 싸띠연구소 소장을 맡고 있다.

뇌신경세포 및 퇴행성뇌질환 관련 연구 SCIE 논문 100여 편을 발표하였고, 불교관련 저서로 『오온과 전오식』, 『의근과 의식』이 있다.

대원불교 학술총서 11 붓다의 깨달음과 뇌과학

초판 1쇄 발행 2023년 10월 4일 | 초판 2쇄 발행 2024년 12월 20일
지은이 문일수 | 펴낸이 김시열
펴낸곳 도서출판 운주사

(02832) 서울시 성북구 동소문로 67-1 성심빌딩 3층

전화 (02) 926-8361 | 팩스 0505-115-8361

ISBN 978-89-5746-761-9 93220 값 25,000원
http://cafe.daum.net/unjubooks 〈다음카페: 도서출판 운주사〉